CSS 2

Pratique du design web

3e édition

CHEZ LE MÊME ÉDITEUR

L. Jayr. – **Flex 3 – Cahier du programmeur.**
N°12409, 2009, 280 pages.

A. Vannieuwenhuyze. – **Flex 3.**
N°12387, 2009, 532 pages.

G. Leblanc. – **Silverlight 2.**
N°12375, 2008, 330 pages.

G. Ponçon et J. Pauli. – **Zend Framework.**
N°12392, 2008, 460 pages.

E. Daspet et C. Pierre de Geyer. – **PHP 5 avancé.**
N°12369, 5e édition, 2008, 844 pages.

C. Porteneuve. – **Bien développer pour le Web 2.0.**
N°12391, 2e édition 2008, 600 pages.

A. Boucher. – **Ergonomie web.**
Pour des sites web efficaces.
N°12158, 2007, 426 pages.

A. Boucher. – **Mémento Ergonomie web.**
N°12386, 2008, 14 pages.

E. Sloïm. – **Sites web.** *Les bonnes pratiques.*
N°12456, 2009, 14 pages.

A. Tasso. – **Apprendre à programmer en ActionScript.**
N°12199, 2007, 438 pages.

S. Bordage, D. Thévenon, L. Dupaquier, F. Brousse. –
Conduite de projets Web.
N°12325, 4e édition 2008, 394 pages.

N. Chu. – **Réussir un projet de site Web.**
N°12400, 5e édition ,2008, 246 pages.

O. Andrieu. – **Réussir son référencement web.**
N°12264, 2008, 302 pages.

G. Ponçon. – **Best practices PHP 5.**
Les meilleures pratiques de développement en PHP.
N°11676, 2005, 480 pages.

D. Séguy, P. Gamache. – **Sécurité PHP 5 et MySQL.**
N°12114, 2007, 240 pages.

R. Rimelé. – **Mémento MySQL.**
N°12012, 2007, 14 pages.

M. Nebra. – **Réussir son site web avec XHTML et CSS.**
N°12307, 2e édition, 2008, 316 pages.

A. Clarke. – **Transcender CSS.** *Sublimez le design web !*
N°12107, 2007, 370 pages.

J.-M. Defrance. – **Premières applications Web 2.0 avec Ajax et PHP.**
N°12090, 2008, 450 pages (Collection Blanche).

K. Djaafar. – **Développement JEE 5 avec Eclipse Europa**
N°12061, 2008, 380 pages.

S. Powers. – **Débuter en JavaScript.**
N°12093, 2007, 386 pages.

T. Templier, A. Gougeon. – **JavaScript pour le Web 2.0.**
N°12009, 2007, 492 pages.

D. Thomas *et al.* – **Ruby on Rails.**
N°12079, 2e édition 2007, 800 pages.

W. Altmann *et al.* – **Typo3.**
N°11781, 2006, 532 pages.

L. Bloch, C. Wolfhugel. – **Sécurité informatique.**
Principes fondamentaux pour l'administrateur système.
N°12021, 2007, 350 pages.

G. Gete. – **Mac OS X Leopard efficace.**
Déploiement, administration et réparation.
N°12263, 2008, 476 pages.

M. Mason. – **Subversion.**
Pratique du développement collaboratif avec SVN.
N°11919, 2006, 206 pages.

CSS 2

Pratique du design web

3e édition

Raphaël Goetter

Préface dÉlie Sloïm

Avec la contribution de Philippe Vayssière

EYROLLES

ÉDITIONS EYROLLES
61, bd Saint-Germain
75240 Paris Cedex 05
www.editions-eyrolles.com

Préface

Confier à un spécialiste de la qualité web le soin de préfacer un ouvrage sur l'utilisation conjointe de technologies comme HTML et CSS ? Quelle drôle d'idée !

Auraient-elles un impact quelconque sur la qualité des sites web ? Au-delà de leur aspect pratique et moderne, permettraient-elles de travailler mieux et plus vite ? Auraient-elles des effets positifs sur la qualité de service délivrée aux utilisateurs ? Vous l'aurez deviné : j'en suis intimement persuadé, et je vais m'efforcer de vous expliquer pourquoi.

Bien qu'étant de plus en plus souvent amené à travailler directement sur le code des sites web, je ne suis pas à proprement parler un développeur. Comme une immense majorité des concepteurs de sites web, je ne suis qu'un amateur qui a commencé sur Internet en mettant en place des sites personnels ou de toutes petites entreprises. De fait, la phase de découverte du média a été menée par un nombre immense d'amateurs, sur des outils peu standardisés, pour créer des sites peu professionnels, consultés avec des navigateurs qui faisaient finalement un peu ce qu'ils voulaient du code qui leur était proposé. C'est dans ce contexte que nous avons tous appris à coder, et en ce qui me concerne, c'est dans ce contexte que je me suis posé les premières questions sur la qualité des sites web.

Pendant deux à trois ans, j'ai ainsi travaillé avec un certain nombre de collègues et d'étudiants sur les critères de qualité des sites web. Nous avons très rapidement pu nous pencher sur les problématiques ergonomiques, sur les questions de visibilité et de référencement, sur la question de la disponibilité des sites et sur la qualité des services associés, mais pendant toute cette période, nous n'avons jamais véritablement posé les questions fondamentales : comment développer des sites de manière standard ? Comment améliorer l'interopérabilité des sites web ? Comment rendre la maintenance d'un site facile et rapide ? Comment rendre les sites accessibles à tous et pour toutes les plates-formes ?

C'est bien dans la réponse à ces questions que résident les enjeux majeurs du livre de Raphaël Goetter. L'interopérabilité, la qualité, l'accessibilité, la conformité font à l'évidence partie des critères fondamentaux de la qualité d'un site web. Ces notions font la différence entre un site efficace pour ses utilisateurs et un site qui fonctionne de manière efficiente et légère, tant pour ses utilisateurs que pour ses administrateurs.

Lorsque j'ai découvert ce domaine de compétences, c'est l'ensemble de ma vision de la qualité d'un site web qui a été bouleversée. Avec des technologies reposant sur l'utilisation la plus large possible des feuilles de styles CSS, il devenait possible de développer des sites multi-plates-formes, accessibles, rapides et faciles à modifier et à maintenir, dynamiques, qui s'adaptent au matériel, aux compétences et aux capacités de leurs utilisateurs, enfin bref, des outils efficaces pour créer des sites modernes.

Autrement dit, et par opposition à la période de développement des sites amateurs que j'évoquais précédemment, les technologies HTML, XHTML et CSS permettent de créer ce que l'on peut enfin qualifier de sites de qualité professionnelle.

Lorsque j'ai compris la puissance des technologies que décrit Raphaël dans cet ouvrage, je n'avais fait qu'un pas modeste, bien qu'essentiel, vers la compréhension de leur impact sur la qualité web.

Par la suite, j'ai pu me rendre compte que l'utilisation généralisée des feuilles de styles induisait des effets majeurs du point de vue de l'architecture de l'information et de l'ergonomie des sites. Elles permettent de réduire la taille des fichiers de manière quelquefois spectaculaire, diminuant ainsi la charge des serveurs, améliorant leur vitesse, accélérant le chargement des pages.

J'ai également pu constater que cette approche favorisait la réflexion sur les contenus et sur leur hiérarchisation. Pour travailler efficacement avec les feuilles de styles, il est en effet bénéfique sinon essentiel d'optimiser la valeur sémantique ainsi que la structure des contenus proposés. Ultérieurement, les feuilles de styles permettent de mettre en valeur cette sémantique. Après tout, pourquoi ne pas faire sur les sites web ce que l'on fait couramment lorsque l'on travaille sur un document texte infiniment moins complexe, en déterminant une structure de titres dont chaque niveau est présenté de manière unifiée à travers des styles globaux ?

Qu'on ne s'y trompe pas : les technologies décrites et expliquées ici ne sont pas des outils miracle : j'ai d'ailleurs pu m'en rendre compte assez rapidement, lorsque j'ai souhaité les mettre en application sur mes sites professionnels. Une technologie comme CSS arrive dans un paysage complexe, dans lequel les navigateurs ne se comportent pas tous exactement comme ils le devraient, où les développeurs conservent des habitudes et des outils de création encore peu adaptés à l'utilisation de ces techniques, et où, pour finir, les métiers du Web sont encore en gestation.

Comme toutes les technologies, HTML et CSS n'expriment leur plein potentiel que lorsqu'elles sont mises dans les mains de personnes qui les maîtrisent en profondeur. Acquérir cette maîtrise technique prend du temps et suppose un investissement initial. Cependant, le temps que vous investirez dans ces technologies, à commencer par celui que vous consacrerez à la lecture de cet ouvrage, constitue à coup sûr un investissement utile et durable si vous voulez faire du développement de sites web une activité véritablement efficiente.

Elie Sloïm, elie@temesis.com
http://openweb.eu.org
http://temesis.com

Table des matières

ANNEXE F
Compatibilité des navigateurs ... 293

Avant-propos

Les CSS, technique incontournable du design web

Malgré plusieurs années d'existence, la conception de sites web à l'aide des feuilles de styles CSS (Cascading Style Sheets) n'en est encore qu'à ses balbutiements. En effet, certaines techniques anciennes – dont la fameuse mise en page à l'aide de tableaux – restent encore solidement ancrées dans nos habitudes. D'autre part, et paradoxalement, le milieu des concepteurs de sites web, ou webmestres, est peut-être l'un des plus frileux et réticents qui soient.

Cette technique est pourtant depuis longtemps vivement conseillée par l'organisme international gérant les langages et la normalisation du Web, le World Wide Web Consortium (W3C).

J'ai pour ma part débuté mes activités web en créant des pages à l'aide d'un logiciel dit WYSIWYG (What You See Is What You Get), générant automatiquement un code HTML à partir d'une interface visuelle simple, digne d'un traitement de texte. Cet outil suffisait amplement à la mission qui lui était confiée : m'éviter de mettre les mains dans le cambouis incompréhensible du code HTML et afficher mes pages sur le navigateur le plus courant.

Néanmoins, ce qui vaut pour une page personnelle n'est pas toujours admissible dans le cadre d'un site professionnel, grand public ou à vocation commerciale.

Un tel projet ne peut se permettre de fermer ses portes à une certaine partie de la population, ni se cantonner à un navigateur unique et perdre une quantité non négligeable de clients potentiels. Plusieurs normes du W3C facilitent la compatibilité des pages et assurent l'accès du site au plus grand nombre, y compris les personnes handicapées et les utilisateurs de navigateurs alternatifs. Les feuilles de styles CSS en font partie intégrante et les sites web ainsi conçus ne sont plus des cas isolés ou exceptionnels.

Les grands sites mondiaux ont suivi le mouvement et se sont débarrassé de leur mise en page en tableaux. On peut citer Macromedia, AOL, MSN, Yahoo !, Amnesty International, ESPN, Chevrolet, Mercedes-Benz, Quark, Wired, Stern, Lycos, MP3.com, etc. L'un des exemples les plus représentatifs est celui du célèbre portail américain ESPN. L'auteur de sa refonte, Jeffrey Zeldman – dont vous trouverez le site web dans les liens en fin d'ouvrage – explique qu'il n'est plus « risqué » de passer aux standards. Si un site commercial de l'envergure d'ESPN, drainant près de dix millions de lecteurs quotidiens, se permet de franchir ce pas, c'est que l'enjeu en vaut la chandelle...

Pourquoi ce livre ?

Ce livre est né du constat d'un déséquilibre entre la vigueur de la communauté francophone en matière de feuilles de styles CSS et la pauvreté de l'offre en matière de documentation dans la langue de Molière. Il faut en général se contenter de traductions d'articles et de quelques sites ou forums spécialisés dans le domaine des standards et des feuilles de styles (vous trouverez en annexe une liste de sites de référence). Aucun manuel original de conception web en CSS n'a encore été publié, et les ouvrages des experts américains (par exemple Eric Meyer) ne sont pas encore tous traduits.

Troisième édition

Ce constat est aujourd'hui à nuancer : entre la première parution de cet ouvrage (en juin 2005) et l'édition que vous tenez entre les mains, de nombreux ouvrages français ont été publiés dans le domaine de la conception web aux standards, ainsi que sur les langages XHTML et CSS. Vous trouverez une bibliographie à la fin de ce livre.

Cet ouvrage n'a pas la prétention de révolutionner les choses, ne cherche pas à faire référence dans le domaine, ni à aborder les nombreux aspects complexes des feuilles de styles CSS. Il constituera la première pierre d'un édifice que compléteront ensuite d'autres livres en français plus développés, plus récents, plus pointus. Il aura rempli son rôle et satisfait son auteur s'il vous enseigne et inspire un peu.

Nous explorerons ensemble les terres des styles CSS, encore largement vierges. Vous vous y êtes sans doute déjà risqué, par exemple en changeant la couleur ou le soulignement des liens hypertextes. Ce n'est que la partie émergée d'un univers riche, qui vous ouvrira des portes que vous n'imaginiez sans doute pas.

> **AVERTISSEMENT Ceci n'est pas un ouvrage sur les standards du Web**
>
> Ce manuel traite avant tout de feuilles de styles CSS et de conception web. Il ne mentionnera que brièvement les diverses normes actuelles : langages HTML ou XHTML, JavaScript (ou ECMAScript), normes d'accessibilité aux handicaps, etc. On peut les résumer en trois groupes distincts :
>
> - la structure (déterminée par le langage utilisé : HTML ou XHTML) ;
> - le comportement (géré par JavaScript ou ECMAScript) ;
> - la présentation (c'est le rôle des styles CSS).
>
> Cet ouvrage traitera surtout du troisième : la présentation du document, le design général, l'occupation de la page, bref, les feuilles de styles CSS. Il évoquera néanmoins la structure et les balises HTML, dont la compréhension est indispensable à leur mise en forme avec les styles CSS. Sans jamais disséquer précisément chaque norme, il traitera de la conception de sites web par l'alliance entre le langage HTML et les styles CSS.
>
> Au risque de décevoir les mordus des standards, nous oserons parfois des méthodes simplifiées s'éloignant quelque peu des rigueurs excessives des spécifications. D'ailleurs, les standards sont parfois évasifs voire flous.
>
> Les techniques présentées (notamment pour le positionnement) seront toujours conformes, mais rarement la seule solution menant au résultat recherché : on compte au moins six manières de mettre en place un élément à l'aide des feuilles de styles CSS. L'exposé, simple et pragmatique, ne pourra pas toujours prendre en compte tous les cas particuliers.

Ce livre ne va pas vous mentir

CSS n'est pas l'herbe du Pantagruélion capable de résoudre tous les problèmes d'affichage, mais ses points faibles sont moins nombreux que les inconvénients issus des techniques anciennes, notamment à base de tableaux. Son manque de recul lui interdit encore certaines folies visuelles, qui pourront s'avérer possibles avec les méthodes de la vieille école.

L'honnêteté intellectuelle sera constante et les promesses toujours tenues. Tous les navigateurs n'ont pas encore assimilé les dernières propriétés des feuilles de styles. C'est notamment le cas d'Internet Explorer, qui pendant de longues années n'a pas évolué en matière de conformité CSS (de 1999 et la sortie de sa version 6 à la sortie en 2007 de la version 7 ; la version 6 étant à l'heure actuelle toujours utilisée par plusieurs dizaines de pourcents des internautes !). En attendant de nouvelles versions plus correctes, les anciens navigateurs imposeront donc un certain nombre de précautions.

Troisième édition

À l'heure où cette troisième édition est rédigée, Internet Explorer 8 n'est disponible qu'à l'état de version beta et Internet Explorer 7 n'a pas fait disparaître Internet Explorer 6 puisqu'en proportion, pour chaque internaute utilisant IE7 il y en a un autre qui utilise encore IE6. Nous aborderons tout au long de cet ouvrage les corrections apportées par la version actuelle (IE7), les précautions à prendre en prévision de la sortie de la future version (IE8) des navigateurs de Microsoft et le moyen pour le concepteur d'un site web de prendre en compte les 3 versions qui bientôt cohabiteront.

Cela explique la distinction opérée ici entre les éléments esthétiques, ne posant aucun souci de compatibilité, et les positionnements et comportements dynamiques, interprétés étrangement par certains navigateurs.

Nous ne détaillerons pas la syntaxe et les subtilités des instructions CSS. L'objectif restera constant tout au long des chapitres : apprendre à concevoir des pages web à l'aide des feuilles de styles.

À qui s'adresse cet ouvrage ?

La réponse à cette question découle des professions de foi précédentes : pour apprécier pleinement les différentes techniques CSS proposées, il convient de connaître un minimum le langage HTML sur lequel elles portent.

Le premier chapitre entreprend malgré tout un « décrassage », car une remise à niveau sur ce point n'est pas superflue : beaucoup croient savoir HTML sans comprendre vraiment ses balises et leur utilisation logique, qui dépend de leur sémantique. C'est pourtant une culture minimale indispensable à la conception en CSS, où les erreurs les plus courantes proviennent d'une méconnaissance de ces aspects.

Pour la même raison, nous évoquerons brièvement les notions de standards, de sémantique, d'accessibilité aux handicaps et de compatibilité entre les différents navigateurs et plates-formes.

Ce livre s'adresse aux étudiants en informatique et aux professeurs, formateurs, concepteurs et développeurs web. Il cible particulièrement ceux qui, ayant des connaissances en HTML, souhaitent entreprendre la création de sites web modernes, respectant les normes actuelles de langages et d'accessibilité. Il concerne également les designers et graphistes, souvent peu rompus au code HTML et voulant découvrir comment allier un graphisme haut en couleurs à une mise en page en CSS.

> **Site web de l'auteur**
>
> Vous pouvez échanger vos avis et commentaires et signaler tout erratum ou carence sur l'espace web dévolu à ce livre.
>
> ‣ http://www.alsacreations.com/livre

Périmètre de l'ouvrage

Nous passerons sur les bases et la syntaxe générale de CSS sans trop nous attarder sur les détails et subtilités. Pour plusieurs raisons, cet ouvrage ne se veut pas une bible en matière de syntaxe CSS :

- Il faudrait un bon millier de pages pour espérer faire le tour d'une matière aussi volumineuse et touffue.
- Internet propose déjà de nombreuses références sur CSS ; vous en trouverez plusieurs en annexe.
- Nous ne verserons pas dans le purisme, mais guiderons le lecteur en lui donnant concrètement, et pas à pas, des applications et méthodologies pratiques pour concevoir des sites web.

Le centre de formation Mediabox propose une documentation exhaustive sur les propriétés CSS :

‣ http://wiki.media-box.net/documentation/css

La traduction française officielle des normes du W3C est elle aussi une lecture vivement conseillée :

‣ http://www.yoyodesign.org/doc/w3c/css2/cover.html

L'annexe mentionne d'autres références officielles ou plus personnelles. Elles énuméreront sites web, forums de discussion, weblogs, et bien sûr une bibliographie sommaire.

Structure de l'ouvrage

Chacune de ses quatre parties remplit une fonction précise :

1. introduction aux normes HTML et XHTML ;
2. apprentissage des styles pour la mise en forme et le positionnement des éléments ;
3. travaux pratiques et exercices concrets ;
4. mise en œuvre globale dans un projet de site web professionnel.

La partie abordant les styles CSS comprend plusieurs chapitres de niveaux différents. Un premier niveau d'apprentissage concerne les syntaxes de base et l'emploi des styles pour la mise en forme et la typographie des documents. Un second niveau de pratique, indépendant, sera développé dans le chapitre concernant le positionnement des éléments en CSS. Quel que soit votre cas, les feuilles de styles CSS apporteront une valeur ajoutée à votre site. Chaque chapitre consacré aux styles CSS se conclura par des exercices de compréhension et renverra vers l'une des applications pratiques développées par la suite.

Rien n'oblige le débutant à supprimer immédiatement toute mise en page par tableaux : CSS est une norme modulaire qu'on peut adopter peu à peu, en la limitant dans un premier temps au graphisme et à l'esthétique des éléments. Les encarts vous ouvriront de nouveaux horizons en élargissant vos connaissances.

Nous finirons par un projet complet avec lequel les webmestres débutants sont peu à l'aise : la création d'un site professionnel mis en page en CSS, doté d'une charte graphique complète de l'habillage à la typographie, et d'une navigation adaptée et accessible au plus grand nombre.

En conclusion de ce livre, vous trouverez plusieurs annexes utiles qui vous serviront de documents de travail pour aller plus loin dans la conception web en CSS. Ces annexes regroupent une liste complète des différentes propriétés CSS, quelques modèles de mise en page, des ressources diverses (sites web, bibliographie) ainsi qu'un tableau récapitulatif de la prise en charge de ce qui concerne XHTML et CSS en général par les navigateurs.

Mises à jour de la troisième édition

Vous tenez entre les mains la troisième édition de l'ouvrage, initialement publié en juin 2005.

Le monde du Web est en constante évolution et apporte chaque jour son lot de nouveautés techniques et conceptuelles.

Cette troisième édition a été mise au goût du jour afin d'accompagner les dernières ressources en date.

Mises à jour de la seconde édition

La précédente édition avait elle apporté les modifications suivantes :

- mise à jour générale, ajout de commentaires et précisions nouvelles ;
- encarts et description des fonctionnalités apportées par le navigateur Internet Explorer 7 ;
- explication des différents Doctypes ;
- encart spécifique à la gestion des bogues des navigateurs, comment les isoler et les traiter ;
- encart sur les hacks et commentaires conditionnels ;
- encart sur le comportement haslayout ;
- mise à jour des annexes.

Remerciements

Mes premières pensées vont à Cathie, ma femme, qui a patiemment essuyé mes sautes d'humeur durant ce long projet de rédaction. Elle a surmonté l'épreuve ; cette patience d'ange lui sera utile pour tenir toute une vie à mes côtés.

Je remercie bien sûr ma famille et mes amis proches, et notamment Philippe Vayssière qui m'a apporté conseils et œil critique dès les premières ébauches d'écriture et qui n'a cessé de traquer les errata de cet ouvrage depuis sa première édition en juin 2005.

Merci également à toute l'équipe d'Eyrolles, principalement à Emmanuel Pietriga qui a su apporter bon nombre de corrections et précisions techniques sur le livre et avec qui j'ai beaucoup appris, mais aussi à Sébastien Blondeel dont les tournures de phrases ont fait que ce livre se lit avec autant de facilité. Sébastien - entre autres - a d'ailleurs passé quelques nuits blanches afin de finir les dernières épreuves dans les délais.

Merci aussi à Rodolphe, mon associé dans une nouvelle aventure palpitante : celle de la création d'une agence web née en janvier 2006, Alsacreations.fr

Je remercie enfin toutes les personnes que je connais et fréquente virtuellement via le Web : tous ceux qui me font part par courriel de leur sympathie, de leurs commentaires ou de leurs suggestions, tous ceux qui prennent le temps de lire mes billets ou les didacticiels en ligne sur Alsacreations.com. Et enfin merci à tous ceux qui font vivre la communauté des standards et du forum Alsacréations, avec une mention spéciale pour les modérateurs qui me supportent.

Je n'oublie pas David Hammond, auteur d'un tableau très complet recensant les capacités des navigateurs principaux, que vous trouverez en annexe.

Raphaël Goetter
raphael@alsacreations.com

PREMIÈRE PARTIE

Standards HTML et XHTML : quelle différence ?

Langages de structuration de l'information, les diverses versions de HTML (HTML, XHTML, XML) présentent des similitudes et des spécificités notamment au niveau de leur rigueur d'interprétation. Cette partie a pour objectif d'établir les fondations nécessaires à la conception web normalisée. On y traitera du langage HTML, mais aussi des notions d'accessibilité, de sémantique et de standards, indispensables au traitement ultérieur par les feuilles de styles CSS.

1

Le W3C et les standards du Web

Cet ouvrage recourra souvent aux termes « standard » (ou norme), « compatibilité » (ou interopérabilité), « accessibilité » et « sémantique ». En effet, ces notions constituent la clé de voûte du bon fonctionnement du Web : elles revêtent donc une importance particulière dans un traité exposant la bonne manière d'écrire des feuilles de styles CSS et de concevoir des pages web.

Concevoir une mise en page en CSS ne trahit pas qu'une volonté de suivre l'évolution du Web et de ses techniques. C'est aussi se conformer à des normes allégeant le code, facilitant les mises à jour et employant les divers éléments d'une manière plus « propre » (on évitera ainsi toute mise en page fondée sur des tableaux).

Distinguer très clairement le contenu de son apparence dans des styles CSS présente des avantages qui vous convaincront au fur et à mesure de votre avancée dans ce livre. La maintenance du code et son adaptation aux différents navigateurs et terminaux clients (notamment les outils pour handicapés) s'en trouveront facilitées. HTML revient à son objectif premier : structurer logiquement les documents.

Pour toutes ces raisons, nous aborderons ces questions de standards, compatibilité, accessibilité et sémantique avant d'évoquer à proprement parler la conception de pages web et les feuilles de styles qui rendent son expression possible.

Ce qui fait tourner le Web en coulisses : les standards

Les langages et syntaxes officiels du Web (HTML, XHTML, XML, CSS...) reposent sur des standards publiés par des organisations de normalisation telles que le W3C (World Wide Web Consortium). Des experts y débattent en mettant l'accent sur les aspects techniques pour aboutir à des consensus et des principes cohérents dans les architectures ainsi mises en place (voir figure 1-1).

Figure 1–1
Le site web du W3C

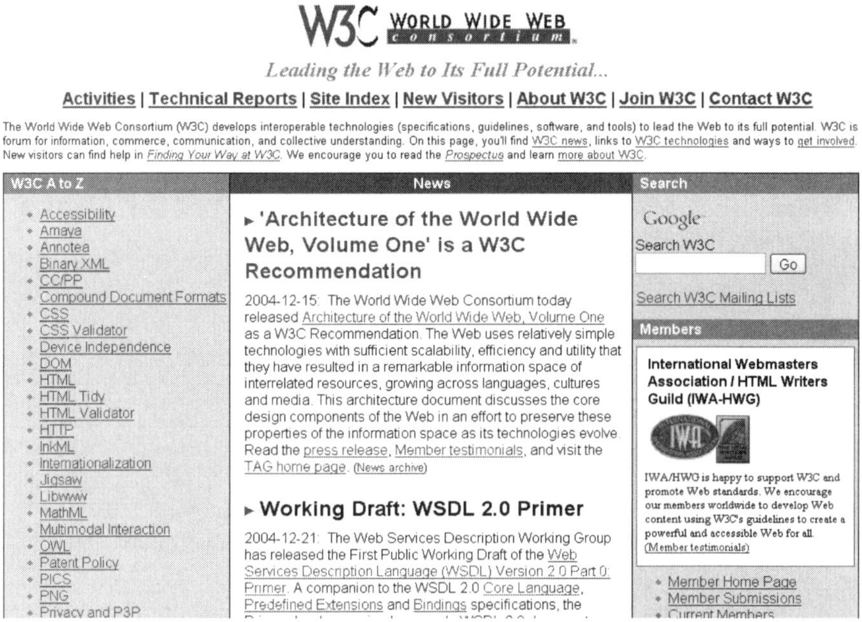

Respecter ces normes transfère aux navigateurs la responsabilité d'interpréter correctement le code. L'auteur de pages web bénéficie ainsi des dernières innovations et s'assure de la pérennité des documents dans le futur.

> **VOCABULAIRE Internet n'est pas (que) le Web**
>
> Les médias et le grand public font souvent l'amalgame Web/Internet et utilisent les expressions « site Internet », « adresse Internet », etc. Dans cet ouvrage, nous serons plus précis : le Web n'est qu'un des réseaux enchevêtrés dans le cadre d'Internet, où l'on trouve bien d'autres services indépendants (FTP, courrier électronique, serveurs de temps, etc.). Le Web est sans doute la composante la plus connue et la plus populaire d'Internet, mais il lui est largement postérieur... Il a vu le jour au début des années 1990, plus de vingt ans après les premiers pas d'Arpanet, ancêtre alors confidentiel de l'Internet actuel.

HTML, langage de description de la plupart des documents accessibles sur le Web, a connu plusieurs évolutions successives. Sa version 2 date de 1994 ; la version 3.2 a vu le jour en 1996. À cette époque, c'étaient surtout les éditeurs de navigateurs (Netscape puis Microsoft) qui imposaient leur volonté. L'année 1996 a aussi vu éclater les hostilités commerciales entre ces deux sociétés, à l'occasion de la sortie de Netscape Navigator 3.

Pour éviter au Web de se transformer en une tour de Babel contraire aux principes historiques de l'Internet (libre accès aux données, interopérabilité, échange), le W3C a tenté, par ses normes sur le langage HTML (2.0, 3.2, 4.0...), de suivre le mouvement et de retranscrire les fonctionnalités des principaux navigateurs. Le rapport de forces est aujourd'hui inversé, et les normes actuelles devancent désormais la plupart des navigateurs.

Le standard s'appelle maintenant XHTML (1.0 et 1.1 pour ses versions courantes ; XHTML 2 est en cours de conception). Les feuilles de styles CSS 2 le complètent. C'est une syntaxe plus rigide de HTML, cette rigueur favorisant la maintenance et la relecture du code.

Les navigateurs parlent la même langue

La normalisation amorcée par le W3C recherchait principalement l'interopérabilité des documents web. Il s'agit de les faire comprendre à tous les navigateurs, sur toutes les plates-formes (MS Windows, Unix, Macintosh) et outils (téléphone mobile, assistant personnel, lecteur braille, etc.).

> DIVERSITÉ **Pourquoi s'embarrasser des autres navigateurs ?**
>
> En observant des statistiques indépendantes aussi écrasantes que le Google Zeitgeist de juillet 2004 (http://www.google.com/press/zeitgeist/zeitgeist-jun04.html), donnant MSIE 6.0 largement en tête des navigateurs utilisés sur le Web, on pourrait être tenté de se focaliser sur ce produit, pensant se simplifier la vie.
> Ce serait une erreur, et ce choix n'allégerait pas vraiment le travail, tout en apportant son lot d'inconvénients : utilisateurs exclus et frustrés, aucune garantie sur l'évolution des futures versions du navigateur ni de la politique commerciale (ou la survie) de son éditeur, faible visibilité sur l'évolution des statistiques et profils d'utilisation du Web (et notamment sur le rôle des clients légers et nomades). IE sera corrigé là où il pèche encore dans son respect des standards ; d'éventuelles solutions de contournement ne seront donc que temporaires. Mettre en place une structure de site logique et solide évitera de sans cesse sur le métier remettre son ouvrage, comme c'était le lot régulier des designers web des années 1990.

Conscients de cette nécessité, les éditeurs de ces programmes les rendent peu à peu conformes aux standards du Web. C'est pourquoi la grande majorité des navigateurs interprètent désormais assez bien, voire parfaitement, ces différents langages. On peut rarement en dire autant de leurs anciennes versions…

Limites Compatible ou presque compatible ?

Comme annoncé en introduction, nous viserons l'honnêteté intellectuelle. Cela nous oblige à signaler la piètre compatibilité avec les standards du Web du navigateur de Microsoft le plus employé à l'heure actuelle : Internet Explorer 6 (ou IE 6). Celui-ci présentant plusieurs carences notables sur ce plan, il ne suffit pas de développer selon les normes pour assurer l'interopérabilité d'un site web avec IE 6, comme nous en verrons quelques exemples pratiques plus loin. Nous découvrirons également que la dernière version de ce navigateur (IE7) fait de gros progrès en termes de conformité et comble plusieurs lacunes de son prédécesseur et que la future version (IE8), encore à l'état de beta à l'heure où ces lignes sont écrites, devrait enfin apporter un support correct des standards du Web et en particulier des CSS.

Le respect de ces recommandations assure non seulement l'accessibilité d'un site sur la majorité des navigateurs actuels, mais garantit surtout sa pérennité. En effet, il est risqué d'utiliser du code approximatif et des balises obsolètes ou propriétaires, car ces techniques ne sont plus reprises dans les normes actuelles du langage HTML telles que définies par le W3C. Ces habitudes datent du temps des conflits entre les deux grandes puissances Microsoft et Netscape, mais ont désormais dépassé leur période de prise en charge et ne sont plus « sous garantie ».

Norme Balises obsolètes et propriétaires

Les normes évoluent, car leurs concepteurs n'ont pas toujours le recul nécessaire lors de leur rédaction pour apprécier l'avenir du domaine. Parfois, et malgré le soin apporté à leur réalisation, elles sont « boguées » et la version suivante corrige le tir. Même s'il est nécessaire de prévoir des périodes de transition (les anciens documents devant rester valides suffisamment longtemps pour laisser à leurs auteurs le temps de s'adapter), c'est une impasse que de s'entêter à garantir à vie tout choix du passé qui s'avère désormais erroné ou inutile. C'est pourquoi le W3C déclare parfois certaines balises *deprecated*, ou « obsolètes ».

Une balise « propriétaire » est un élément absent de la norme qu'un éditeur de navigateur web introduit dans l'espoir de devancer la concurrence. Si seul son produit est capable d'interpréter correctement tel effet spécial et si suffisamment de sites web en font usage (encouragés en cela par le produit de rédaction de site web de la même gamme), les concurrents perdront du terrain et seront forcés d'introduire cette fonctionnalité dans la prochaine version de leur programme. Cette tactique d'entreprise, classique dans les années 1990, est en voie de disparition. Les éditeurs ont maintenant compris l'intérêt de respecter des grammaires communes.

En d'autres termes, leur éventuel bon fonctionnement actuel est un héritage du passé, qui ne préjuge en rien de leur prise en charge future, dans les nouvelles versions ou les nouveaux navigateurs.

Pour un Web accessible à tous

L'ambition d'universalité du Web ne concerne pas que les machines et les logiciels : tous les êtres humains devraient pouvoir y accéder, dans la mesure de leurs moyens, sans barrières artificielles. Cela concerne aussi les personnes souffrant de handicaps, quelle que soit leur nature (physique, auditif, visuel ou moteur). Il existe à cet effet des standards et des normes d'accessibilité du Web, dites WCAG :

▸ http://www.w3.org/WAI/

On peut classer les handicaps affectant l'accès au Web en quatre catégories :

- Les déficiences visuelles rassemblent les aveugles, malvoyants, daltoniens et porteurs de lunettes. Les illustrations dépourvues d'intitulé ou de texte de remplacement, les polices de caractères trop petites ou les couleurs peu contrastées limitent alors l'accès à l'information.
- Les déficiences auditives des sourds ou malentendants les empêcheront de profiter de certaines informations si le créateur du site n'a pas prévu à leur effet des dispositions d'accessibilité.
- Des handicaps physiques gênent certains utilisateurs dans le maniement du clavier ou de la souris. Ceux-ci seront donc exclus de tout site exigeant de pointer avec précision de petits éléments ou imposant la souris pour interagir avec leurs scripts et menus.
- Les déficiences mentales ou neurologiques ralentiront certains en l'absence de repères clairs et précis. Un système de navigation non intuitif pourra lui aussi troubler de nombreux utilisateurs. L'abus d'effets visuels comme les clignotements ou les animations de fréquence élevée peut quant à lui avoir de graves conséquences sur des sujets sensibles ou épileptiques.

Les personnes souffrant d'une gêne ou d'un handicap représentent 7 à 40 % de la population selon le type de gêne considéré. Ces proportions augmentent chez les personnes âgées.

On estime que 10 à 20 % des individus présentent telle ou telle déficience dans la plupart des pays dits « développés ». Certains handicaps ne gênent pas l'accès au Web, mais la plupart nous concernent tous potentiellement.

Tout lieu public se doit d'être accessible à tous, handicapés ou non. Les cahiers des charges concernés comportent désormais ces obligations. Pourquoi en irait-il autrement du Web ?

TEXTES Loi sur l'accessibilité

L'agence fédérale américaine pour le handicap considère que l'obligation d'accessibilité aux lieux publics s'applique aussi à tous les sites web. La « Section 508 » (http://section508.gov/) impose déjà l'accessibilité des handicapés aux sites gouvernementaux de plusieurs pays (et à ceux qui sont financés en partie par le gouvernement, notamment ses fournisseurs).

En France, la loi n° 2005-102 du 11 février 2005, pour l'égalité des droits et des chances, la participation et la citoyenneté des personnes handicapées, publiée au J.O. n° 36 du 12 février 2005 page 2353, prévoit des règles semblables dans son article 47 :

« Les services de communication publique en ligne des services de l'État, des collectivités territoriales et des établissements publics qui en dépendent doivent être accessibles aux personnes handicapées.
L'accessibilité des services de communication publique en ligne concerne l'accès à tout type d'information sous forme numérique quels que soient le moyen d'accès, les contenus et le mode de consultation.
Les recommandations internationales pour l'accessibilité de l'Internet doivent être appliquées pour les services de communication publique en ligne. »

Son texte est disponible en ligne à l'adresse :

- http://www.legifrance.gouv.fr/WAspad/UnTexteDeJorf?numjo=SANX0300217L

Pour un Web accessible à tous, le W3C a publié en 1997 une initiative (dite WAI) visant à garantir la prise en charge des questions d'accessibilité par les nouvelles technologies.

C'est dans cette optique qu'ont été rédigées les 14 directives du WCAG (Web Content Authoring Guidelines). Elles décrivent les principes généraux d'accessibilité et détaillent les points à respecter, selon divers niveaux de priorité :

- Niveau 1 : obligation. La consigne doit être satisfaite. C'est le niveau minimal requis pour assurer un seuil d'accessibilité au plus grand nombre.
- Niveau 2 : recommandation. La remarque devrait être suivie.
- Niveau 3 : suggestion. Détail qui pourrait être pris en compte. C'est le plus haut niveau d'accessibilité : il traite de tous les handicaps.

La conformité à ces trois niveaux est codée comme suit :

- un site « A » répond à toutes les exigences d'un point de contrôle ;
- un site « AA » satisfait deux points de contrôle ;
- un site « AAA » se conforme à tous les points de contrôle.

La liste des points à respecter occupe trop d'espace pour être reprise ici, mais nous pouvons en résumer les principales directives :

OUTILS Valider l'accessibilité d'un document

Il existe sur le Web plusieurs outils de validation permettant de tester le niveau d'accessibilité d'un document :

- WebXact : http://webxact.watchfire.com/
- Wave 3 : http://www.wave.webaim.org/
- Cinthia's Report : http://www.contentquality.com/Default.asp
- Accès-pour-tous : http://www.acces-pour-tous.net/

Attention, ces outils ne permettant qu'une validation partielle, ils ne constituent qu'une première étape dans la démarche d'accessibilité. Tous les niveaux ne sont pas contrôlables par des outils automatiques.

- Ne jamais poser de limites à la navigation : un menu exclusivement graphique, utilisant des outils propriétaires, reposant sur des scripts ou nécessitant des plug-ins (Java, Flash, JavaScript) est à éviter, à moins de proposer une autre solution, fonctionnelle sans ces outils.
- Éviter les structures de pages utilisant des cadres (frames, iframes) ou tableaux, véritables écueils pour les visiteurs non voyants.
- Toujours proposer des solutions équivalentes au contenu visuel et sonore : texte de remplacement pour les images (`alt`), navigation sans souris ou sans clavier (`accesskey`, `tabindex`), liens hypertextes explicites (`title`), etc.
- Ne pas s'en remettre exclusivement aux couleurs et permettre d'augmenter la taille du texte (c'est utile aux malvoyants).
- Utiliser un balisage sémantique pour offrir une structure cohérente, même si l'aspect visuel est absent ou dégradé. Respecter les normes de langage en vigueur proposées par le W3C et séparer le contenu (HTML) de la mise en forme (CSS).

Sens et sémantique sur le Web

Les documents du Web seront d'autant plus accessibles et faciles à maintenir qu'ils seront balisés « sémantiquement », c'est-à-dire en fonction de leur structure logique et non pas en se focalisant sur l'aspect recherché.

Un document web bien écrit respecte d'abord un certain nombre de règles de syntaxe, souvent rappelées, mais son aspect sémantique est moins connu. Tout validateur de syntaxe acceptera sans coup férir un tableau bien écrit, même si celui-ci a pour seul but d'obtenir une certaine mise en page… Cet élément est pourtant théoriquement réservé à la présentation de données en relation les unes avec les autres (tableaux à une ou deux entrées), et n'a en aucun cas un rôle d'organisation de la maquette du document.

La sémantique d'un document concerne donc ce qui relève plutôt de la qualification fonctionnelle de son contenu, par opposition à sa forme organique. Elle s'intéresse au type de données d'un objet, à son utilité, à ce qu'il contient, etc.

Sur le Web et en HTML aussi, chaque élément est porteur de sens. Il convient d'employer chaque balise à bon escient et non selon son rendu visuel par défaut.

L'erreur la plus fréquente consiste à utiliser une balise de paragraphe `<p>` pour le titre du document (`<h1>` en temps normal). Pour arriver à ses fins, l'auteur applique ensuite à ce « paragraphe » l'apparence d'un titre : taille de texte, graisse, centrage, marges, etc. Si le résultat visuel final est celui d'un titre, la sémantique de cet élément reste malgré tout celle du paragraphe !

Sans être une hérésie, cette technique renie les principes mêmes du langage HTML : décrire le contenu du document et sa structuration logique.

Une sémantique correcte et indépendante de la mise en forme structurera mieux le document, qui sera ainsi plus facile à interpréter par les différents navigateurs, moteurs de recherche et lecteurs braille (lesquels ne s'embarrassent guère de la présentation réelle).

Une sémantique scrupuleuse permettra aussi d'automatiser l'exploitation du contenu de la page par des programmes tels que les « agents » autonomes parcourant le Web à la collecte d'informations – c'est le cas des robots d'indexation des moteurs de recherche.

> **SCIENCE-FICTION L'intelligence artificielle n'existe pas**
>
> La notion de validateur de sémantique est difficile à imaginer : aucun logiciel ne pourra deviner qu'un paragraphe est censé être un titre.
> C'est donc à l'auteur de bien formaliser la structure de ses pages et d'attribuer à chaque élément la signification adéquate. Par exemple : `<h1>` pour le titre principal, `<ul>` et `<li>` pour les listes de liens (menus), `<blockquote>` et `<q>` pour les citations, etc. L'ensemble des balises HTML sera décrit dans le chapitre 2, « Séparer le fond et la forme avec HTML et CSS ».

Le balisage sémantique implique une bonne connaissance des éléments disponibles et de leur signification, culture dont sont dépourvus la plupart des webmasters amateurs ou débutants. Ceux-ci recourent alors à un balisage pauvre et se limitent à trois ou quatre balises génériques et inadaptées.

On rencontre ainsi des documents composés de multiples blocs `<div>` inutiles, ou dont tous les textes (titres, sous-titres, paragraphes, notes, citations, etc.) sont balisés par l'élément de paragraphe `<p>`.

Malheureusement, ces cas abondent sur la Toile, où de nombreux designers font appel à des logiciels WYSIWYG (*What You See Is What You Get*) tels que Dreamweaver ou

Golive. Le code automatique ainsi généré employant massivement des éléments neutres plutôt que des balises pourvues d'un sens, il est loin d'être sémantique.

En résumé : avantages des standards et d'une sémantique sur le Web

- Les standards favorisent la création de sites originaux, jolis, dynamiques, développés dans les règles de l'art et aux contenus clairement dissociés de la présentation.
- Développer dans le respect des normes, c'est ouvrir son site à toute plate-forme, tout système d'exploitation, tout navigateur ou agent utilisateur actuel ou à venir, pour peu que ces outils comprennent et appliquent les standards du Web. Peu à peu, cela couvrira une large gamme de produits (assistants personnels, téléphonie mobile, télévision interactive, domotique, etc.). Un document HTML conforme sera donc exploitable par de multiples outils en dehors d'un ordinateur de bureau.
- Par leur insistance sur la sémantique du balisage des documents, de nombreux standards facilitent l'accès au Web aux personnes souffrant de divers handicaps (visuels, moteurs, auditifs, etc.). C'est d'ailleurs sur ce balisage sémantique que des moteurs de recherche comme Google s'appuient.
- Même les navigateurs anciens ou limités (Netscape 4, lecteurs braille, navigateurs en mode texte comme Lynx) pourront accéder aux sites construits dans le respect des normes, puisque leur structure est différenciée de leur contenu.
- En séparant les aspects éditoriaux et de mise en page, les standards du Web allègent le code et en accélèrent le rendu : HTML strict ne contient en effet aucune indication de style. Les effets de design sont placés à part, dans une « feuille de styles », conservée en mémoire cache de l'ordinateur. Cette technique réduit le volume transféré et réalise donc des économies de bande passante.
- La maintenance et la mise à jour des sites écrits dans le respect des standards s'en trouvent facilitées : la maquette, placée à part, tient sur une seule page (voir à ce sujet le site CSS Zen Garden : http://www.csszengarden.com/, qu'un clic de souris permet de rhabiller intégralement, des centaines d'apparences étant disponibles).
- La lecture du contenu est facilitée : chaque balise y est employée à bon escient, sans superflu ni éléments neutres (comme `<div>`) – qui sur-structurent le contenu inutilement. Il est notamment expurgé de toutes les petites « bidouilles » classiques (multiples tableaux imbriqués, `colspan`, `rowspan` et images de type `spacer.gif`).
- Toutes ces raisons (allègement du code, réduction de la bande passante nécessaire, simplification des mises à jour et des refontes graphiques complètes) permettront donc aux entreprises optant pour les standards du Web de réaliser de substantielles économies.

- L'apprentissage de la programmation dans le respect des normes n'est pas plus difficile que celui de HTML classique sans CSS. Par conséquent, pourquoi ne pas gagner du temps et travailler correctement dès le début ?

VOCABULAIRE Éléments bloc et inline

On peut classer les balises (X)HTML en deux familles principales. Certaines mettent en place un objet dans la page : elles sont de types « bloc » (exemple : paragraphe, tableau, titre). D'autres ne portent que sur une portion de mot ou de phrase, en agissant par exemple sur sa couleur, sa police, ou d'autres caractéristiques organiques comparables dans des agents utilisateur moins traditionnels (comme l'intonation de la voix dans un lecteur braille). Ces dernières sont dites *inline* en anglais ; on pourrait traduire cela par « au fil du texte » ; dans cet ouvrage nous les qualifierons d'éléments « en ligne ».

PIÈGE Trop de div tue le div !

L'ère des mises en page en tableaux imbriqués est révolue : c'est l'association de balises `<div>` aux styles CSS qui prend la relève et permet la mise en forme des documents.
Cette nouvelle mode apporte fatalement son lot de fanatismes, incompréhensions et mauvaises utilisations. La paresse simplificatrice naturelle de l'homme fait conclure à de nombreux designers :« bien, la nouvelle lubie consiste donc à remplacer les tableaux par des `div` ». Cette analyse bâclée produit mécaniquement des documents comptant autant de `div` que leurs prédécesseurs comptaient de cellules de tableaux, ce qui n'a évidemment aucun intérêt. Ces cancres ont alors beau jeu de se plaindre et de dénoncer l'inutilité de CSS.
Ce phénomène est malheureusement souvent observé : ceux qui n'en comprennent pas la logique utilisent des éléments `div` à toutes les sauces, en les imbriquant et en créant une multitude de sous-blocs... ce qui n'est pas une fin en soi.
Les inconvénients sont nombreux : mises à jour difficiles, code alourdi inutilement et rendu incompréhensible à autrui, ainsi qu'à son propre auteur après quelque temps. Tel est le prix à payer pour la sur-structuration en HTML.

Rien de tel qu'un exemple parlant pour illustrer ce type de débordements :

```
<div class="gauche">
<div class="menu">
<ul>
<li><a href="#">Lien 1</a></li>
<li><a href="#">Lien 2</a></li>
<li><a href="#">Lien 3</a></li>
<li><a href="#">Lien 4</a></li>
</ul>
</div>
</div>
```

Le menu (bloc <ul>) est imbriqué dans un div "menu", lui-même placé dans un div "gauche"... tous deux sont pourtant inutiles ! Il suffisait ici de doter la balise importante (<ul>) des attributs concernés : c'est en effet possible pour tout élément de niveau bloc.

```
<ul class="menu gauche">
<li><a href="#">Lien 1</a></li>
<li><a href="#">Lien 2</a></li>
<li><a href="#">Lien 3</a></li>
<li><a href="#">Lien 4</a></li>
</ul>
```

La morale ? N'oubliez pas que de nombreuses balises mettent en place des blocs : <p>, <ul>, <li>, <h1>...<h6>, <blockquote>...

Le recours à l'élément <div> ne doit pas être un réflexe conditionné. Vous ne réaliserez des économies et n'écrirez un code propre et compréhensible qu'en employant chaque balise à bon escient.
C'est tout l'esprit de la sémantique des balises : <p> structure des paragraphes, <h1> à <h6> des niveaux de titres, <ul> des listes et des menus, etc. On peut les voir comme des macros prédéfinies : <p> remplacerait <div role="paragraph">, etc.
Évitez donc de surcharger votre code de <div> inutiles et autres balises superflues ; il ne s'en portera que mieux. Ainsi allégé, il sera bien plus facile à relire.

HTML ou XHTML ?

Dans cet ouvrage nous emploierons indifféremment les termes HTML et XHTML pour désigner le langage de codage des documents du Web – XHTML n'est en effet qu'une reformulation de HTML en XML. XML est un méta-langage, c'est-à-dire un ensemble de règles à respecter pour qu'une grammaire de langage puisse se réclamer de cette norme. Quelques implémentations fameuses de XML : DocBook (documents techniques), MathML(formules mathématiques), RDF (description des contenus par leurs méta-données comme auteur, titre, description), SVG (description de figures), etc.

La différence principale entre HTML et XHTML est syntaxique, ce dernier étant bien plus rigide. C'est pourtant cette rigueur qui lui donne toute sa souplesse, et en multiplie les applications.

Syntaxe générale du XHTML

La grammaire du XHTML répond à un certain nombre de règles, pour la plupart fondées sur l'absence d'implicite, une grande régularité et un « bon parenthésage » du document :

- Les noms des balises et des attributs sont écrits en minuscules.
  Exemple : on écrit : `<p>` et non plus `<P>`.
- Les valeurs des attributs sont placées entre apostrophes simples ou doubles.
  On écrira : `<p class="center">` au lieu de `<p class=center>`.
- Tout attribut doit impérativement recevoir une valeur.
  `<input type="checkbox" checked="checked" />` remplacera ainsi `<input type="checkbox" checked>`.
- Toute balise ouverte doit être refermée.
  On écrira donc : `<p>Bonjour.</p>` au lieu de `<p>Bonjour`.
- Les balises vides doivent être explicitées.
  Exemples : `<br />` supplantera `<br>` et `<hr id="top" />` est le successeur de `<hr id="top">`.
- Les balises seront correctement imbriquées (et le document, « bien parenthésé »).
  Il semble plus logique de préférer `<p><i>Bonjour</i></p>` au bancal `<p><i>Bonjour</p></i>`.

Tout document se conformant strictement à ces règles sera dit « bien formé » syntaxiquement et respectera la grammaire XHTML.

Indiquer la grammaire au navigateur

Il existe plusieurs versions du langage HTML, cohabitant sur le Web. On indiquera aux navigateurs la version retenue pour un document donné en préfaçant celui-ci d'un doctype accompagné d'une DTD, ou « définition de type de document ». C'est cette DTD qui définit la grammaire précise du document.

Ce doctype est un code spécifique placé au tout début d'un document HTML. Il précise au navigateur le langage retenu pour l'écriture de la page : HTML ou XHTML, en version stricte ou transitionnelle, etc.

C'est non seulement un moyen de s'assurer que le document sera bien interprété par les navigateurs, mais aussi un élément indispensable à sa validation par l'organisme de référence, le W3C.

XHTML (et HTML) existent en deux versions principales :

- *Transitional* (transitionnelle), version prévue pour réaliser la transition vers la version *strict*, est par conséquent beaucoup plus permissive que cette dernière.

- *Strict* est la version rigoureuse que nous utiliserons. Beaucoup d'éléments ou d'attributs y sont devenus obsolètes (et interdits). Il s'agit notamment des balises et propriétés de mise en forme (`<center>`, `<font>`, `"align"`...). Le but est de pousser les développeurs à utiliser le CSS pour la présentation et de limiter le document HTML au seul contenu.

On trouve encore d'autres doctypes, proposant par exemple les cadres (frames), mais nous les éviterons car ces techniques sont à déconseiller et entravent l'accessibilité des sites web.

ÉVITER À propos des cadres

Rien de tel qu'un exposé argumenté pour convaincre le lecteur sceptique de la nocivité des cadres. Voyez à ce sujet l'excellent article du site de référence OpenWeb à l'adresse :

▸ http://openweb.eu.org/articles/finir_cadres/

À l'heure actuelle, il existe sept doctypes, tous aussi valides et conformes selon le W3C : HTML 4.01 frameset, HTML 4.01 transitional, HTML 4.01 strict, XHTML 1.0 frameset, XHTML 1.0 transitional, XHTML 1.0 strict et XHTML 1.1.

Le concepteur web est libre de choisir son doctype selon ses besoins et convictions. Par exemple, les versions frameset autorisent les cadres et les versions transitionnelles permettent d'insérer des éléments de mise en page au sein du code HTML. La différence entre chaque doctype est résumée dans un article en ligne de Laurent Denis : http://css.alsacreations.com/Bases-et-indispensables/DTD-comment-choisir

Cet ouvrage emploiera généralement la syntaxe du doctype XHTML strict afin de se référer au document le plus rigoureux possible. Par conséquent, nos documents web débuteront généralement par :

```
<!DOCTYPE html PUBLIC "-//W3C//DTD XHTML 1.0 Strict//EN"
  "http://www.w3.org/TR/xhtml1/DTD/xhtml1-strict.dtd">
```

Cette formulation est précise et rigoureuse (elle mêle notamment des balises et des parties en majuscules). Pour éviter d'éventuelles erreurs, contentez-vous de la copier-coller dans vos créations.

NORME DTD XHTML 1.1

À titre indicatif, signalons l'existence de la DTD XHTML 1.1, modularisation de XHTML 1.0 strict. Elle pose quelques contraintes supplémentaires et nous ne l'utiliserons pas dans le cadre de cet ouvrage d'introduction.
Le passage de XHTML 1.0 à XHTML 1.1 marque une transition nette vers le langage XML. Ces deux versions se distinguent nettement au niveau de la déclaration de contenu. Il ne suffit pas de choisir le bon doctype pour qu'un document XHTML 1.1 soit valide ; les documents XHTML 1.1 servis en `"text/html"` sont invalides.

Indiquer la langue et l'encodage du document : lang et charset

La petite bureaucratie virtuelle des normes du Web impose d'autres déclarations obligatoires dans l'en-tête de tout document HTML : les spécifications de langue et d'encodage. Survolons-les rapidement.

La langue du document est précisée dans la balise `<html>` comme suit :

```
<!DOCTYPE html PUBLIC "-//W3C//DTD XHTML 1.0 Strict//EN"
  "http://www.w3.org/TR/xhtml1/DTD/xhtml1-strict.dtd">
<html xmlns="http://www.w3.org/1999/xhtml" xml:lang="fr" lang="fr">
```

L'encodage est spécifié dans l'espace délimité par les balises `<head>` et `</head>`, à l'aide de l'attribut `charset`. Par exemple :

```
<!DOCTYPE html PUBLIC "-//W3C//DTD XHTML 1.0 Strict//EN"
  "http://www.w3.org/TR/xhtml1/DTD/xhtml1-strict.dtd">
<html xmlns="http://www.w3.org/1999/xhtml" xml:lang="fr" lang="fr">
<head>
<title>titre évocateur</title>
<meta http-equiv="Content-Type"
      content="text/html; charset=iso-8859-15" />
</head>
```

L'encodage du document indique aux navigateurs les caractères potentiellement utilisés dans le texte de la page. Pour un document en français, on pourra choisir entre :

- iso-8859-1 qui est l'encodage classique, presque complet pour les langues de l'Europe occidentale ;
- iso-8859-15 qui complète le précédent par quelques caractères supplémentaires, tels que le signe € ou le caractère œ ;
- utf-8 qui permet d'utiliser la plupart des caractères de la majorité des langues du monde : c'est un code de l'Unicode.

CULTURE Unicode

Pour s'échanger des données, notamment textuelles, les ordinateurs doivent s'accorder sur la manière de les représenter (ou encoder). Ils ne connaissent en effet que les nombres : comment associer à chaque caractère son numéro ? La multitude des conventions inventées localement a subi une première unification avec l'avénement de l'Internet dans les pays occidentaux dans les années 1970 : c'est le code ASCII qui numérotait les vingt-six lettres de l'alphabet, les chiffres et quelques signes typographiques ou codes de contrôle supplémentaires. Il fut étendu différemment selon la zone géographique pour prendre en compte les signes diacritiques des diverses langues. L'entrée de cultures aux systèmes d'écriture moins classiques dans le cercle de la communication a bouleversé ce fragile équilibre ; c'est désormais Unicode qui vise à centraliser les dizaines de milliers de caractères existant dans tous les systèmes d'écriture. On peut désormais mêler tout sous-ensemble de langues du monde dans un même document.

Valider son site avec le W3C

Pour réaliser un site conforme aux standards du Web, il faut :

- Préciser la version de HTML ou de XHTML utilisée. On l'indiquera par un doctype en début de document, comme nous venons de le voir.
- Se conformer à la grammaire retenue. Pour l'aspect syntaxique, les validateurs du W3C conviendront, mais aucun programme ne peut garantir ou contrôler la bonne sémantique des balises d'un document.

Comme le validateur (X)HTML (http://validator.w3.org/) ou le validateur CSS (http://jigsaw.w3.org/css-validator/), des outils en ligne vous aideront à vous conformer aux règles du langage correspondant au doctype choisi pour le document.

Ces programmes analysent les documents web qu'on leur fournit et indiquent diverses erreurs commises par rapport au doctype stipulé ((X)HTML *Transitional*, *Frameset* ou *Strict*). Sauf bogue improbable du validateur, chaque indication sera pertinente et il conviendra de la prendre en compte.

Confronté à un document construit proprement, sans erreur de balises, imbrications hasardeuses ni recours à des propriétés non autorisées ou obsolètes, le validateur affichera une page de félicitations confirmant ainsi la bonne conformité au doctype retenu.

Rien n'oblige un développeur à se conformer à une norme, mais ce choix présente plusieurs avantages : assurance de la pérennité du site, affichage correct sur une plus large gamme de navigateurs, meilleure accessibilité, etc.

Un site respectant les normes « strictes » sera plus rigoureux et facile à faire évoluer vers des normes à venir. Malheureusement, il sera plus difficile d'en assurer un rendu satisfaisant tant sur les anciens navigateurs que sur les nouveaux.

Figure 1–2
Le validateur de code (X)HTML du W3C

> **CULTURE La mission du W3C**
>
> Le W3C ne se limite pas à créer et maintenir des langages du Web. Sa mission, telle qu'il l'a définie, est de mener celui-ci à son potentiel maximal. Cela passe par sept fronts principaux : accès universel, Web sémantique, confiance, interopérabilité, évolutivité, décentralisation, multimédia interactif.
> Quelques sociétés très influentes composant le W3C (Microsoft, Mozilla, Opera, entre autres), on peut raisonnablement penser que le souhait de normalisation n'est pas une utopie.
> Vous trouverez des informations (en anglais) à l'adresse :
>
> ▸ http://www.w3.org/2002/07/W3Cin7PointsTranslations.html

Gardez à l'esprit que passer l'étape de validation est une condition nécessaire mais en aucun cas suffisante. C'est un test mécanique qui ne contrôle que la syntaxe. De même qu'on peut imaginer des phrases grammaticalement correctes mais dépourvues de sens en français (exemple : « D'incolores idées vertes dorment furieusement »), il est tout à fait possible qu'un document web organiquement correct emploie les balises à tort et à travers. En particulier, il est impossible au validateur de vérifier si vous avez utilisé les bonnes balises au bon endroit, de savoir si votre <p> est bien un paragraphe et non un titre (<h1>), etc.

Rien ne s'oppose, par exemple, à la définition d'un bloc de 70 000 pixels de haut. C'est propre et valide, mais cela n'a aucun sens. On enchaînera donc sur la prise en compte d'autres paramètres essentiels, comme la sémantique :
http://openweb.eu.org/articles/respecter_semantique/

Les validateurs d'accessibilité compléteront avantageusement cet arsenal :
http://www.acces-pour-tous.net/validateur/validateur.php

Pour résumer, on peut dire que les normes et leurs validateurs ne régissent que l'aspect organique des documents. Leur interprétation et leur sens restent l'affaire de leur auteur.

VOCABULAIRE « Recommandation » : un terme qui pêche par modestie

Le W3C encadre le travail de groupes d'experts qui élaborent ce qu'ils appellent des « recommandations » lors d'un processus formalisé en plusieurs étapes. Ce mot est mal choisi : il s'agit en réalité des standards du Web, qu'il convient de fait de respecter. Voir par exemple :

- http://www.w3schools.com/w3c/w3c_intro.asp.

Testez vos connaissances

1. Combien de navigateurs web existe-t-il dans le monde ? Combien en connaissez-vous ?
2. Combien de personnes souffrent de handicap visuel (et notamment de cécité) en France ?
3. Quand fut créé le W3C (World Wide Web Consortium) ?
4. Quel attribut obligatoire rendra une image accessible aux non voyants ?
   - `alt`
   - `title`
   - `info`
   - `desc`
   - `longdesc`
5. Qui est considéré comme le fondateur du Web ?
   - Jeffrey Zeldman
   - Bill Gates
   - Timothy Berners-Lee
   - Alan Turing
6. Les balises `<em>` et `<i>` ont souvent la même apparence visuelle. Pourquoi préférer l'une à l'autre, et laquelle ?
7. Quel est le site de référence en français pour les standards du Web ?
   - www.cnil.fr
   - www.w3c.org
   - www.openweb.eu.org

Vous retrouverez certaines de ces questions à l'adresse suivante :
http://www.tutoweb.com/quiz.php

Réponses

1. Il existe près de 100 navigateurs web, dont certains sont déjà obsolètes.
Les navigateurs les plus courants du moment sont : Internet Explorer, Mozilla, Firefox, Opera, Safari, Chrome, Chromium, Camino, Konqueror, Galeon, Netscape Navigator, w3m, Lynx, Links (ces trois derniers fonctionnant en mode texte).

   Vous trouverez une liste complète des navigateurs sur le site :
http://browsers.evolt.org

2. La France compte plus de 1 500 000 déficients visuels (soit 2,6 % de la population), dont, en 1997, environ 110 000 aveugles (acuité visuelle inférieure à 1/20 de la normale au meilleur œil après correction) et 250 000 malvoyants (acuité visuelle inférieure à 4/10). Source : *Quid*.

3. Le W3C a vu le jour en 1994. Vous trouverez des informations complémentaires sur son site http://www.w3.org/Consortium/

4. L'attribut `alt` est un minimum obligatoire. Il permet aux non voyants de disposer d'un texte alternatif décrivant brièvement l'image.
Attention à ne pas confondre les attributs `alt` et `title`. Ce dernier est une infobulle s'affichant lors du survol des éléments par le curseur de la souris. La confusion vient du fait qu'Internet Explorer 6 et 7 affiche aussi une infobulle avec l'attribut `alt`.

5. Timothy Berners-Lee est considéré comme le père fondateur du Web.

6. Les balises `<em>` (« emphase ») et `<i>` (« italique ») ont souvent le même effet dans les navigateurs graphiques. Leur interprétation diffère pourtant, et le contenu mis en emphase sera plus facile à interpréter ou représenter dans des contextes moins classiques. Pour résumer, `<i>` a une sémantique de présentation et `<em>` une sémantique plus abstraite.

7. Le site de référence en français sur les standards du Web est www.openweb.eu.org, que je vous invite à parcourir sans modération !

2

Séparer le fond et la forme avec HTML et CSS

HTML signifie HyperText Markup Language. Cette abréviation de quatre lettres semble être une référence inévitable sur le C.V. de tout webmestre qui se respecte. Et pour cause : il s'agit ni plus ni moins du principal langage du Web. Il n'en va pas différemment aujourd'hui des feuilles de styles CSS.

Nombre de ces webmasters, même professionnels, ne connaissent pourtant qu'une infime part de ce langage, leur pratique se limitant souvent à utiliser un logiciel d'édition web qui génère des documents HTML automatiquement. Cette limitation, vous le percevrez tout au long de cet ouvrage, est un réel frein au développement et à la conception de sites web dans un avenir où le respect de normes rigoureuses sera de plus en plus la règle.

Nous n'allons pas ici retracer tout l'historique du HTML. Sachez simplement qu'il n'est qu'une application d'un standard bien plus ancien, le SGML. Ce dernier est un méta-langage, c'est-à-dire un ensemble de règles de grammaire à respecter par tout langage qui veut relever de sa famille. Conçu pour structurer des données, SGML utilise en outre une syntaxe à balises (*markup* en anglais). Ces deux caractéristiques le distinguent de langages de programmation plus classiques tels que le C, PHP, etc.

La base du HTML : les balises

HTML repose sur l'utilisation de balises et d'éléments.

> **Jargon Ne pas confondre éléments et balises**
>
> La confusion est fréquente entre les termes « balise » et « élément ». Nous précisons donc la signification de ces deux termes.

Les balises, délimitées par des chevrons ouvrant et fermant < et >, qualifient des portions de texte. Sauf exception, elles fonctionnent par paires, et à chaque balise ouvrante correspond sa balise fermante, débutant par les caractères </. Ces paires délimitent la portion de texte à laquelle elles s'appliquent. Parfois, une balise est refermée immédiatement. Une telle « balise vide » ne délimite alors qu'un point, et non une zone du document.

Un élément est l'ensemble composé d'une balise ouvrante, d'un contenu (du texte et/ou d'autres balises), et de la balise fermante correspondante. Voici un exemple faisant intervenir la balise `<strong>`, qui permet de renforcer une partie de texte :

```
Il ne faut <strong>jamais</strong> oublier de fermer les balises!
```

Dans cet exemple, nous distinguons :

- l'élément `<strong>jamais</strong>` ;
- le contenu d'élément « jamais » ;
- la balise ouvrante `<strong>` ;
- la balise fermante correspondante `</strong>`.

Le contenu « jamais », délimité par le couple de balises `<strong>` et `</strong>`, sera renforcé par rapport au reste du texte – les navigateurs graphiques recourent pour cela à une police plus grasse.

HTML propose toute une panoplie de balises pour structurer un document : paragraphes, titres, blocs, listes, tableaux, citations, etc.

Dans la version stricte et moderne du langage, le nom des balises s'écrit tout en minuscules. `<Strong>` et `<STRONG>` n'y sont donc plus valables.

> **Évolution Balises obsolètes**
>
> De nombreuses balises HTML sont aujourd'hui déconseillées voire obsolètes. Il s'agit de balises de mise en forme, fonction désormais dévolue aux styles CSS. Ce cimetière des balises oubliées comporte notamment `<font>`, `<basefont>`, `<center>`, `<u>`, `<s>`, etc.

Les attributs

Les balises acceptent parfois des caractéristiques supplémentaires permettant de les distinguer ou de les personnaliser. Ces options s'inscrivent dans leur nom et sont appelées « attributs » (ou « propriétés »).

Leur valeur est toujours entourée d'apostrophes simples (') ou doubles (").

Exemple :

```
<h1 id="monTitre">Bienvenue chez moi</h1>
```

Ce code introduit un titre de premier niveau affublé d'une propriété `id` de valeur `monTitre`. La valeur de cet attribut, identifiant la balise, doit être unique dans le document (nous y reviendrons).

Les attributs sont indispensables pour distinguer les éléments entre eux et pouvoir créer la mise en page du document à l'aide des feuilles de styles CSS.

> ÉVOLUTION **Attributs obsolètes**
>
> Comme pour les balises, de nombreux attributs utilisés dans les langages HTML non stricts ou anciens sont pour la plupart destinés à la mise en forme des éléments : `align`, `valign`, `color`, `bgcolor`, `border`, `face`, `width`, `height`. Il est donc dorénavant déconseillé de les utiliser. Toutefois, pour des raisons de permissivité, ils sont encore tolérés dans les doctypes transitional et frameset.
> Nous verrons dans les chapitres consacrés à la mise en forme en CSS comment obtenir, à l'aide de styles, l'effet auparavant produit par ces attributs.

L'imbrication des éléments

Les éléments peuvent être imbriqués, à condition de former un « bon parenthésage » respectant la hiérarchie, et en évitant de faire se chevaucher des balises ouvrantes et fermantes qui ne se correspondent pas. Par exemple :

```
<h1 id="monTitre">Bienvenue chez Toto <em>et moi</em></h1>
```

Nous sommes en présence d'un titre de premier niveau plaçant en emphase la portion de texte « et moi ». Cette particularité est souvent traduite par des italiques dans les navigateurs graphiques (ou par une police droite dans un texte déjà en italique). Remarquez l'ordre des éléments : la balise `<em>` s'ouvre et se ferme à l'intérieur de l'élément défini par la balise `<h1>`.

Nous verrons plus loin que (presque) tous les documents web sont structurés sous forme de balises à plusieurs niveaux d'imbrication. Cette structure constitue une arborescence globale qui débute par la première balise, racine du document : `<html>`.

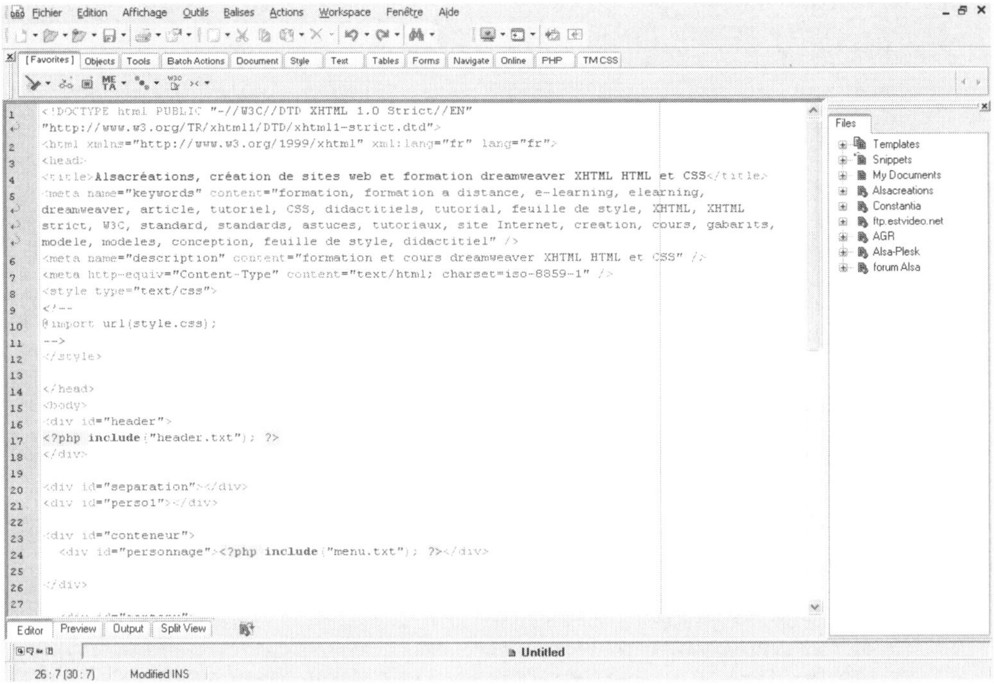

Figure 2–1
Exemple de code HTML produit avec le logiciel HTML-Kit

La structure des éléments

La bonne compréhension de la structure des éléments est indispensable. Elle aura de nombreuses applications par la suite, mais c'est paradoxalement un sujet rarement connu des webmasters.

Les éléments HTML ont chacun une structure particulière. Il en existe deux familles : les éléments de type bloc et les éléments au fil du texte, dits en ligne (ou *inline*). Ce type dictera tous leurs comportements : positionnement, affichage, etc.

La distinction fondamentale est assez claire. Les blocs distinguent des parties entières comme des titres, des paragraphes, des listes, des citations, etc. Les éléments en ligne sont prévus pour enrichir localement des portions de texte (lien hypertexte, emphase, renforcement, etc.).

Il en découle des spécificités d'affichage que nous détaillerons dans le chapitre 7, consacré au positionnement :

- Même si dans le code HTML ils sont écrits côte à côte, les éléments de type bloc sont par défaut placés l'un sous l'autre par le navigateur. Exemples : une suite de paragraphes (balise `<p>`) ou les éléments d'une liste (balise `<li>`).
- Les éléments en ligne s'appliquent à des portions de texte, comme des groupes de mots dans une phrase. Par exemple : le renforcement d'une partie de texte à l'aide de la balise `<strong>`, comme vu précédemment.

Quelques exemples pratiques

Les échantillons de code suivants permettront de mieux cerner cette différence fondamentale de structure.

```
<p>Paragraphe 1</p><p>Paragraphe 2</p>
```

Ces deux paragraphes occuperont chacun une ligne distincte, car la balise <p> est de type bloc.

```
<strong>Toto</strong> et <em>moi</em>
```

Figure 2–2
Affichage de deux éléments de type bloc

Ce texte s'affichera à la suite (sans retour à la ligne) car les balises qui le définissent sont en ligne.

```
<p><strong>Toto</strong> et <em>moi</em></p>
```

Figure 2–3
Affichage de deux éléments en ligne

Ce code ne prendra (probablement) qu'une ligne à l'écran car il ne comporte qu'une seule balise de type bloc et son contenu reste au fil du texte.

```
<h1><strong>Toto</strong> et <em>moi</em></h1>
<p>Je connais <strong>Toto</strong> depuis mon enfance.</p>
```

Figure 2–4
Affichage mixte d'un bloc avec éléments en ligne

Cette portion du document apparaîtra en deux parties : la première comprendra le titre représenté par l'élément bloc `<h1>` (contenant à son tour deux éléments en ligne). Le bloc de paragraphe `<p>` constituera la seconde. Il contient lui aussi un élément en ligne.

Figure 2–5
Affichage mixte d'éléments bloc et en ligne

Contenus autorisés selon les types de balises

Ces deux familles de balises diffèrent également par les contenus qu'elles acceptent, en dehors du texte à proprement parler :

- Un élément bloc peut contenir un (ou plusieurs) éléments bloc et/ou en ligne, à l'exception des éléments de paragraphe `<p>` et des titres `<h1>`, `<h2>`..., limités aux contenus en ligne.
- Un élément en ligne ne peut renfermer que d'autres éléments en ligne.

Il existe aussi deux sortes d'éléments en ligne : « remplacés » et « non remplacés ».

- Seuls les éléments remplacés acceptent des attributs de dimensions (`height`, `width`). Il s'agit des éléments `<img>`, `<input>`, `<textarea>`, `<select>` et `<object>`.
- Les autres n'ont pas de dimension à proprement parler, et n'occupent que la place nécessaire à leur contenu. C'est le cas des éléments `<strong>`, `<em>`, `<a>`, `<span>`, etc.

Une mise en page se fera donc préférentiellement à l'aide de balises de type bloc. La plus indiquée pour cet usage est `<div>` (« division ») : c'est une balise générique servant de conteneur neutre.

Voici une illustration de notre propos :

```
<div><p>Paragraphe 1</p><p>Paragraphe 2</p></div>
```

La balise de bloc `<div>` englobe les deux blocs de paragraphe, ce qui est autorisé. En revanche, ce qui suit est invalide :

```
<span><p>Paragraphe 1</p><p>Paragraphe 2</p></span>
```

En effet, la balise en ligne `<span>` ne peut contenir des blocs tel le paragraphe (`<p>`).

Les éléments en ligne

Le contenu des éléments en ligne est affiché au fil du texte. Par exemple : des portions de phrases mises en exergue dans un paragraphe, des liens hypertexte, etc. On les appelle encore « éléments internes » car ils visent à donner du sens à des portions du document tout en restant au fil du texte, c'est-à-dire sans créer de nouveaux blocs.

C'est par exemple le cas des éléments de renforcement (représentés en gras par les navigateurs graphiques), et d'emphase (italique).

Ces éléments, conçus pour demeurer au sein du texte afin de l'enrichir et de lui apporter du sens, ne sont pas vraiment prévus pour un positionnement précis dans le document (même si cela est possible). À l'exception des éléments remplacés, déjà mentionnés, leurs dimensions seront déterminées par leur contexte.

Par défaut, et contrairement aux éléments de type bloc, les éléments en ligne ont des marges internes et externes d'épaisseur nulle, donc inexistantes.

Les éléments de type bloc

Il s'agit de ceux dont le rendu visuel forme un bloc. C'est par exemple le cas des paragraphes.

Cette structure leur permet de prévoir des dimensions (hauteur, largeur, profondeur), de contenir d'autres éléments dimensionnés, et de posséder des marges internes (`padding`). Leur propriété la plus importante est la possibilité de les placer (ou positionner) en les sortant du flux du document, contribuant ainsi à sa mise en page.

Ces caractéristiques leur sont pour la plupart réservées. Ainsi, une balise en ligne comme `<em>` ne pourra posséder de dimensions propres, celles-ci dépendant du contenu (texte ou image) de son élément.

Il est facile de passer d'une structure bloc à une structure en ligne (et inversement) grâce à la propriété CSS `display`. Nous verrons également comment positionner les différents éléments selon leur type.

> PERTURBANT **Marges par défaut**
>
> À l'exception de la balise neutre `<div>`, tous les éléments de type bloc possèdent par défaut des marges internes (`padding`) et externes (`margin`) non nulles. Vous constaterez toute leur importance en observant que les différents navigateurs leur donnent des valeurs différentes. C'est pourquoi il faut parfois les annuler ou les expliciter pour éviter de grosses différences de rendu visuel.

Les principales balises HTML standards

Depuis la naissance du HTML, le W3C a créé de nombreuses balises.

Au fur et à mesure des versions successives de HTML (et des conflits d'intérêt entre les navigateurs), beaucoup d'éléments ont été déclarés « dépréciés » (traduction fréquente mais incorrecte du faux-ami *deprecated*, qui indique plutôt une désapprobation), ou obsolètes.

HTML 4 (XHTML 1) compte actuellement une trentaine de balises de type bloc et autant de balises en ligne.

Nous n'aborderons ici que les balises principales et les plus utiles. Compte tenu des objectifs de cet ouvrage, nous passerons sous silence les balises obsolètes, créées originellement pour modifier la mise en forme visuelle du document.

Les principales balises en ligne

Parmi toutes les balises au fil du texte, six sont à connaître. Elles sont regroupées dans le tableau 2-1. Les balises incontournables du type bloc sont présentées au tableau 2-2.

Tableau 2–1 Les principales balises en ligne

Balise	Commentaires	Exemple d'utilisation
<a>	Désigne un lien hypertexte. Elle s'accompagne de l'attribut href, qui renferme la cible du lien (son contenu représentant le texte à cliquer pour activer le lien).	<a href='page2.htm'>allez en page 2</a>
<em>	Met en emphase une portion de texte. Quand la police utilisée est droite, la plupart des navigateurs graphiques la traduisent comme une mise en italique.	<p>Voici un texte <em>important</em>.</p>
<img>	Inclut une image dans le document. Cette balise s'accompagne des attributs alt (texte alternatif pour malvoyants ou navigateurs en mode texte) et src (qui indique le chemin vers l'image). Le format de fichier de l'image, en théorie libre, est souvent limité à ce que comprennent les navigateurs – c'est-à-dire JPEG, PNG et GIF. Remarquons que <img> est une balise sans contenu (« auto-fermante », ou encore « balise vide »). Ceci se traduit par son /> final.	<img alt='poisson' src='poisson.png' />

Tableau 2–1 Les principales balises en ligne (suite)

Balise	Commentaires	Exemple d'utilisation
<q>	Balise utilisée pour les citations courtes, en ligne. On utilisera la balise bloc <blockquote> pour des citations plus longues.	<p>Comme le dit toujours ma grand-mère : <q>il ne faut <em>pas</em> vendre la peau de l'ours avant de l'avoir tué </q>.</p>
<span>	Conteneur en ligne générique, dépourvu d'un sens précis mais qui peut servir à regrouper d'autres éléments au fil du texte. Son équivalent est l'élément <div>.	<span class="auteur">un texte </span>
<strong>	Indique un renforcement, généralement représenté en gras dans les navigateurs graphiques.	<p>Comme le dit toujours ma grand-mère : <q>il ne faut <strong>surtout pas</strong> vendre la peau de l'ours avant de l'avoir tué</q>.</p>

Tableau 2–2 Les principales balises de type bloc

Balise	Commentaires	Exemple d'utilisation
<blockquote>	Introduit des citations longues. Par défaut, certains navigateurs prévoient une marge gauche aux blocs de citation, qu'on pourra bien sûr modifier en CSS.	<p>Comme le dit toujours ma grand-mère :</p> <blockquote><p>il ne faut <strong>pas</strong> vendre la peau de l'ours avant de l'avoir tué</p> <p>non non, il ne faut pas ! </p></blockquote>
<div>	Conteneur générique de type bloc. Cette balise n'apporte pas de sens spécifique, à l'instar de son équivalent en ligne <span>. Elle sert à regrouper d'autres balises bloc ou en ligne.	<div><p>Voici un texte <em>important</em>.</p> <p>Voici un autre texte </p>.</div>
<dl>	Liste de définitions, utile pour structurer les éléments associant des définitions ou contenus à des termes ou à des titres. Ces listes distinguent les titres (<dt>) des éléments de définition (<dd>).	<dl> <dt>Titre de l'élément</dt> <dd>description de l'élément </dd> <dd>Suite de la description </dd> </dl>

Tableau 2–2 Les principales balises de type bloc (suite)

Balise	Commentaires	Exemple d'utilisation
<form>	Balise délimitant un formulaire interactif. Elle contient généralement des éléments d'interface (champs de texte, boutons de validation, cases à cocher, etc.) Cet élément doit renfermer immédiatement d'autres éléments de type bloc.	<form action="pagesuivante.php" method="get"> <p> <input type="text" name="recherche" /> <input type="submit" value="ok" /> </p> </form>
<h1>, <h2>, … <h6>	HTML prévoit six niveaux de titres, hiérarchiquement placés sous le titre principal (<h1>). Rappel : ces éléments constituent une exception à la règle des blocs ; ils ne peuvent pas contenir d'autres blocs.	<h1>Un titre principal</h1>
<ol>, <ul>	Ces deux balises désignent des listes ordonnées (<ol>) ou à puces simples (<ul>). Elles comportent exclusivement les éléments d'objet de liste (<li>).	<ul> <li>premier objet de la liste </li> <li>second objet de la liste </li> </ul>
<p>	Balise désignant un paragraphe de texte. Cet élément constitue une exception à la règle des blocs car il ne peut en contenir d'autres.	<p>Un paragraphe de texte</p>
<table>	Tableau contenant des données. Les cellules du tableau sont d'abord rassemblées sous forme de rangées ou lignes (<tr>) qui peuvent elles-mêmes être rassemblées au sein de 3 sections (<thead>, <tfoot> et <tbody>).	<table> <tr> <th>entête de ligne</th> <td>cellule</td> <td>autre cellule</td> </tr> </table>

Ces tableaux ne reprennent qu'une partie des éléments proposés par le HTML. Bien d'autres vous permettront de structurer vos pages (<dfn>, <address>, <acronym>, <abbr>, <kbd>, <samp>, etc.). Le lecteur soucieux de créer des structures de documents claires et logiques se penchera de plus près sur cette longue liste.

La plupart des logiciels générant du code automatique boudent les balises les plus appropriées au profit d'un petit échantillon de balises génériques dépourvues de sens réel. Cette accumulation de <div> et de <span> conduit à une pauvreté sémantique préjudiciable au document.

Séparer le contenu de la mise en forme

La bonne connaissance de la signification et surtout de la sémantique de chacun des éléments aide à concevoir des documents structurés, faciles à interpréter par tous les agents ou clients existants, même non graphiques.

La représentation et mise en forme de ces éléments ne passe qu'après leur organisation logique. Un document web est avant tout une source d'informations qui doit rester accessible à tous. Il est donc nécessaire de s'appliquer à produire une structure claire et porteuse de sens avant de s'attacher à l'aspect purement graphique du document.

La structuration logique des données

XHTML étant devenu un système de balisage sémantique du contenu, les structurations qu'il opère désormais sont purement logiques.

Comme nous l'avons vu, les balises seront choisies en vertu de leur sens, non en fonction de leur représentation par défaut sur tel ou tel navigateur ni l'aspect qu'on veut leur donner.

XHTML ne se préoccupe ainsi plus que de la structure logique du document, la mise en forme (caractères, couleurs, marges, etc.) relevant des feuilles de styles. Ce manuel vise principalement à vous convaincre des avantages de cette nouvelle approche et à mettre celle-ci en œuvre correctement. C'est la nouvelle ligne de conduite du HTML : séparer le contenu de la mise en forme.

En XHTML, il est recommandé d'abandonner les balises de mise en forme graphique comme `<i>` (désignant l'italique) au profit de balises de structuration plus logique comme `<em>` (mise en emphase). De même, l'élément de renforcement `<strong>` remplacera désormais la balise de gras `<b>`.

Adoptez vous aussi ces nouvelles habitudes, et laissez de côté les balises conçues pour la mise en forme visuelle du document.

Le principe des feuilles de styles

Dans cet ouvrage, notre démarche pourra se résumer à l'abandon de toute balise de mise en forme au profit des seules balises porteuses de sens (et des conteneurs génériques `<span>` et `<div>`). Il est temps de jeter aux orties les `<font>`, `<center>` et autres balises de mise en page !

La mise en forme des documents se fera dès lors par des feuilles de styles détaillant la représentation des balises et attributs retenus.

Par exemple :

```
<p style="font-family:verdana,arial; font-weight:bold; color:red;">
```

qu'on peut encore améliorer en écrivant `<p class="erreur">` après avoir défini les propriétés de la classe `erreur`.

ATTENTION Ne pas confondre <div> et « calques »

Les balises neutres `<div>` servant de conteneurs de blocs, elles désignent une boîte rectangulaire invisible. Généralement, cet élément est assimilé au concept de « calque », surtout sur les éditeurs HTML comme Dreamweaver ou Golive. Un « calque » est alors un `<div>` positionné avec l'une des propriétés `position: absolute`, `position: relative`, ou `position: fixed`.
Rien n'oblige pourtant à imposer cette propriété de placement : on peut souvent s'en passer en plaçant les `div` les uns par rapport aux autres grâce à la propriété `margin`. Le chapitre 7 sera entièrement consacré au positionnement des éléments via CSS.

Mise en situation

Débutons un petit projet qui nous servira de fil conducteur tout au long des chapitres suivants.

Il s'agit de concevoir un site web de A à Z, de sa structure à sa mise en page complète, en passant par le placement des différents éléments et par quelques réflexions sur ses menus et la manière d'y naviguer.

Endossez l'identité d'un Alsacien amoureux (à juste titre) de sa région. Votre projet consiste à concevoir un site web de tourisme en Alsace comprenant des textes de présentation, des liens et illustrations, ainsi que des photographies de cette belle région.

Exercice numéro 1

> Votre page d'accueil comprend un titre principal (« Bienvenue en Alsace »), puis deux titres secondaires (« Une belle région française » et « Un patrimoine considérable »), associés chacun à un paragraphe de texte explicatif. Pour finir, un pied de page contiendra une présentation de votre société et un lien vers diverses précisions juridiques.
>
> Comment structurer cette page d'accueil en HTML ?

Les balises de titres sont les balises de bloc <h1> à <h6>. Le titre principal sera donc défini à l'aide de la balise <h1> et les titres secondaires avec <h2>. Quant aux paragraphes, ils seront délimités par la balise de bloc <p>.

Pour le pied de page, on préférera encore une balise de paragraphe à la balise générique <div>.

Voici un exemple de code final pour cette page d'accueil :

```
<h1>Bienvenue en Alsace</h1>
<h2>Une belle région française</h2>
<p>[Paragraphe associé au sous-titre de niveau 2.]</p>
<h2>Un patrimoine considérable</h2>
<p>[Paragraphe associé à cet autre sous-titre de niveau 2.]</p>
<p>Pied de page et <a href="…">Mentions légales</a></p>
```

Rappelons le cas particulier des balises de titres et de paragraphes : contrairement aux autres éléments de type bloc, elles ne peuvent pas renfermer des blocs. Il n'est donc pas possible d'imbriquer un paragraphe dans une balise de titre.

Exercice numéro 2

Le titre principal « Bienvenue en Alsace » doit être un lien hypertexte menant à une page contenant diverses photographies : `photos.htm`.

Vous associerez à ce lien une infobulle déclenchée par le passage du pointeur de la souris et expliquant que ce lien mène à vos photos de présentation.

Quel choix allez-vous faire parmi ces trois propositions ?

1.
```
<a href="photos.htm" title="photos d'Alsace">
<h1>Bienvenue en Alsace</h1></a>
```
2.
```
<h1><a href="photos.htm" alt="photos d'Alsace">
Bienvenue en Alsace</a></h1>
```
3.
```
<h1><a href="photos.htm" title="photos d'Alsace">
Bienvenue en Alsace</a></h1>
```

Prenez garde à la structure des balises. La balise de lien `<a>`, étant un élément de type en ligne, ne peut pas contenir d'éléments de type bloc comme `<h1>`. Ceci exclut donc la première proposition.

Il s'agit donc de choisir entre les attributs `alt` et `title`.

Le premier signifie « texte alternatif ». On l'associe aux images pour préciser un texte qui sera par exemple affiché sur les navigateurs non graphiques, comme les plages en braille utilisées par les aveugles. Pour information, l'attribut `alt` est propre à l'élément image `img`.

L'attribut `title` correspond quant à lui à l'infobulle, c'est-à-dire au comportement recherché ici. C'est donc la dernière solution qui est la bonne.

La confusion entre `alt` et `title` est fréquente car Internet Explorer 6 et 7 déclenchent aussi une infobulle sur l'attribut `alt`, comportement non prévu par la norme.

Exercice numéro 3

L'un des deux paragraphes de texte contiendra une image cliquable, servant de lien vers la page de photographies régionales.

Comment procéder ?

L'image <img> devant se comporter comme un lien, il suffit de l'inclure dans une balise de lien (<a>). Le contenu de cette dernière (c'est-à-dire l'image) deviendra alors un lien hypertexte.

L'exercice précédent rappelait que la balise en ligne `<a>` ne pouvait pas contenir d'éléments de type bloc tels que des titres. Il est en revanche parfaitement autorisé d'y inclure une image, puisque la balise `<img>` est de type inline.

On écrira donc un code proche de :

```
<p>[Paragraphe associé au sous-titre de niveau 2.]
<a href="photos.htm" title="lien vers des photos d'Alsace">
<img src="image.png" alt="photographie" /></a>
</p>
```

Exercice numéro 4

Vous avez décidé d'inclure un menu vertical de navigation comprenant les liens suivants :

- Retour à l'accueil ;
- Présentation de la région ;
- Historique de l'Alsace ;
- Gastronomie locale ;
- Hôtels et gîtes ;
- Photographies.

Quelle structure parmi les trois suivantes vous paraît-elle la plus appropriée ? Pourquoi ?

1. Inclure chaque élément (<a>) du menu au sein d'un élément de bloc comme les balises <div> ou <p>, de sorte que ces liens s'affichent les uns sous les autres.
2. Séparer ces liens par des balises de retour à la ligne <br />.
3. Utiliser les éléments de liste (<ul> et <li>) pour structurer ce menu et ses liens.

   Exemple:

```
<ul>
<li><a href="…">Retour à l'accueil</a></li>
<li><a href="…">Présentation de la région</a></li>
…
</ul>
```

Le succès d'un site web dépendant directement de son ergonomie et de son intuitivité, l'élaboration des méthodes de navigation permettant d'y circuler fera l'objet d'une réflexion poussée et d'une grande attention.

Ces trois propositions auront des aspects sensiblement équivalents : chacune affichera une liste de liens placés les uns sous les autres.

Rappelons que l'aspect visuel présent ne doit pas compter (il sera toujours temps de le corriger dans la feuille de styles, et les chapitres suivants vous feront la démonstration de la grande puissance de cette technique). Il s'agit uniquement de construire le menu le plus logiquement possible. Quelle est donc la structure la plus sémantique parmi les trois proposées ?

Séparer les liens par une balise de retour à la ligne `<br />` est une erreur : il s'agit justement du piège à éviter, puisque l'on ne se préoccupe alors que du rendu visuel de la navigation. Placer chacun des liens dans une balise de type bloc est intéressant : cela permet de les séparer d'une manière structurelle et non graphique. Cependant, le choix des balises `<div>` ou `<p>` est discutable. En effet, la première est une balise générique n'apportant aucun sens au menu de navigation. Quant à la seconde, qui désigne un paragraphe de texte, elle serait utilisée ici à contre-emploi.

Le plus approprié est ici d'opter pour les balises de listes non ordonnées. Il s'agit bel et bien d'une liste (éléments de navigation) ; ce choix convient donc tout à fait et il est porteur de sens. Nous verrons plus loin, dans le chapitre consacré à la conception de menus, comment supprimer les puces par défaut et donner aux listes l'habillage graphique souhaité.

Cette première mise en situation débouche ainsi sur un code HTML proche de :

```
<body>
<ul>
<li><a href="…">Retour à l'accueil</a></li>
<li><a href="…">Présentation de la région</a></li>
<li><a href="…">Historique de l'Alsace</a></li>
<li><a href="…">Gastronomie locale</a></li>
<li><a href="…">Hôtels et gîtes</a></li>
<li><a href="…">Photographies</a></li>
</ul>
<h1><a href="photos.htm" title="photos d'Alsace">Bienvenue en Alsace
</a></h1>
<h2>Une belle région française</h2>
<p>[Paragraphe associé au sous-titre de niveau 2.]
<a href="photos.htm" title="lien vers des photos d'Alsace">
<img src="image.png" alt="photographie" /></a></p>
<h2>Un patrimoine considérable</h2>
<p>[Paragraphe associé à cet autre sous-titre de niveau 2.]</p>
<p>Pied de page et <a href="...">Mentions légales</a></p>
</body>
```

Le menu est volontairement placé au début du code HTML. Ceci s'explique par des raisons structurelles : la navigation représente la boussole d'une page web, indiquant la position actuelle et proposant d'autres destinations.

C'est en général le premier point de repère dans la page. Placer ainsi la navigation en tête la situera en bonne position dans les navigateurs graphiques ainsi que dans les navigateurs en mode texte ou en braille. Cela facilitera la manipulation du site par les utilisateurs de ces programmes.

DEUXIÈME PARTIE

Les feuilles de styles CSS

Créées pour prendre en charge tous les aspects graphiques et les rendus sur les différents médias (écran, mais aussi imprimante, synthèse vocale, assistant personnel, etc.), les feuilles de styles ajoutent la couche graphique au document web et à sa structure. Cette partie aborde leur syntaxe et utilisation pratique allant de la typographie aux différentes méthodes de positionnement.

3

Introduction aux feuilles de styles CSS

CSS est un langage spécifique au Web, fréquemment employé comme complément du langage HTML, et dont la fonction est de former des feuilles de styles chargées de la mise en forme des documents web. Il gère l'esthétique (couleurs, typographie) et diverses fonctionnalités.

Son champ d'action ne se limite pas au média `screen` (écran), mais s'étend également aux médias `print` (imprimante), `projection` (présentations projetées), `braille` (tablettes à l'usage des aveugles), `embossed` (impression en braille), `aural/speech` (propriétés auditives), `handheld` (assistants numériques) et `tv` (Web-TV)

Présentation

La version actuelle de CSS (CSS 2) complète la version précédente, CSS 1, avec laquelle elle est entièrement compatible.

Les feuilles de styles sont apparues dans les années 1990, période pendant laquelle les deux principaux navigateurs, Netscape Navigator et Microsoft Internet Explorer, créaient leurs extensions mutuellement incompatibles et truffées de balises propriétaires. Chacun refusant les éléments de l'autre, il fallait concevoir ses pages en détectant le navigateur utilisé et en adaptant le code au besoin. CSS s'est peu à peu imposé comme standard universel palliant ces problèmes de compatibilité.

Après son acceptation par le W3C qui l'associa au langage HTML, la version 1.0 des feuilles de styles CSS fit son entrée dans les différents navigateurs (il s'agissait alors de Netscape 4 et d'Internet Explorer 4, qui incorporèrent peu à peu ces nouvelles propriétés). CSS version 2.0, apparu plus tard, offrait de nouvelles possibilités bien plus vastes : positionnements divers et précis, fonctionnalités d'accessibilité (notamment pour les lecteur vocaux), etc.

À présent, la quasi-totalité des navigateurs proposent tout CSS 1 et presque tout CSS 2. Mais les standards continuent leur évolution, et CSS 3 attend désormais son adoubement officiel par le W3C (recommandation). Il prendra alors la suite des versions précédentes sur les navigateurs les plus réactifs (comme Mozilla et Opera).

Rappelons que les normes du Web incitent désormais webmasters et concepteurs de sites web à séparer clairement leurs contenus (HTML) de la mise en forme (CSS). Cette distinction a d'autres intérêts que la simple satisfaction de théoriciens chagrins : la conception des pages web s'en trouve vraiment facilitée.

Cette dissociation des fonctions évite encore de pénaliser les anciens navigateurs (les documents y demeurant lisibles), les navigateurs en mode texte (ciblant les aveugles ou les utilisateurs en mode texte), et les programmes utilisant d'autres médias (assistants personnels, WAP, ordinateurs avec synthétiseur vocal, navigateurs braille, etc.).

Pourtant, nous n'avons pas encore abordé leur intérêt principal. Quel webmaster n'a jamais dû modifier tout son site, page après page, pour répéter fastidieusement la même manipulation élémentaire (par exemple, changer la couleur des titres) ?

CSS simplifie cette opération : avec cette nouvelle technique, une seule feuille de styles, stockée dans un fichier, assure la gestion graphique de l'intégralité d'un site, qu'il compte trois pages ou plusieurs centaines. Toute intervention dans ce fichier sera immédiatement répercutée partout.

En outre, cette feuille CSS étant conservée dans la mémoire cache de l'ordinateur du navigateur après la première connexion, toutes les pages du site s'afficheront plus rapidement que si les indications de présentation étaient répétées sur chacune d'entre elles.

Cette première mise en bouche vous a sans doute motivé pour aller plus loin. Mettons-nous donc en situation et appliquons nos premiers styles CSS.

La syntaxe de base des CSS

Quelle que soit la version de CSS retenue, une feuille de styles CSS prend toujours la forme d'une liste de déclarations, écrites dans un langage spécifique et distinct de HTML. Ainsi, pour appliquer la couleur bleue aux titres principaux du document, on écrira :

```
h1 {color: blue}
```

Rien de bien compliqué, n'est-ce pas ?

Les accolades sont précédées d'un sélecteur, qui s'applique ici à la balise `<h1>`. Cette règle colorera donc toutes les balises `<h1>` contenues dans la page.

Le bloc de déclaration, situé dans les accolades, contient une ou plusieurs déclarations, ces dernières étant constituées de couples « propriété – valeurs ». Cet exemple ne contient qu'une seule déclaration, associant la valeur `blue` à la propriété `color`. C'est toujours le caractère deux points (`:`) qui sépare une propriété de sa valeur – rappelons qu'en HTML les attributs sont qualifiés à l'aide d'un signe d'égalité (par exemple : `color="blue"`).

Pour compléter ce bloc par d'autres déclarations, il suffit de les ajouter à la suite, sans oublier le séparateur d'instruction : le point-virgule (`;`). Souvent oublié, ce dernier est pourtant nécessaire. On assurera la lisibilité du code en réservant une ligne à chaque déclaration.

Au final, l'ensemble formé par le sélecteur et le bloc de déclaration sera nommé « règle ». Reprenons la règle ci-dessus en l'enrichissant d'une déclaration alignant les titres au centre :

```
h1 {
color: blue;
text-align: center;
}
```

Notez la présence du point-virgule, facultatif après la dernière déclaration. Pour ne pas l'oublier, on le précise systématiquement. Ceci facilite également les copies ou déplacements de lignes dans la feuille de styles.

Les feuilles de styles peuvent s'écrire indifféremment en majuscules ou en minuscules (à l'exception de leurs portions non régies par CSS, comme les valeurs des attributs HTML `id` et `class`). Pour éviter toute confusion, on conviendra cependant de tout écrire en minuscules. Signalons enfin que les sélecteurs ne peuvent commencer ni par un tiret, ni par un chiffre.

Appliquer les styles CSS

Comment appliquer ce style CSS au document HTML qui en dépend ? Il existe pour cela trois méthodes, mais nous utiliserons de préférence celle de la feuille de styles, qui présente de nombreux avantages.

Insérer des styles dans l'en-tête du document

On peut d'abord placer des styles CSS dans l'en-tête HTML (contenu de l'élément `<head>`). Placé entre les balises `<style>` et `</style>`, ce code s'appliquera à tout le document :

```
<style type="text/css">
h1 {color: blue;}
</style>
```

Cette technique, qui sépare correctement contenu et mise en forme, portera automatiquement sur tous les titres `<h1>` du document – contrairement à la méthode d'incrustation, dont l'action est confinée au niveau local. Malheureusement, la portée de ce style se limite au document HTML du fichier.

Dans l'idéal, le design général du site s'appliquera automatiquement, sans devoir être explicité dans chaque document HTML. Pour aboutir à cet effet, nous placerons les règles CSS dans un fichier distinct.

Lier les styles à partir d'une feuille séparée

Il s'agit de stocker les ressources dans des fichiers distincts : documents HTML et feuilles de styles CSS. Ces dernières renfermeront toutes les règles nécessaires à la mise en page et au design des fichiers HTML. Il suffira alors de modifier le fichier CSS séparé pour changer l'allure de toutes les pages HTML du site.

Ce fichier CSS, appelé feuille de styles, portera l'extension `.css` et ne contiendra que des règles CSS (aucun code HTML n'y sera autorisé, pas même la balise `<style>` vue dans la méthode précédente). Le langage CSS, fait pour écrire des règles, ne peut contenir d'autres langages. Il convient ensuite de relier ce fichier aux contenus sur lesquels il est censé porter.

Liaison par la balise <link>

Pour lier cette feuille de styles à toutes les pages HTML du site, il est d'usage de placer une balise `<link>` dans l'en-tête (`<head>`) de ces dernières. Colorons les titres `<h1>` en bleu à l'aide d'une feuille de styles séparée. Le document (X)HTML aura l'allure suivante :

```
<!DOCTYPE html PUBLIC "-//W3C//DTD XHTML 1.0 Strict//EN"
  "http://www.w3.org/TR/xhtml1/DTD/xhtml1-strict.dtd">
<html xmlns="http://www.w3.org/1999/xhtml" xml:lang="fr" lang="fr">
<head>
<title>Titre évocateur pour le document</title>
<meta http-equiv="Content-Type"
      content="text/html; charset=iso-8859-15" />
<link rel="stylesheet" type="text/css" href="styles.css" />
</head>
<body>
<h1>Titre principal de la page</h1>
</body>
</html>
```

La feuille de styles CSS `styles.css` aura alors pour contenu :

```
h1 {
color: blue;
}
```

C'est l'occasion de prendre connaissance de la structure d'une page écrite en doctype XHTML strict (la balise `<html>` contenant la référence à l'espace de noms et au langage utilisé).

Utiliser la règle @import

Cette règle permet elle aussi de lier une feuille de styles externe à son document HTML. Ce n'est pas une balise HTML, mais une règle CSS 2. Il est donc nécessaire de la déclarer dans l'élément `<style>` de l'en-tête du document :

```
<style type="text/css">
  @import url(styles.css);
</style>
```

Les feuilles de styles, on le voit, ne présentent rien de complexe ni dans leur structure ni dans leur utilisation. Ce ne sont jamais que des règles comportant des déclarations. Connaître les différentes propriétés CSS permet de gérer rapidement toutes les pages d'un site web. Si vous souhaitez par exemple centrer les titres principaux au milieu de l'écran, précisez simplement la déclaration suivante dans le style déjà vu plus haut :

```
h1 {
color: blue;
text-align: center;
}
```

MÉTHODE link ou @import ?

Quelle méthode est préférable pour relier la feuille de styles au document ? Cette question fréquente mérite un développement.

<link> est une balise HTML qui n'est pas uniquement dévolue aux feuilles de styles. Quand elle désigne une feuille de styles CSS, elle s'accompagne des propriétés et valeurs suivantes : `rel="stylesheet"`, `type="text/css"` et `media=[type de média souhaité]`, voire `title` dans le cas de feuilles de styles persistantes et alternatives.

Par exemple :

```
<link rel="stylesheet" href="/styles/habillage.css"
     type="text/css" media="screen" />
```

La règle `@import`, propriété CSS 2, sera suivie de l'URL d'un fichier contenant les styles à appliquer en plus de la feuille de styles en cours. On pourra préciser une liste de médias. Par exemple :

```
<style type="text/css">
  @import url(/styles/habillage.css);
</style>
```

ou :

```
<style type="text/css">
  @import url(impression.css) print;
</style>
```

Cette propriété permet en outre d'inclure des feuilles de styles dans d'autres, ce qui permet de créer des feuilles de styles dynamiques sans devoir recopier plusieurs fois le même code.
Le résultat est en pratique identique (ce qu'on vérifie par des tests sur plusieurs sites), à une petite subtilité près. En effet, cette règle CSS 2 n'est pas reconnue par les très anciens navigateurs, pas aux normes CSS – c'est par exemple le cas de Netscape 4.

Appliquer une feuille de styles par appel à `@import` la fera donc appliquer partout sauf sur ces anciens navigateurs, ce qui permettra à leurs utilisateurs de consulter le site web concerné sans trop de problèmes. Un site dépourvu de feuille de styles est toujours plus lisible qu'un site dont les styles sont mal interprétés.

En résumé : avec `@import` un Netscape 4 recevra une page brute, sans style, plutôt qu'une horreur probablement illisible. C'est donc une technique recommandée pour l'interopérabilité et la compatibilité avec les anciens navigateurs.

Une feuille de styles peut évidemment comporter autant de règles que souhaité. Pour représenter tous les liens hypertextes (<a>) en police grasse, on écrira par exemple :

```
a {
font-weight: bold;
}
```

La feuille globale sera alors :

```
h1 {
color: blue;
text-align: center;
}
a {
font-weight: bold;
}
```

On procédera de même pour ajouter toute autre règle nécessaire à la bonne mise en forme du document.

Incorporer les styles dans la balise

Cette dernière méthode consiste à écrire directement les styles CSS dans le code HTML, grâce à la propriété HTML `style`. Voici un exemple :

```
<h1 style="color: blue;">Titre de la page</h1>
```

On réservera cette technique aux essais ponctuels temporaires et aux cas de force majeure. Elle cumule en effet tous les inconvénients normalement évités par les CSS :

- Ce style ne s'appliquera qu'à cette balise précise. Il faudrait répéter ce code sur chacune des balises `<h1>` du document pour qu'elles soient toutes affectées.
- Ce style, directement inscrit dans la partie HTML du document, mêle à nouveau le contenu à sa mise en forme. On ne factorise donc plus rien, et le recours systématique à cette méthode rendrait une modification globale du site web extrêmement fastidieuse.

On observe des instructions CSS introduites directement, sans sélecteur. Cela signifie que le style est déjà lié à un élément HTML spécifié.

Les sélecteurs de styles

L'exemple donné ci-dessus utilise comme sélecteurs les balises `<h1>` et `<a>`. Ses règles affecteront donc toutes ces balises dans les pages HTML concernées. Cet effet n'est pas toujours désirable : on souhaite parfois n'intervenir que sur certaines balises d'un type donné (par exemple, en colorant en rouge certains liens hypertextes mais pas tous).

Pour cela, le langage CSS accepte différentes formes de sélecteurs :

- les sélecteurs de balises (utilisés jusqu'ici) ;
- les sélecteurs de classes (une classe est un nom donné à un ensemble d'éléments HTML à distinguer) ;
- les sélecteurs d'identifiants (un identifiant ou `id` est le nom attribué à un élément unique dans le document HTML) ;
- les pseudo-classes et les pseudo-éléments (variantes pour certaines fonctionnalités, par exemple les liens).

Les balises

Toute balise HTML peut intervenir dans un sélecteur. Ainsi, on pourra supprimer tous les interlignes entre paragraphes en attribuant à la balise <p> des marges haute et basse nulles :

```
p {
margin-top: 0;
margin-bottom: 0;
}
```

Les classes

Une classe est un nom que l'on choisit librement (en se limitant aux caractères alphanumériques classiques) et dont on baptise les éléments concernés. Un sélecteur de classe reprend son nom en le préfixant d'un point (par exemple : `.ma_classe`, `.toto`, etc.).

Pour attribuer un comportement différent à certains éléments, il suffit de leur appliquer une classe. On affichera en vert les liens hypertextes du document à l'exception de certains liens particuliers que l'on souhaite voir apparaître en rouge en reprenant la technique suivante.

Une première règle précise le comportement par défaut à adopter pour toutes les balises <a> :

```
a {
color: green;
}
```

Appelons `.sommaire` la classe des liens spécifiques. Ceci permet d'écrire une règle qui leur est propre :

```
.sommaire {
color: red;
}
```

Dans le document, les liens seront alors identifiés comme suit :

```
<a href="...">lien normal</a>
```

apparaîtra en vert, comme défini par la première règle.

```
<a href="..." class="sommaire">lien rouge</a>
```

apparaîtra en rouge, ainsi que tous les liens de la classe `sommaire`, par application de la règle spécifique, qui prend le pas sur le sélecteur général.

Cette classe permettra d'obtenir autant de liens rouges que souhaité.

> **BONNE PRATIQUE Choisir de bons noms de classes**
>
> D'une manière générale, on évitera d'opter pour des noms de classes se rapportant à la présentation : c'est une mauvaise idée.
>
> Supposons par exemple que la classe `rouge` désigne de nombreux liens d'un site web. Si le webmaster change d'avis et décide de présenter ces liens en vert, il obtiendra une classe « `rouge` » correspondant à une coloration en vert ! C'est si perturbant qu'il n'aura de cesse que de modifier tous ses documents HTML pour mettre à jour le nom de toutes les classes... ou comment réduire à néant les avantages de CSS.
>
> C'est pourquoi on préférera des noms de classes en rapport avec la structure des éléments qu'ils désignent (par exemple : `sommaire`, `important`, `menu_haut`, `en_tete`, `recherche`, etc.)

Rien ne vous contraint à réserver cette classe à l'élément <a> : elle peut s'appliquer à n'importe quel autre élément. Ainsi, un paragraphe défini comme suit :

```
<p class="sommaire">un paragraphe de la même classe</p>
```

sera lui aussi affiché en rouge.

Le nombre de classes utilisées est libre, ainsi que le nombre d'éléments auxquels elles s'appliquent. Un même élément peut aussi recevoir plusieurs classes.

Supposons que vous mettiez en place la classe `titre2` suivante :

```
.titre2 {
text-align: center;
}
```

On pourra appliquer sur un même élément les différentes classes créées comme suit :

```
<h2 class="sommaire titre2">titre de niveau 2 en rouge et centré</h2>
```

Les identificateurs

Un identificateur (identifiant, ou `id`) est lui aussi un nom choisi librement (en se limitant aux caractères alphanumériques classiques). Il se distingue de la classe en ce qu'il ne peut porter qu'au plus sur un objet du document.

Les sélecteurs CSS s'y réfèrent par l'emploi d'un caractère dièse (`#`) suivi de son nom (exemples : `#exemple`, `#toto`, `#banniere2`, etc.). Si par exemple l'une des zones de la page comporte un encart avec un menu structuré par une balise `<div>` contenant à son tour plusieurs autres éléments, cette balise sera spécifique à l'encart.

C'est à son niveau qu'il faut intervenir pour appliquer la mise en forme propre à ce menu (un arrière-plan jaune). On pourra pour cela attribuer à ce `<div>` une classe (`.encart`) ou un identificateur (`#encart`). Cet encart étant unique au document (où l'on ne trouve aucun autre élément comparable), nous privilégierons la solution de l'identificateur en écrivant la règle CSS :

```
#encart {
background-color: yellow;
}
```

Dans le code HTML, on précisera cet identificateur comme suit :

```
<div id="encart">contenu de l'élément</div>
```

Rappelons que seule cette balise `<div>` pourra porter l'identificateur `encart` dans le code HTML. Celui-ci sera interdit à tous les autres éléments.

Plus un code est rigoureux, moins il laissera passer d'erreurs d'inattention et plus il sera facile à relire et maintenir. C'est pourquoi on préférera les identificateurs aux classes à chaque fois qu'il sera possible de les utiliser. Prenez donc le réflexe d'attribuer un identificateur aux objets uniques de votre code. On trouve souvent un bloc d'en-tête, un bloc publicité, un bloc rubriques annexes, etc. Les paragraphes ou listes de menus, susceptibles d'apparaître plusieurs fois dans un document HTML, seront quant à eux qualifiés à l'aide de classes.

Les pseudo-classes et les pseudo-éléments

Les pseudo-classes et les pseudo-éléments créent des mécanismes ou des relations qui ne sont pas réalisables en HTML. CSS crée en effet des éléments spécifiques à certaines actions (comme le survol d'un lien) ou à certaines arborescences (comme le premier paragraphe d'un bloc). Ces techniques permettent de styler un contenu n'apparaissant même pas dans le code du document.

Un exemple courant est l'utilisation de la pseudo-classe :hover, qui prend effet lorsque le pointeur de la souris survole l'élément concerné. Ainsi, la règle suivante

```
a:hover {
text-decoration: none;
}
```

affectera tous les liens de la page lors de leur survol par le pointeur de la souris.

```
<a href="…">texte du lien</a>
```

Avec cette instruction, les liens hypertextes – soulignés par défaut – apparaîtront sans ornement lorsque le pointeur de la souris les survolera.

On peut évidemment utiliser de concert pseudo-classes et classes. Pour n'agir que sur les éléments <a> de la classe .lien, nous procéderions comme suit :

```
a.lien:hover {
text-decoration: none;
color: red;
}
```

Ceci affectera donc tous les liens de la classe lien lors de leur survol par le pointeur de la souris :

```
<a class="lien" href="…">texte du lien</a>
```

Les pseudo-éléments :first-letter et :first-line (qu'Internet Explorer ne reconnaît qu'à partir de sa version 6) agissent sur la première lettre ou la première ligne d'un paragraphe, indépendamment de la balise qui structure sinon ce contenu.

Le chapitre consacré aux mises en forme typographiques évoquera d'autres applications pratiques de ces éléments CSS.

COMPATIBILITÉ Internet Explorer et la pseudo-classe :hover

La pseudo-classe :hover permet d'affecter un style particulier lorsque l'élément désigné est survolé. A priori, cette pseudo-classe n'est pas réservée à l'élément de lien <a> mais peut être appliquée à tous les éléments ; ainsi est-il possible de modifier la couleur d'arrière-plan d'un bloc entier lors du survol à l'aide de la souris.

Cependant, jusqu'à sa version 6, Internet Explorer ne prend en charge :hover que lorsqu'elle est appliquée à l'élément <a>. IE7 corrige cette lacune et étend son application à tous les éléments.

Syntaxes de regroupements

Certaines règles permettent de faciliter et d'alléger considérablement la production de code CSS. Observer ces principes simples vous fournira des feuilles de styles aérées, bien plus compréhensibles.

Regroupement des sélecteurs

La première construction syntaxique utile permet de regrouper des sélecteurs. Au lieu de répéter la même règle pour plusieurs éléments, on pourra factoriser leurs sélecteurs en les séparant par des virgules. Ainsi, la séquence :

```
.texte {
margin-left: 0;
}
p {
margin-left: 0;
}
h1 {
margin-left: 0;
}
h2 {
margin-left: 0;
}
```

sera équivalente à la règle unique :

```
.texte, p, h1, h2 {
margin-left: 0;
}
```

Cette dernière déclaration annulera la marge gauche de tous les éléments de classe `.texte`, de tous les paragraphes et de tous les titres de premier et de deuxième niveau.

Regroupement des propriétés

Certaines propriétés génériques prévoient une version raccourcie, permettant l'application de plusieurs valeurs en une seule déclaration. Ainsi, la propriété `font` rassemble les valeurs des propriétés `font-style`, `font-size`, `font-family`, `font-weight` et `line-height`. C'est ainsi que l'on pourra réduire la règle :

```
p {
font-family: Arial, sans-serif;
font-style: italic;
font-weight: bold;
font-size: 120%;
line-height: 140%;
}
```

de la manière suivante :

```
p {
font : italic bold 120%/140% Arial, sans-serif;
}
```

D'autres propriétés raccourcies pourront s'avérer bien utiles :

- `border` pour `border-width`, `border-style`, `border-color`.
- `background` pour `background-image`, `background-color`, `background-position`, `background-repeat`, `background-attachment`.

Ces exemples sont donnés à titre indicatif et pour illustrer le principe de regroupement. Toutes ces propriétés seront détaillées ultérieurement.

Les sélecteurs et l'arborescence

Certaines des constructions syntaxiques spécifiques facilitent la sélection des éléments en CSS.

Selon la structure du document et principalement son arborescence (c'est-à-dire la hiérarchie des blocs, chacun étant placé « sous » l'éventuel bloc qui le contient), il est possible de pointer directement certains éléments en fonction de leur situation dans le document. Cette technique porte le nom de « sélection hiérarchique ».

Cet ouvrage ne visant, rappelons-le, ni à l'exhaustivité ni au rôle de manuel de référence des spécificités de CSS, nous n'aborderons que certaines de ces règles les plus utiles ou les plus courantes.

L'arborescence du document permet de sélectionner plus aisément les divers éléments que l'on souhaite modifier. On peut comme cela se limiter aux balises dotées de certaines classes ou de certains identificateurs. Ainsi :

```
a.toto {background-color: yellow;}
```

ne désignera que les liens <a> de classe `toto`.

Conséquences :

- `<a class="toto" href="...">lien à fond jaune</a>`
  arborera un arrière-plan jaune.
- `<p class="toto">paragraphe à fond jaune?</p>`
  ne subira aucune modification.
- `<p class="toto"><a href="...">lien à fond jaune?</a></p>`
  ne subira aucune modification non plus.

L'imbrication dans les sélecteurs permet aux règles CSS de ne concerner que les éléments descendant d'autres éléments précis. On peut ainsi ne cibler que les paragraphes contenus dans un bloc `<div>` sans influencer les autres paragraphes du document. Pour cela, on écrira le sélecteur sous la forme « ancêtre descendant » en séparant ces deux éléments d'un blanc.

Ainsi, la règle `a img {border-width: 0;}` ne supprimera que les bordures des images contenues dans un lien. Il est impératif que la balise `<img>` descende de la balise `<a>` pour que la règle s'applique.

Il n'est toutefois pas nécessaire que ces deux balises descendent directement l'une de l'autre : un ancêtre plus lointain conviendra.

Simplifier grâce à la hiérarchie

Dans un site web bien architecturé, cette méthode permet d'éviter le recours aux classes dans la plupart des cas. Vous vous épargnerez ainsi bien du code inutile et travaillerez plus rapidement et plus efficacement. En effet, on peut très facilement simplifier des structures comme celle-ci :

```
<ul id="menu">
<li><a class="lienmenu" href="...">premier lien du menu</a></li>
<li><a class="lienmenu" href="...">deuxième lien du menu</a></li>
<li><a class="lienmenu" href="...">troisième lien du menu</a></li>
</ul>
```

sous une forme ne faisant pas appel aux classes sur les liens :

```
<ul id="menu">
<li><a href="...">premier lien du menu</a></li>
<li><a href="...">deuxième lien du menu</a></li>
<li><a href="...">troisième lien du menu</a></li>
</ul>
```

Tous les liens <a> descendant de la balise <ul> (via l'élément intermédiaire <li>), il est très facile de les désigner par leur position hiérarchique :

```
#menu a {propriétés}
```

On peut évidemment préciser cette déclaration en ajoutant des éléments de l'arborescence. Dans ce même exemple, on obtiendrait le même résultat en explicitant dans le sélecteur le niveau hiérarchique intermédiaire :

```
#menu li a {propriétés}
```

Familiarisez-vous dès maintenant avec ces notations, car elles reviendront continuellement dans les exemples de l'ouvrage.

Autres sélecteurs hiérarchiques

Les normes CSS 2 et CSS 3 (actuellement en préparation) prévoient d'autres formes de sélection hiérarchique. On peut ainsi ne désigner que le premier enfant d'un élément, ne pointer que des éléments directement adjacents à un autre, etc.

Il est même possible de prendre en compte les attributs des éléments pour les sélectionner. Ainsi, la règle `a[title="menu"] {color: blue;}` ne colorera en bleu que les liens possédant un attribut `title` de valeur `menu`. C'est par exemple le cas de `<a href="..." title="menu">lien en bleu</a>`.

Pour des raisons de compatibilité, nous n'évoquerons pas ces procédés, malheureusement pas pris en charge par le toujours incontournable Internet Explorer 6. Ces techniques de sélection hiérarchique ayant cependant le vent en poupe et que la plupart sont à présent reconnus par Internet Explorer 7, il est recommandé de s'y intéresser. Vous pourrez notamment consulter la documentation CSS en ligne du centre de formation Mediabox, à l'adresse http://wiki.media-box.net/documentation/css

> **NOUVEAUTÉ Internet Explorer 7 change la donne**
>
> La dernière version du navigateur de Microsoft prend en charge plusieurs nouveaux sélecteurs CSS2 :
> - :first-child désigne le premier élément de son élément parent.
> - div>p : le signe « > » désigne un sélecteur d'enfant. Il s'applique à l'élément <p> enfant de <div>.
> - div+p : le signe « + » désigne un sélecteur adjacent. Il s'applique à <p> lorsqu'il est précédé d'un élément <div>.
> - a[title="menu"] : le sélecteur d'attribut s'applique sur un élément (ici <a>) lorsque l'attribut de l'élément (ici title) contient une valeur définie (ici "menu").

Caricature Maladies exotiques des CSS ?

Passer au « tout CSS » est toujours une expérience exaltante qui apporte chaque jour son lot de découvertes, d'incompréhensions et parfois de remises en question.

Cette démarche n'est pas anodine : comme l'évoque Jeffrey Zeldman dans son ouvrage *Design web : utiliser les standards* (Éditions Eyrolles, 2005), les explorateurs inexpérimentés sont susceptibles de contracter des maladies exotiques bien étranges... Zeldman fait état de deux maux principaux : la « divite » et la « classite ». Ajoutons trois autres affections courantes : la « cellulite », la « négativite », et la « strictite ».

Pernicieuses, épidémiques, ces maladies se manifestent toutes par la production d'un code désordonné, ne respectant plus les principes fondamentaux de tout webmaster qui se respecte. Aucune n'est à prendre à la légère car toutes peuvent atteindre n'importe quel webmaster pénétrant sur les terres des CSS.

La divite chronique

Très fréquente, elle se développe en priorité chez les jeunes explorateurs de CSS. Cette maladie a déjà fait l'objet d'études sur Alsacréations et Openweb, recueils médicaux spécialisés dans ce domaine.

Symptômes : crise de la perception du monde sensé, le malade ne jurant plus que par une seule balise : l'élément `<div>`, par lequel il remplace toutes les structures utilisées auparavant (tableaux imbriqués, paragraphes, titres, citations, etc.). Le patient transforme donc tout ce qu'il a connu en `<div>`. Il s'exprime souvent de la sorte : « Sus aux tableaux ! Je les remplace par des `<div>`) ».

Conséquences : transformer cent cellules de tableaux imbriquées en autant de `<div>` imbriqués ne résout rien. La structure, plus complexe, est devenue incompréhensible et inutilisable.

Pire : remplacer toutes les balises logiques (`<p>`, `<h1>`, `<cite>`, `<blockquote>`, ...) par la balise unique et générique `<div>` fait perdre aux documents tout leur sens et toute leur sémantique, les rendant inintelligibles aux navigateurs non graphiques et aux moteurs de recherche.

Traitement : un traitement lourd est nécessaire. Il faut (ré)apprendre au patient qu'un document HTML doit avoir du sens et qu'il faut y utiliser chaque balise à bon escient : `<p>` structure des paragraphes, `<div>` délimite les grandes zones du document, `<h1>`... `<h6>` dénotent les niveaux de titres, `<ul>` introduit les listes et menus, etc. Le risque de rechute est alors faible.

La classite aiguë

C'est une admiration exacerbée des classes CSS, proche de la dévotion. Certaines thèses y voient un rapprochement religieux.

Symptômes : la classite se manifeste par une utilisation à outrance des propriétés `class` sur chaque balise rencontrée. Ce besoin d'identifier chaque élément par une classe (souvent répétée) témoigne d'un soudain manque de confiance en soi provoqué par une connaissance évasive des sélecteurs CSS et de leur héritage parent-enfant.

Voici un exemple illustrant ce symptôme :

```
<div id="menuglobal">
  <ul class="menu">
  <li class="menuitem"><a class="bouton" href="#">Lien 1</a></li>
  <li class="menuitem"><a class="bouton" href="#">Lien 2</a></li>
  <li class="menuitem"><a class="bouton" href="#">Lien 3</a></li>
  <li class="menuitem"><a class="bouton" href="#">Lien 4</a></li>
  </ul>
</div>
```

Conséquences : prise de poids soudaine et excessive (exprimée en octets). Le code est inutilement alourdi et la répétition de ces propriétés le rend parfois difficile à interpréter.

Traitement : une cure d'apprentissage des sélecteurs CSS et de leurs propriétés d'héritage est nécessaire pour venir à bout de cette affection.

Signalez au patient que seul le bloc parent a besoin d'une identification car les sélecteurs peuvent alors s'appliquer à toutes les balises qui en découlent. Dans le cas présent, nous pourrons simplifier le code précédent comme suit :

```
<ul id="menu">
  <li><a href="#">Lien 1</a></li>
  <li><a href="#">Lien 2</a></li>
  <li><a href="#">Lien 3</a></li>
  <li><a href="#">Lien 4</a></li>
</ul>
```

Le sélecteur suivant permettra alors d'intervenir sur l'aspect des liens contenus dans ces listes : `#menu li a {propriétés;}`

La cellulite ravageuse

Cette forme de maladie est une réminiscence de nos anciennes habitudes de conception de sites web à l'aide de tableaux et de cellules. Cette technique impliquait de multiples découpes des éléments en petites cellules, contenant chacune un morceau d'image de l'arrière-plan ou une partie du contenu.

Symptômes : on reconnaît le patient atteint de cellulite ravageuse à son obsession à vouloir tout découper, imbriquer et « celluliser ».

Par exemple, le site d'Alsacréations sera immédiatement perçu comme un enchevêtrement élémentaire de multiples cellules auxquelles seront appliqués des équivalents des propriétés `rowspan` et `colspan`. Autre symptôme fréquent : le patient continue de tronçonner toutes ses images d'arrière-plan en plusieurs fichiers, se compliquant la tâche pour l'intégration de son code.

Conséquences : à l'instar de la classite, la cellulite ravageuse implique une prise de poids conséquente chez le malade. Elle produit surtout une structure inextricable et illogique, opaque même aux yeux d'un utilisateur averti.
Avec le temps et l'évolution de la maladie, le patient ne comprendra plus son propre code. Quant aux navigateurs, la complexité du site les incitera à mal interpréter les documents.

Traitement : cette pathologie lourde nécessite une complète remise en cause de ses propres conceptions et de son expérience de webmaster.
Plutôt que de regarder les mises en page « à plat », le patient devra prendre du recul et distinguer la profondeur des éléments : telle image n'est pas incrustée dans le design, elle se situe au-dessus ; tel arrière-plan ne fait pas partie du menu, il occupe un autre niveau de profondeur, etc. C'est toute la différence : les objets ne sont pas placés les uns à côté des autres, mais souvent superposés en différents niveaux de calques. Il faudra aussi bousculer ses idées reçues et lui faire comprendre que c'est une mauvaise idée d'éclater les grandes images en une multitude de petits morceaux.

La négativite virulente

C'est l'obstination à nier en bloc l'existence des maladies précédentes. Le malade reste cloîtré dans son monde et refuse de s'ouvrir à la réalité. Il feint de croire aux promesses des standards CSS tout en réfutant chaque argument proposé en leur faveur.

La strictite aveugle

Cette nouvelle forme de contagion fait croire aux débutants que tous les sites web doivent être validés en XHTML Strict.
Méfiez-vous de ces charlatans de la médecine qui vous submergent de remèdes (règles, doctypes, prologues). Le débutant est alors noyé de doctrines à respecter, alors qu'il est souvent préférable d'aller à son rythme, de commencer en transitionnel, voire de conserver un squelette minimal en tableaux et d'y insérer les mises en forme CSS par à-coups.

Mise en situation

Continuons le projet de site touristique sur l'Alsace en reprenant la structure établie au chapitre précédent :

```
<body>
<ul>
<li><a href="...">Retour à l'accueil</a></li>
<li><a href="...">Présentation de la région</a></li>
<li><a href="...">Historique de l'Alsace</a></li>
<li><a href="...">Gastronomie locale</a></li>
<li><a href="...">Hôtels et gîtes</a></li>
<li><a href="...">Photographies</a></li>
</ul>
<h1><a href="photos.htm" title="photos d'Alsace">Bienvenue en Alsace
</a></h1>
<h2>Une belle région française</h2>
<p>[Paragraphe associé au sous-titre de niveau 2.]
<a href="photos.htm" title="lien vers des photos d'Alsace">
<img src="image.png" alt="photographie" /></a></p>
<h2>Un patrimoine considérable</h2>
<p>[Paragraphe associé à cet autre sous-titre de niveau 2.]</p>
<p>Pied de page et <a href="...">Mentions légales</a></p>
</body>
```

Cette deuxième étape coulera les fondations de la structuration et de la mise en page du document web. Nous nous emploierons ici à « préparer le terrain » et à signaler certains éléments clés du document, en leur donnant un nom pour mieux les désigner par la suite avec des sélecteurs CSS.

Exercice

La première étape consiste à distinguer les différents éléments significatifs du document en les affublant d'un identifiant (`id`). Nous les démarquerons les uns des autres selon la fonction et l'apparence que l'on prévoit pour eux plus tard (lesquelles seront exprimées par styles CSS).

Combien d'éléments pensez-vous devoir désigner au minimum ?

Mené à bien, ce type d'exercice produit un document bien réalisé et compréhensible par tous. Il s'agit d'identifier un nombre d'objets minimal permettant de mettre en page facilement tout le document, sans tomber dans le piège consistant à identifier chaque élément de la page par un identifiant ou une classe (voir encadré page 56).

On distingue deux parties très différentes, correspondant à des zones graphiques séparées : le menu de navigation et la partie de contenu général (comprenant les différents titres et paragraphes). Dans cette dernière, le paragraphe de pied de page se comportera différemment des autres.

Nous attribuerons donc un premier identifiant au menu, c'est-à-dire à la balise `<ul>` englobant la hiérarchie de liste :

```
<ul id="menu">
```

Distinguons encore le paragraphe de pied de page en lui attribuant l'identifiant `pied` :

```
<p id="pied">Pied de page et <a href="…">Mentions légales</a></p>
```

Inutile en revanche de qualifier ou d'identifier le reste du contenu : pour y intervenir, il suffira d'agir sur l'ancêtre commun, la balise <body>.

Nul besoin non plus d'attribuer un identifiant à l'élément de titre principal (<h1>). Unique dans le document, il est déjà facilement identifiable en CSS.

Rappelez-vous cette règle essentielle : ne nommez pas systématiquement chaque élément du document. Contentez-vous des éléments parents ou ancêtres, aux premiers niveaux des hiérarchies.

4

Gestion de la couleur en CSS

En abordant la question de la couleur, nous entrons de plein-pied dans l'outil CSS et le webdesign. Le mot « design » se rapporte au travail sur l'esthétique d'un objet utilitaire produit par l'industrie. Il a désormais conquis tous les secteurs d'activité et de production, notamment l'architecture, l'industrie, le graphisme (publicité, Web), etc. Il s'agit de rendre « beau » un objet conçu avant tout pour être utile. Le webdesign, ou « design de sites web », s'inscrit dans cette lignée, et désigne avant tout l'alliance entre le graphisme et le côté fonctionnel d'un site... deux notions pas forcément antagonistes. N'oublions pas que la beauté et le graphisme ne forment qu'une partie d'un tout : un site web non ergonomique ne subsistera pas bien longtemps. Il faut toujours s'efforcer à doser subtilement les côtés fonctionnel et esthétique.

Dans ses recommandations en matière de francisation des termes d'origine étrangère, l'administration proposa « stylique » pour le mot « design ». Cette suggestion n'a pas pris mais son étymologie renvoie sur les feuilles de styles CSS. La mise en forme d'un document web et les décisions relatives à son design se font en plusieurs étapes. La bonne utilisation des couleurs et des harmonies en étant un aspect fondamental, voyons quels outils les styles CSS proposent pour la prendre en charge.

Harmonie des couleurs

Une charte graphique réussie comprend le choix judicieux d'une palette de couleurs conforme au thème général du site, à des critères de jugement subjectifs, ainsi que des paramètres plus classiques comme l'ergonomie générale et la lisibilité du document.

L'importance des teintes est confirmée par l'histoire et la sociologie : toutes les cultures et tous les peuples ont créé leur symbolique des couleurs et associé à chacune sa valeur et son interprétation.

> ILLUSTRATIONS **Couleurs et niveaux de gris**
>
> Cet ouvrage est imprimé en niveaux de gris, ce qui ne facilite pas la représentation d'exemples portant sur la couleur et ses symboles. Je vous invite donc à suivre les liens jouxtant les illustrations de ce chapitre pour vous faire une représentation précise des explications qui les accompagnent.

La couleur et le thème du site

Chaque site web est fondé sur un concept général et des objectifs principaux : vente, distraction, information, dynamique de communauté, etc. Cette ligne éditoriale a des conséquences sur le choix des couleurs. Ainsi, un site traitant d'informatique recourra souvent à des tons bleus, couleur froide qui se prête bien à des domaines technologiques.

Figure 4–1
Exemple de site informatique :
www.hardware.fr

À l'inverse, des sites plus « conformistes » ou liés à l'histoire adopteront des teintes plus chaudes, dans les tons beige ou brun.

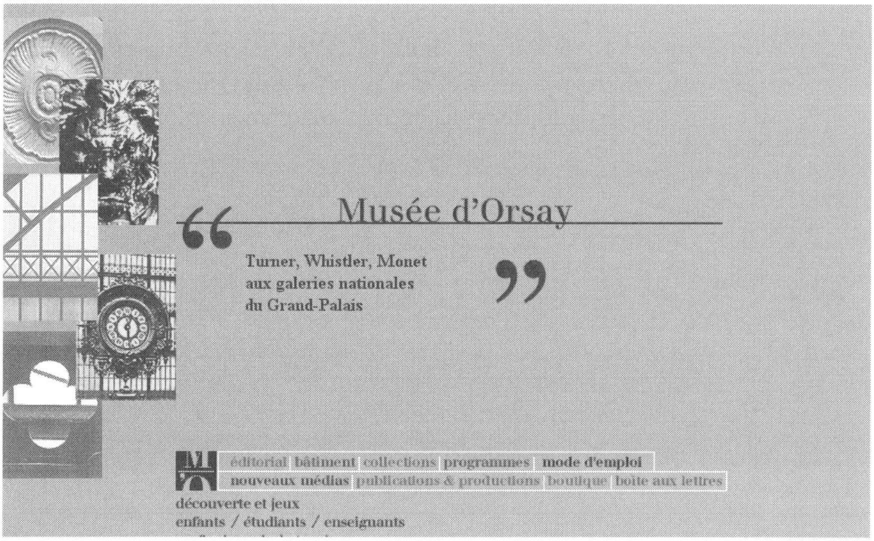

Figure 4–2
Exemple de site lié à l'histoire : www.musee-orsay.fr

Influence du public ciblé

Le public visé influence grandement le choix des couleurs : un site web pour enfants ou adolescents affiche son dynamisme à travers des couleurs stimulantes et très prononcées, alors que des portails pour seniors favorisent préférentiellement des couleurs réconfortantes et sereines.

Figure 4–3
Exemple de site pour enfants : www.disney.fr

Certains sites minimalistes ou très portés sur l'ergonomie prennent la décision de conserver les couleurs par défaut du Web : liens en bleu et soulignés, liens visités en violet, afin de ne pas heurter la navigation des débutants. D'autres sites, futuristes ou avant-gardistes, adoptent des teintes originales volontairement provocantes.

Figure 4–4
Exemple de site minimaliste : www.google.fr

Certains héritages culturels sont solidement ancrés dans les habitudes des designers. Les sites web consacrés aux femmes adoptent fréquemment des tons roses ou rouges, quand les sites pour hommes optent pour des couleurs associées au concept de virilité.

Figure 4–5
Exemple de site destiné aux femmes : www.aufeminin.com

Le choix de la charte graphique du site est souvent inconsciemment influencé par le public ciblé. C'est un moyen efficace de ne pas perturber les visiteurs, même si un peu d'anticonformisme est parfois le bienvenu.

Choisir des couleurs harmonieuses

Même si « des goûts et des couleurs, on ne discute pas », les professionnels et l'expérience ont établi des règles en matière d'association des couleurs : certaines cohabitent mal, souvent pour des raisons évidentes de lisibilité du document.

La symbolique des couleurs

Les signes et influences attribués aux couleurs par les cultures et les sociétés humaines sont variés mais pas toujours contradictoires. Ainsi le noir, symbole de deuil et de tristesse en Occident, n'a pas la même fonction dans les pays où ce rôle est dévolu à d'autres couleurs (notamment au blanc). Malgré tout, on peut brosser un tableau général de la symbolique des couleurs.

Tableau 4–1 Les couleurs et leur symbolique

Couleur	Symbolique	Exemples d'utilisation
Blanc	Le vide, l'espace, la pureté, la propreté et la sobriété. C'est une couleur reposante et non agressive.	Intervient rarement explicitement ; souvent relégué au second plan (une page web aérée se devant de présenter un arrière-plan allégé). Il permet aussi de faire ressortir les éléments importants de la page.
Noir	Symbole de deuil ou de tristesse, le noir est également associé à l'art, à l'apparat et au luxe.	Un fond noir donne une impression d'élégance : on retrouve ainsi cette technique sur les sites web d'art, les boutiques de luxe ou les casinos. Le noir se marie très bien avec les autres teintes.
Gris	Malgré sa connotation de mélange, le gris est également une couleur passe-partout.	Comme le bleu, cette couleur est souvent associée aux sites technologiques ou informatiques : les ordinateurs et le matériel informatique sont généralement gris.
Vert	Représente la nature et tout ce qui s'y rapporte. C'est aussi une couleur qui confère une impression de fraîcheur saine : on la retrouve ainsi dans les sirops et chewing-gums rafraîchissants.	Sites en rapport avec la nature, la chasse ou les loisirs.
Bleu	Couleur froide par excellence, le bleu inspire la rigueur et la science. Il représente également de grands espaces comme le ciel ou la mer, conférant ainsi une impression de tranquillité.	Sites web technologiques ou scientifiques.
Jaune	Couleur stimulante évoquant le dynamisme, le jaune attire l'œil… mais trop de jaune agresse.	Sites associés à des thèmes dynamiques (sport, loisir, publicité, médias).
Rouge	Le rouge (avec l'orange) est la couleur chaude par excellence. Couleur associée à plusieurs éléments très forts, tels que le feu, l'amour, le sang.	Sa force rehausse la pâleur générale et dirige le regard du visiteur. Un site à dominante rouge dégage chaleur et passion.

La chaleur allant traditionnellement de pair avec chaque couleur joue un rôle important dans le design. Une couleur chaude est généralement associée au domaine du sentiment et de la perception ; elle attire l'œil. Une couleur froide symbolise quant à elle le pragmatisme, l'esprit et la science ; elle ouvre l'esprit et le regard et agrandit l'espace.

La couleur chaude par excellence est le rouge (et ses dérivés, notamment l'orange). Le bleu forme la couleur froide de base. Évitez de mêler aléatoirement des nuances chaudes et froides ; efforcez-vous plutôt de conserver une composition cohérente sur ce point.

Représentation de la couleur

Voici peu, les limitations des ordinateurs empêchaient de représenter plus de 256 couleurs simultanément. Les professionnels s'étaient alors accordés sur une palette web de 216 couleurs « sécurisées », permettant d'assurer une compatibilité parfaite entre les différents ordinateurs.

En informatique, les progrès sont rapides : presque tous les ordinateurs actuels sont capables d'afficher 16 millions de couleurs. La population concernée par cette palette sécurisée se réduit donc constamment, mais tout site web fréquenté par un public doté d'anciens ordinateurs prendra garde à s'y limiter.

Différents codages permettent de se référer aux couleurs dans les feuilles de styles. Certains reposent sur les couleurs fondamentales, d'autres se fondent sur la luminosité, la teinte et la saturation. Nous nous contenterons de retenir les deux notations les plus fréquemment utilisées par les webmasters.

L'espace de couleurs RGB

RGB (RVB en français) est une abréviation de « red, green, blue », c'est-à-dire « rouge, vert, bleu ». Datant des années 1930, ce système repose sur les caractéristiques techniques des tubes cathodiques. C'est donc une notation convenant particulièrement aux couleurs en informatique.

L'espace RGB définit la proportion de chacune de ces trois couleurs fondamentales en la codant sur un octet, c'est-à-dire une valeur comprise entre 0 et 255. Chaque couleur est ainsi transcrite sur trois octets, ce qui représente près de 17 millions de possibilités. C'est amplement suffisant, l'œil humain ne discernant qu'un à deux millions de couleurs différentes.

La notation RGB

La syntaxe CSS pour la notation des couleurs en RGB est la suivante :

```
rgb(0,0,255) (ceci correspond au bleu)
```

Zéro sur le rouge, zéro sur le vert, valeur maximale (255) sur le bleu : on devine aisément quelle couleur cette commande produit. On peut aussi inscrire les valeurs en pourcentages :

```
rgb(0,0,100%) (autre représentation du bleu)
```

Ces couleurs fondamentales se composent à l'écran par synthèse additive, moins intuitive que la synthèse soustractive, familière aux peintres. C'est pourquoi il est utile de se familiariser avec les codes des couleurs les plus classiques :

```
rgb(0,0,0) (noir)
rgb(255,255,255) (blanc)
rgb(255,0,0) (rouge)
rgb(0,128,0) (vert)
rgb(255,255,0) (jaune)
```

En modifiant la valeur de ces trois composantes, on peut représenter toute teinte imaginable. On définira ainsi plusieurs variantes de bleu en n'agissant que sur le troisième nombre. Cette notation est dite « décimale » car elle recourt au système de numération familier, à dix chiffres.

La notation hexadécimale

C'est une autre manière d'écrire les nombres, plus adaptée à l'informatique et notamment à la manipulation d'octets. On s'y autorise seize chiffres (les chiffres habituels complétés par les six premières lettres de l'alphabet – généralement écrites en minuscules). Deux caractères peuvent alors exprimer 16 fois 16 (soit 256) valeurs différentes, de `00` (0) à `ff` (255).

Le symbole dièse (#) introduit une valeur RGB codée en hexadécimal. Les trois composantes sont rassemblées sur six caractères :

```
#0000ff (bleu)
```

Ces trois paires successives correspondent respectivement aux codages hexadécimaux des composantes rouge, verte, et bleue de la couleur considérée. L'exemple ci-dessus prévoit ainsi une quantité nulle de rouge et de vert et la quantité maximale de bleu.

On obtiendra la couleur désirée en dosant chaque paire de chiffres hexadécimaux. Le blanc correspond ainsi à la valeur `#ffffff`. Traduisons en hexadécimal les déclarations de couleurs classiques :

```
#000000 (noir)
#ffffff (blanc)
#ff0000 (rouge)
#008000 (vert)
#0000ff (bleu)
#ffff00 (jaune)
```

La notation hexadécimale courte

Quand le codage hexadécimal d'une couleur se compose de trois paires jumelles, comme `#ffffff`, `#cc55aa`, `#ffaa99`, la syntaxe CSS permet de le condenser. On ne reporte pour cela qu'un seul caractère par couple, pour obtenir une notation à trois chiffres. Ainsi, `#000000`, `#ffffff`, `#cc55aa` et `#ffaa99` deviennent respectivement `#000`, `#fff`, `#c5a` et `#fa9`.

Cette technique ne pourra toutefois condenser des notations telles que `#ffaa96`, `#3aaaaa`, `#00000f`, car leurs paires de caractères consécutifs ne sont pas composées des mêmes chiffres hexadécimaux.

Troisième édition

CSS3 introduit via le module *CSS Color Level 3* de nouvelles notations de couleur, notamment :

- RGBA (RVBA en français), qui est une abréviation de *Red*, *Green*, *Blue*, *Alpha*, permet en une seule instruction d'indiquer la transparence associée à une couleur. Par exemple : `rgba(255,0,0,128)` équivalent à `#ff000080` indique une couleur rouge à moitié transparente (ou à moitié opaque).
- HSL abréviation de *Hue*, *Saturation*, *Luminosity*.

Le support de ces notations n'est toutefois repris à l'heure actuelle que par les versions les plus récentes des navigateurs les plus avancés.

Les mots-clés de couleurs

L'être humain préférant souvent les mots aux nombres, le W3C a intégré à CSS certains mots-clés anglais, représentant les couleurs les plus utilisées. Le mot `green` est plus facile à relire que les composantes standards du vert, qu'elles soient écrites en décimal ou en hexadécimal.

Aux principales couleurs correspond ainsi un mot-clé plus intuitif que son code : `black` désigne le noir, `white` le blanc, `red` le rouge, `blue` le bleu, `green` le vert, et `yellow` désigne le jaune.

Tableau récapitulatif

Pour clarifier et synthétiser la situation, rien de tel qu'un tableau exprimant les 16 couleurs les plus fréquentes dans chacun des trois systèmes vus ci-dessus (les codes en hexadécimal court ne sont donnés que quand ils existent).

Tableau 4–2 Récapitulatif des notations de couleurs

Couleur	Mot-clé	RGB	Hexadécimal	Hexadécimal court
Noir	black	rgb(0,0,0)	#000000	#000
Blanc	white	rgb(255,255,255)	#ffffff	#fff
Gris	gray	rgb(128,128,128)	#808080	
Argent	silver	rgb(192,192,192)	#c0c0c0	
Bleu	blue	rgb(0,0,255)	#0000ff	#00f
Bleu marine	navy	rgb(0,0,128)	#000080	
Cyan	cyan	rgb(0,255,255)	#00ffff	#0ff
Cyan foncé	teal	rgb(0,128,128)	#008080	
Vert	green	rgb(0,128,0)	#008000	
Vert olive	olive	rgb(128,128,0)	#808000	
Vert clair	lime	rgb(0,255,0)	#00ff00	#0f0
Lilas	fuschia	rgb(255,0,255)	#ff00ff	#f0f
Violet	purple	rgb(128,0,128)	#800080	
Rouge	red	rgb(255,0,0)	#ff0000	#f00
Marron	maroon	rgb(128,0,0)	#800000	
Jaune	yellow	rgb(255,255,0)	#ffff00	#ff0

Quelques ressources sur le Web

Les couleurs et leur symbolique sont largement abordées sur le Web. Pour les sites en français, l'une des références en la matière est le célèbre www.pourpre.com. Il aborde exhaustivement les couleurs, de façons variées et souvent poétiques. C'est un site à visiter de toute urgence, ne serait-ce que pour son ambiance reposante et ses articles très didactiques.

Pour tester et simuler les différentes teintes de votre charte graphique et en observer instantanément les accords chromatiques, rendez-vous sur le site www.smartpixel.net/ chromoweb/fr/. Plusieurs gabarits vous proposeront aussi de peaufiner vos choix de couleurs.

Les lecteurs comprenant l'anglais trouveront sur www.colormixers.com un outil les conseillant sur les bons accords entre couleurs (dominantes, toniques, etc.), clés d'un design réussi. Sa nouvelle maquette, plus évoluée, réussie et compatible (elle fonctionne désormais avec le navigateur Mozilla) vous permettra de charger des thèmes prédéfinis de couleurs, d'en créer de nouveaux, d'exporter vos couleurs vers les logiciels Photoshop ou Illustrator, etc.

Votre charte graphique établie, vous pourrez peut-être postuler sur www.joliespages.com et apparaître dans sa galerie de sites au design réussi.

Application pratique

Voici une liste de couleurs, exprimées soit par mot-clé, soit par une notation hexadécimale ou RGB.

Amusez-vous à trouvez leur correspondance en notation hexadécimale courte.

Pour vous aider, n'hésitez pas à découvrir la palette complète des 216 couleurs sécurisées en CSS : http://www.laltruiste.com/courshtml/couleur.html.

1. #dcdcdc
2. lime
3. gray
4. rgb(100%,0,100%)
5. #ddcbdd
6. indigo
7. #fffff0
8. magenta
9. purple
10. #d2d2d2

Réponses

1	#dcdcdc	#dcdcdc (pas d'écriture courte possible)
2	lime	#00ff00 --> #0f0
3	gray	#808080 (pas d'écriture courte possible)
4	rgb(100%,0,100%)	#ff00ff (en hexadécimal) --> #f0f
5	#ddcbdd	#ddcbdd (pas d'écriture courte possible)
6	indigo	#4B0082 (pas d'écriture courte possible)
7	#fffff0	#fffff0 (pas d'écriture courte possible)
8	magenta	#ff00ff --> #f0f
9	purple	#800080 --> (pas d'écriture courte possible)
10	#d2d2d2	#d2d2d2 --> (pas d'écriture courte possible)

5

La typographie et la mise en forme de caractères

On l'oublie parfois, mais le fondement du Web est de présenter du contenu. Quelle que soit sa charte graphique, un site web sans contenu manquera son objectif et n'aura pas de visiteurs réguliers. Les styles CSS joignent l'utile à l'agréable et mettront en forme les portions de texte de vos documents.

Les polices de caractères

Les diverses versions de HTML ont peu à peu intégré des mises en forme du texte. Avant CSS, il était déjà possible de définir un choix de police, une taille, un style et quelques effets. Ces facultés limitées restent toutefois déconseillées : elles sortent du cadre fonctionnel du langage et empiètent sur celui de la mise en forme.

CSS, bien plus adapté aux choix de représentation des textes, propose d'autres fonctionnalités : gestion de la justification du texte, largeurs de graisse différentes, interlignage et interlettrage, surlignement, modification de la casse, etc. Quelques effets de style bien choisis permettent ainsi à un texte d'adopter une présentation esthétique, conférant un grand confort de lecture.

Polices standards et exotiques

Vous serez peut-être surpris d'apprendre que toute police de caractères retenue pour un site web ne sera pas systématiquement reproduite de la même manière sur les écrans des visiteurs – certains n'en tenant même aucun compte. En effet, les polices n'y sont qu'évoquées ; elles doivent être fournies par les ordinateurs de visualisation.

Si la police précisée par le site web est absente du système client, elle y sera remplacée par une police par défaut : Times New Roman sur compatibles PC ; Times sur Mac. Cette dernière, peu adaptée aux textes de petite taille, gênera la lecture du site. Pour éviter ces mauvaises surprises et leurs inconvénients, il est recommandé de se limiter aux polices standards.

Les polices standards

Chacun peut installer des polices complémentaires sur son ordinateur, mais rien n'en garantit la présence sur tout système visitant votre site. En revanche, il est rare qu'un utilisateur efface des polices installées par défaut par son système ou par son navigateur, ce qui permet d'établir une liste de polices probablement disponibles partout.

Si l'on considère les systèmes d'exploitation les plus courants (Windows et ses variantes, Mac, GNU/Linux et les Unix), il est possible d'établir une liste de 11 polices de caractères dites standards, auxquelles tout webdesigner tâchera de se limiter.

Tableau 5–1 Les polices standards

Nom	Caractéristiques	Usage
Arial	Sans sérif	Imprimé, Web
Arial Black	Sans sérif, forte graisse	Imprimé, Web
Comic Sans MS	Police fantaisie, sans sérif	Web
Courier New	Chasse fixe	Listing, Code
Georgia	Empattements simples (sérif)	Web
Impact Monotype	Sans sérif	Imprimé, Web
Symbol Monotype	Alphabet grec	Imprimé, Web
Times New Roman	Empattements (sérif)	Imprimé, Web
Trebuchet MS	Sans sérif	Web
Verdana	Sans sérif	Web
Webdings	Police fantaisie	Web

Déclarer la police en CSS

C'est la propriété `font-family` qui permet de contrôler la police affectée à un élément du site (qu'il s'agisse du document complet ou de l'une de ses parties). Le code suivant applique ainsi la police Trebuchet MS à l'ensemble du document :

```
body {
font-family: 'Trebuchet MS';
}
```

Cette propriété se transmettant hiérarchiquement par héritage, elle vaudra également pour tous les descendants de l'élément `<body>`, c'est-à-dire à toute la page web. Il sera donc inutile de préciser une police pour chacun d'entre eux, sauf évidemment pour en changer.

Si Trebuchet MS est absente de l'ordinateur, elle y sera remplacée par Times. Pour éviter cela, on précisera plusieurs valeurs à `font-family`, ce qui en étendra les possibilités. Par exemple :

```
body {
font-family: 'Trebuchet MS', times, verdana;
}
```

Les familles de polices génériques

Toutes les polices sont classées par familles génériques, qui les regroupent selon leur empattement, leur chasse, ou leur style. On trouve ainsi les familles sérif, sans sérif, monospace (polices à chasse fixe), cursive et fantasy – les trois premières étant les plus courantes sur le Web. Les dernières relèvent du gadget et nous ne nous y attarderons pas.

Préciser plusieurs familles dans la déclaration `font-family` augmente la probabilité que le visiteur disposera d'au moins de l'une d'entre elles. Par exemple :

```
body {
font-family: 'Trebuchet MS', times, verdana, sans-serif;
}
```

Les empattements des caractères s'appellent sérifs (exemple : police Times). Un « i » majuscule sans sérif a l'allure d'un simple trait vertical. Avec sérifs, il arbore de petits traits horizontaux, selon la forme d'un « H » renversé. Ainsi, les titres et sous-titres de cet ouvrage sont écrits sans sérifs, mais le corps du texte principal y recourt.

Les sérifs, issus de l'imprimerie traditionnelle, ne conviennent pas toujours à une utilisation pour le Web. Ils gênent notamment la lecture dans les petites tailles, où les empattements accentuent la pixellisation et son crénage (ou « effet d'escalier »).

Les polices sans sérifs, dénuées d'empattements, sont d'apparence plus simple et plus sobre. Leur confort de lecture sur écran les fait souvent privilégier dans les chartes graphiques pour le Web. Les plus fréquentes sont Verdana et Arial.

Les polices à chasse fixe, dites monospace, attribuent à chaque caractère une largeur constante, comme sur les machines à écrire (les « m » des textes imprimés étant au contraire généralement plus larges que leurs « l »). Dans cette famille, on retient souvent Courier New pour l'affichage de code, de listings et de toutes les portions de texte à reproduire verbatim.

Pour éviter que le système client opte pour une solution par défaut faute de disposer de la police demandée, il est d'usage d'en préciser trois types : une police pour compatibles PC, une autre pour Mac, en concluant par une famille générique disponible partout :

```
body {
font-family: 'Trebuchet MS', times, serif;
}
```

Cet exemple limite les mauvaises surprises : le navigateur cherche d'abord Trebuchet MS. En son absence, il tentera Times et optera pour la police générique avec sérifs en dernier recours. Autre solution :

```
body {
font-family : arial, helvetica, sans-serif;
}
```

Cette technique oriente le choix des polices par défaut et assure un affichage « maîtrisé » du contenu du site web.

Pour des raisons syntaxiques, il est obligatoire en CSS de protéger les noms composés par des apostrophes simples (`'`) ou doubles (`"`). Ainsi, on peut écrire `arial` mais on devra écrire `'Trebuchet MS'` ou `"Trebuchet MS"`.

Affichage des polices exotiques

Les polices peu courantes ou exotiques sont rarement nécessaires sur les sites web. Vous l'avez déjà compris, elles sont même déconseillées. Il est pourtant parfois utile de s'en soucier, notamment dans le cas de sites internationaux devant s'afficher dans de multiples langues.

Les polices standards n'étant pas adaptées à ce genre d'utilisation, il faut se tourner vers d'autres solutions. En voici quelques-unes.

Utiliser un format graphique

L'une des solutions les plus simples à mettre en œuvre – et de loin la plus déconseillée – consiste à transformer les textes exotiques en images, dans un format bitmap (GIF, JPEG, PNG) ou vectoriel (Flash). Cette idée plaisante présente certains inconvénients :

- Une image occupe dix à cent fois plus d'espace que son équivalent texte. Il est donc hors de question de transformer une page entière en image (on pourra limiter cette opération aux titres).
- Insérer des images de texte dans un code HTML remet en cause la séparation entre structure et mise en forme. Cela complique aussi les maintenances et mises à jour : il faudra reprendre et modifier chaque image, travail titanesque si le site web en compte plusieurs centaines.
- Même si sa propriété `alt` est renseignée (à contre-emploi de son rôle théorique de texte alternatif), une image reste moins accessible aux non-voyants et sera mal exploitée par les moteurs de recherche et les navigateurs en mode texte.

Utiliser le format PDF

PDF (Portable Document Format) est un format de fichiers développé par Adobe Systems et lisible sur toute plate-forme (Windows, Mac, Unix). Un document PDF s'affiche à l'identique sur chaque poste client, quelle qu'en soit la configuration. Il embarque textes et illustrations, propose des liens hypertextes et la possibilité de rechercher des termes particuliers.

Ce format est maintenant bien intégré dans les navigateurs web. Ceux-ci ne reconnaissant pas PDF nativement, il faut qu'un greffon (ou plug-in) fonctionnellement équivalent à Adobe Acrobat Reader y soit installé. Les moteurs de recherche permettent désormais d'indexer et de retrouver les documents PDF presque aussi bien que les documents HTML.

Cette solution, intéressante pour la production de documents à imprimer (tels que cours, dossiers ou articles divers), n'est pas appropriée pour la conception intégrale d'un site web. En effet, un document PDF est plus volumineux qu'un document HTML classique et il est moins souple à manipuler à l'écran.

Importer des polices de caractères

Si l'ordinateur du visiteur ne dispose pas de la police souhaitée par le site web, on peut imaginer de la lui fournir. Deux sociétés se sont intéressées à cette question : Microsoft et Bitstream.

PUBLICATION Choisir un format adapté pour le Web

Comprenez bien que PDF n'a pas été conçu pour le Web. Ses limitations sont nombreuses : il est ainsi impossible d'insérer un fragment PDF dans un document HTML, d'imposer l'ouverture de certains liens dans une nouvelle fenêtre, etc.
On réservera donc son utilisation à des cas très précis, comme la présentation de typographies particulières qui doivent s'afficher de la même manière sur tous les postes clients.

Dès 1997, Microsoft propose la technique Web Embedding Fonts, reposant sur le logiciel WEFT. Elle permet de créer des polices de caractères dynamiques, stockées sur le serveur pour affichage dans les documents web. Le visiteur pourra ainsi disposer de cette police même si elle n'est pas installée sur son ordinateur. Sur le même principe, Bitstream développe l'outil Webfont Maker. Ces techniques sont propriétaires : WEFT (polices `.eot`) ne sera visible que sur Internet Explorer pour Windows et la méthode Webfont Maker (polices `.pfr`) ne fonctionnera que sous Netscape Navigator. Il me paraît donc inutile de les développer et d'entrer dans le détail de leur mise en œuvre.

Nouvelles solutions pour polices exotiques

D'autres techniques sont en cours de standardisation : le W3C s'intéresse de près à l'internationalisation et à la multiplicité des langues et dialectes. Encore jeunes, ces techniques sont peu exploitées par les navigateurs actuels. Il est donc encore trop tôt pour conclure de manière définitive et satisfaisante sur ce sujet. La meilleure solution, si c'est possible, est d'éviter le recours à toute police inhabituelle ou non standard.

Les unités de taille de polices

Deux systèmes permettent d'indiquer les dimensions des éléments en CSS (notamment les tailles des polices) : les unités de taille fixe et les unités de taille relative. C'est la propriété `font-size` qui détermine la taille de la police d'un élément. Elle est héritée : sa valeur sera donc transmise à tous les descendants de l'élément considéré.

CSS

```
p {
font-size: 14px;
}
```

HTML

```
<p>Toto est <span>mon héros</span></p>
```

Dans cet exemple, l'élément `<p>` utilise une taille de texte de 14 pixels. L'élément `<span>` en descendant, il occupe lui aussi 14 pixels, sauf indication contraire.

Les unités de taille fixe

Les unités de taille fixe (ou unités absolues) sont le point (1 pt vaut environ 0,35 mm), le pica (1 pc vaut environ 4,22 mm), le centimètre (cm), le millimètre (mm) et le pouce (1 in vaut environ 2,54 cm).

Le W3C conseille de limiter leur usage à des médias de sortie connus, aux propriétés déterminées. En clair, on les évitera sur écran d'ordinateur, chaque moniteur étant particulier (de par sa taille de diagonale, sa résolution, son nombre de couleurs, etc.). De telles unités sont toutefois parfaitement adéquates à une sortie sur papier. Évitez vous aussi d'utiliser ces unités fixes dans l'élaboration de votre site web et pour le calcul de vos dimensions et tailles de polices.

Les unités de taille relative et pourcentages

Les unités relatives sont le cadratin (em), la hauteur d'« x » (ex), le pourcentage (%) et le pixel (px).

1 em représente la taille d'un caractère (ainsi que l'espace pour ses jambages) dans la police de référence. 1 ex correspond à la hauteur du caractère minuscule « x », sans jambages, dans la police de référence. Le pourcentage, s'il se prête bien aux textes et polices de caractères, ne leur est pas spécifique. Il se définit relativement à la taille de référence dans le conteneur de l'élément.

> **RÉFÉRENCE L'unité « em »**
>
> Un excellent article de Florent Verschelde fournit une explication complète et concrète de l'unité « em » :
>
> ▸ http://css.alsacreations.com/Tutoriels-et-articles-divers/gerer-la-taille-du-texte-avec-les-em

Pour ces trois unités, la taille de la police de référence se transmet par héritage : dans le cas d'éléments imbriqués, la police de référence change à chaque nouveau conteneur. Ainsi, définir une taille de référence de 2 em dans un paragraphe puis une taille de 2 em dans un de ses éléments enfants, on attribue à ce dernier une taille de 2 em par rapport à 2 em, soit 4 em ! Tous les calculs se cumulent de même :

CSS

```
p, span {
font-size: 2em;
}
```

HTML

```
<p>Toto est <span>mon héros</span></p>
```

Dans cet exemple, les balises <p> et <span> reçoivent chacune la taille de texte 2 em. <span> descendant de <p>, sa taille sera double de la taille de référence.

CSS

```
p, span {
font-size: 80%;
}
```

HTML

```
<p>Toto est <span>mon héros</span></p>
```

Ici, les éléments <p> et <span> reçoivent chacun la taille de texte de 80%. <span> descendant de <p>, sa taille sera 80 % de la taille de référence de <p>, soit 80 % de 80 % égale 64 %, de la taille de <body>.

Pour conclure cette liste, le pixel (dit « unité relative » car sa taille dépend de la plateforme et de l'écran d'ordinateur) est sans doute l'unité la plus utilisée. Sur un système donné, il restera une unité fixe partout dans le document.

Les mots-clés de tailles

Comme pour les couleurs, CSS propose des mots-clés pour définir les tailles de polices. Malheureusement, il n'en existe que sept. Par ordre croissant, ce sont `xx-small`, `x-small`, `small`, `medium`, `large`, `x-large`, et `xx-large`.

```
h1 {
font-size: large;
}
```

Ces tailles sont laissées à l'appréciation de chaque navigateur. Internet Explorer et Netscape Navigator afficheront ainsi des tailles différentes pour un texte `medium`. Ce spectre limité et ces différences d'appréciation limitent grandement l'intérêt de cette technique pour le le choix des tailles de polices.

Permettre l'agrandissement des polices

De nombreux utilisateurs souhaitent agrandir les polices. Pour certains, c'est même une nécessité (cas des malvoyants et autres déficients visuels). Les navigateurs graphiques intègrent tous la possibilité d'afficher un site avec une taille de texte modifiée.

Malgré tout, de nombreux webmasters, visant l'uniformité sur toutes les plates-formes, tentent d'imposer la taille de tous les éléments de leur mise en page : images, arrière-plans, espacements, marges, taille des blocs et du texte. Cette démarche trahit un manque de respect et une inversion des priorités : le rendu d'un site web doit être conforme aux attentes et souhaits de l'utilisateur, pas à ceux de son concepteur. En verrouillant ainsi la mise en page, l'auteur rend son site inutilisable ou désagréable, voire complètement dégradé si l'utilisateur augmente la taille de police.

En réalité, un affichage correct n'implique d'imposer aucune dimension : seules les images et illustrations doivent avoir une taille spécifiée et figée pour s'afficher dans les meilleures conditions. Partout ailleurs, on préférera des dimensions relatives : cela fluidifie la navigation sur le site.

Prenez donc l'habitude d'autoriser une certaine souplesse sur vos pages web. Sachez proposer plutôt qu'imposer, surtout au niveau de la taille de texte.

Pour information, et malgré son menu Affichage/Taille de texte, Internet Explorer 6 refuse par défaut d'agrandir tout texte dont la taille est précisée en pixels (`px`) : les dimensions demeurent figées. Cette unité est donc à proscrire pour les textes de petite taille.

Firefox 3 et Internet Explorer 7 adoptent un comportement hybride : leur gestion des tailles de texte est identique à celle de leur prédécesseur ; par contre ils permettent de zoomer sur l'ensemble du document (textes et illustrations comprises). Le design demeure ainsi harmonieux et contrôlé.

Styles et effets sur les caractères

CSS propose de nombreux styles typographiques. Nous distinguerons les styles prévus pour les caractères (couleur, italique, soulignement, etc.) et ceux portant sur les mots et les paragraphes (interlignage, justification, crénage, etc.).

Définir et modifier la couleur de police

La propriété CSS `color` définit la couleur de police (la propriété `font-color` n'existe pas, quoi qu'imaginent de nombreux étourdis). C'est une propriété héritée : sauf précision explicite contraire, tout élément reprendra la couleur de son élément parent.

(Re)voyez le chapitre consacré à la couleur pour connaître les valeurs possibles de cette propriété : notation RGB, notation hexadécimale et mots-clés. Pour afficher les textes de citations en bleu on pourra écrire :

```
blockquote {
color: blue;
}
```

Pour teindre en noir le texte de l'élément d'identificateur « `toto` » on précisera :

```
#toto {
color: #000;
}
```

La graisse, les italiques et les obliques

La propriété `font-weight` définit la graisse de caractères. Elle accepte les valeurs :

- `normal` : graisse normale.
- `bold` : gras.
- `lighter` : moins gras que la référence.
- `bolder` : plus gras que la référence.
- 100, 200, ... 900 : chaque valeur définit un niveau de graisse différent. Ces valeurs ne sont malheureusement pas souvent prises en compte par les différents navigateurs.

La graisse d'un caractère dépend directement du type de police utilisé. D'autre part, une grande partie des polices ne reconnaîtront que les valeurs `normal` et `bold`. Exemple :

```
.gras {
font-weight: bold;
}
```

La propriété `font-style` gère les italiques et les obliques. Elle admet les valeurs :

- `normal` : police droite.
- `italic` : spécifie une police dite « italique » dans la base de données de polices du navigateur (c'est le cas de toute police dont le nom comporte l'un des mots « Italic », « Cursive », ou « Kursiv »). À défaut, se rabat sur une police étiquetée « oblique ».
- `oblique` : spécifie une police dite « oblique » dans la base de données de polices du navigateur (c'est le cas de toute police dont le nom comporte d'un des mots « Oblique », « Slanted », ou « Incline »).

Rares sont les polices de caractères disposant d'une variante « oblique ».

Voici un exemple d'utilisation :

```
.italique {
font-style: italic;
}
```

Caractères soulignés, surlignés, barrés, clignotants

La propriété `text-decoration` permet :

- de souligner le texte (valeur `underline`) ;
- de surligner le texte (valeur `overline`) ;
- de barrer le texte (valeur `line-through`) ;

- de faire clignoter le texte (valeur `blink`).

Internet Explorer ne reconnaît pas le clignotement (blink) – on y recourra avec modération, car cette propriété agresse ou gêne souvent les utilisateurs.

> **NORME FACULTATIVE blink n'est pas imposé**
>
> Le W3C n'oblige pas les navigateurs à prendre en charge la fonctionnalité de clignotement.

On peut cumuler toutes ces fonctionnalités de décoration du texte, en précisant plusieurs valeurs à la propriété `text-decoration`. Le code suivant produira ainsi un titre souligné et surligné :

```
h1 {
text-decoration: underline overline;
}
```

On recourt très fréquemment à la propriété `text-decoration` pour modifier le soulignement des liens hypertextes. Ainsi, pour mettre en place des liens soulignés uniquement lors de leur survol par le pointeur de la souris, on pourra écrire :

```
a {
text-decoration: none;
}
a:hover {
text-decoration: underline;
}
```

La casse : minuscules et majuscules

La casse est la prise en compte des majuscules et des minuscules des caractères. Elle se traduit en CSS par la propriété héritée `text-transform`, qui admet quatre valeurs :

- `capitalize` : seule la première lettre de chaque mot du texte sera affichée en majuscule.
- `lowercase` : tout le texte sera affiché en minuscules.
- `uppercase` : tout le texte sera affiché en majuscules.
- `none` : le texte ne sera pas modifié.

> **HÉRITAGE Remise à zéro d'une valeur**
>
> La valeur `none` permet d'annuler un effet `text-transform` appliqué à un ancêtre de l'élément considéré. Cette propriété est en effet héritée par les descendants de tout élément sur lequel elle porte.

Seul l'affichage des caractères sera ainsi modifié, le texte du document source restant inchangé. Exemple :

CSS

```
.majuscules {
text-transform: uppercase;
}
```

HTML

```
<p class="majuscules">toto est mon ami</p>
```

Cet exemple fait afficher au navigateur le texte : « TOTO EST MON AMI »... même si la structure de base reste en minuscules. Il ne s'agit donc que d'un effet visuel.

Les styles et effets sur les mots et paragraphes

Interlignage de texte

L'interligne est l'espace séparant deux lignes consécutives d'un paragraphe (à ne pas confondre avec les marges de paragraphe, qui ne portent que sur son périmètre). Les paragraphes et autres éléments contenant du texte ont une valeur d'interligne par défaut qui dépend des navigateurs. Elle est d'environ 1,2 `em`, soit un peu plus que la hauteur d'un caractère.

La propriété CSS mettant en place l'interligne s'appelle `line-height`. Elle admet pour valeurs un nombre, un pourcentage, ou le mot-clé `normal`. Toutes les unités sont acceptées ; « `em` » est toutefois conseillée. L'exemple suivant génère ainsi un bloc de paragraphe de 10 caractères de large sur fond vert et en interligne double :

CSS

```
.interligne {
line-height: 2em;
width: 10em;
background-color: green;
}
```

HTML

```
<p class="interligne">Test de paragraphe pour montrer la hauteur de
l'interligne fixé à 2 em, soit le double de la hauteur de caractère.</p>
```

Le crénage

Le crénage (ou interlettrage) est la distance séparant deux caractères consécutifs. Toutes les balises disposent d'une valeur de crénage par défaut, qu'on peut modifier grâce à la propriété CSS `letter-spacing` (une valeur négative ayant pour effet de resserrer les caractères).

Par exemple :

```
.ecart {
letter-spacing: 0.4em;
}
.rapproch {
letter-spacing: -3px;
}
```

L'espace entre les mots

La propriété `word-spacing` règle l'espace séparant deux mots consécutifs. Elle se comporte comme `letter-spacing` et admet les mêmes valeurs, mais ne porte que sur les mots entiers. Cette fonctionnalité n'est proposée par Internet Explorer qu'à partir de sa version 6. Par exemple :

```
.ecart {
word-spacing: 0.4em;
}
.rapproch {
word-spacing: -3px;
}
```

Définir la justification du texte

Trois comportements vis-à-vis des marges sont possibles pour chaque paragraphe : alignement à gauche, alignement à droite, justification. Cette dernière possibilité, souvent utilisée dans les livres, se traduit par un alignement simultané sur les deux marges, en jouant automatiquement sur l'interlettrage et l'espace entre les mots.

La propriété CSS définissant l'alignement de texte est `text-align`. Elle admet les valeurs `left` (alignement à gauche), `right` (alignement à droite), `center` (texte centré), `justify` (texte justifié) et `normal` (comportement par défaut). Exemple :

CSS

```
.justification {
text-align: justify;
```

```
width: 10em;
background-color: green;
}
```

HTML

```
<p class="justification">Test de paragraphe démontrant l'alignement
justifié, c'est-à-dire collé à gauche et à droite du bloc.</p>
```

Marquer un mot avec une couleur de fond

Vous n'avez pas manqué de remarquer dans les exemples précédents la propriété `background-color` (couleur d'arrière-plan), subrepticement introduite. Nous la détaillerons dans le chapitre suivant, mais sachez d'ores et déjà qu'elle permet de mettre en valeur un mot précis, un peu à la manière d'un marqueur de surlignement.

La procédure est simple, et consiste comme d'habitude à structurer d'abord le contenu. Nous traduisons l'importance de ce mot par la balise d'emphase `<em>` (emphase), à laquelle nous attribuons via CSS la couleur jaune. Par la même occasion, nous remplaçons son style italique par défaut en style normal (police droite).

CSS

```
em {
font-style: normal;
background-color: yellow;
}
```

HTML

```
<p>Test de paragraphe montrant qu'une <em>expression importante</em>
peut être marquée par une simple couleur de fond.</p>
```

Ces fantaisies visuelles sont bien entendu à consommer avec modération pour ne pas imposer à vos visiteurs un « arbre de Noël » surchargé et du plus mauvais goût.

La notation raccourcie

Pour éviter l'accumulation de déclarations de polices, le W3C a prévu une notation raccourcie des propriétés débutant par « `font...` ». Comme nous l'avons déjà évoqué dans le chapitre d'introduction aux feuilles de styles, il est possible de synthétiser la règle suivante :

CSS

```
p {
font-family: Arial, sans-serif;
font-style: italic;
font-weight: bold;
font-size: 120%;
line-height: 140%;
}
```

sous la forme :

```
p {
font: italic bold 120%/140% Arial, sans-serif;
}
```

L'ordre est important : commencez par déclarer les styles de police (graisse, italique), enchaînez sur la taille (et l'éventuel interligne) pour conclure avec la ou les familles de polices.

Application pratique

Illustrons les principales propriétés de mise en forme des textes et de la typographie en proposant quatre maquettes bien distinctes pour le même paragraphe (figure 5-1).

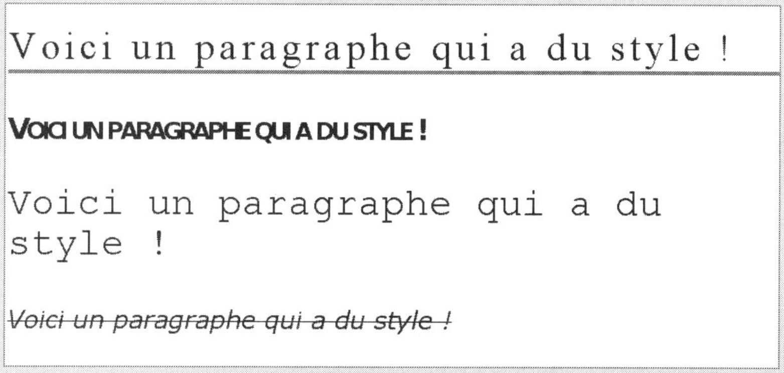

Figure 5–1 Exemples de mise en forme typographique

L'objectif est d'obtenir l'effet visuel de l'illustration à partir du code HTML suivant :

HTML

```
<p id="p1">Voici un paragraphe qui a du style !</p>
<p id="p2">Voici un paragraphe qui a du style !</p>
<p id="p3">Voici un paragraphe qui a du style !</p>
<p id="p4">Voici un paragraphe qui a du style !</p>
```

En jouant avec les différentes propriétés (voir les annexes) et en désignant chaque paragraphe par son identificateur (`id`), on pourrait écrire :

CSS

```
#p1 {
font: 40px "times new roman", serif;
letter-spacing: 5px;
border-bottom: 4px solid gray;
}

#p2 {
font: bold small-caps 30px "Bitstream Vera Sans", arial, sans-serif;
letter-spacing: -4px;
}
#p3 {
font: 40px monospace;
}

#p4 {
font: italic 25px verdana, arial, sans-serif;
text-decoration: line-through;
}
```

6

Les bordures, arrière-plans et images

Dans un document web graphique, la prise en compte de l'environnement des éléments (bordures, arrière-plans et images de fond) constitue la dernière étape majeure avant de passer aux positionnements d'objets en CSS à proprement parler.

Mettre en forme les bordures

CSS permet d'entourer très simplement les divers éléments de type bloc d'une page web par des bordures aux caractéristiques (style, épaisseur, couleurs) libres.

Cette possibilité est également offerte aux éléments en ligne remplacés (vus au chapitre 2), qui possèdent des dimensions par défaut (hauteur et largeur). C'est le cas de la balise `<img>`, par exemple.

Les différents styles de bordures

La propriété `border-style` met en place le type des bordures d'un élément. Tous les navigateurs ne reconnaissent pas les dix styles de bordures possibles :

- `dashed` : tirets ;
- `dotted` : pointillés ;

- `double` : deux traits pleins d'épaisseur égale et séparés par un espace vide de même épaisseur ;
- `groove` : effet 3D gravé dans la page, opposé de `ridge` ;
- `hidden` : pas de bordure mais influe sur la bordure mitoyenne ;
- `inset` : effet entrant, élément incrusté dans la page (opposé d'`outset`) ;
- `none` : pas de bordure ; équivaut à `border-width: 0` ;
- `outset` : effet sortant, élément extrudé de la page (opposé d'`inset`) ;
- `ridge` : effet 3D sortant de la page, opposé de `groove` ;
- `solid` : trait plein.

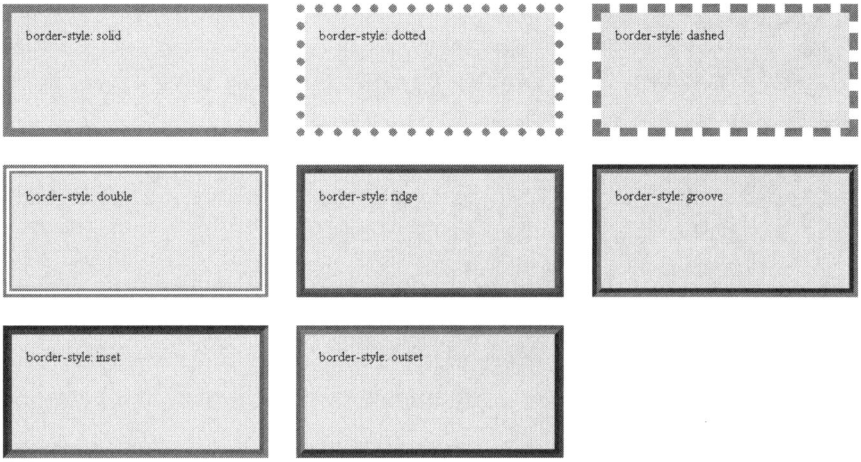

Figure 6–1
Les différents types de bordures

Chacun des quatre côtés d'un élément peut aussi être représenté différemment. Pour cela, on précise à la suite plusieurs valeurs de `border-style`, dont l'interprétation dépendra de leur nombre.

- deux valeurs seront respectivement affectées aux côtés horizontaux et verticaux du cadre. Par exemple : `border-style: solid dotted;`
- trois valeurs concerneront tour à tour le haut, les côtés verticaux, et le bas. Par exemple : `border-style: solid double dotted;`
- quatre valeurs décriront les styles des quatre côtés en tournant dans le sens horaire haut, droit, bas, et gauche.
  Par exemple : `border-style: solid double dotted ridge;`

Il existe une autre possibilité : les propriétés `border-top-style` (haut), `border-right-style` (droit), `border-bottom-style` (bas) et `border-left-style` (gauche) s'appliqueront directement au style de bordure d'un côté.

> **BOGUE Internet Explorer**
>
> Internet Explorer 6 présente un bogue de rendu visuel : les bordures d'un pixel de large dont le style est défini en dotted (pointillés) sont en réalité affichées en style dashed (tirets) !
> La version 7 du navigateur corrige ce bogue.

L'épaisseur des bordures

La propriété `border-width` définit l'épaisseur des bordures, et n'a de sens qu'en accompagnement d'un style (`border-style`) ou d'une couleur de bordure (`border-color`). Certains navigateurs n'interprètent d'ailleurs que les bordures ayant renseigné ces deux propriétés.

On peut préciser les épaisseurs de plusieurs manières (l'interprétation des trois premières dépend du navigateur) :

- `thin` : bordure fine ;
- `medium` : bordure moyenne ;
- `thick` : bordure épaisse ;
- avec une mention numérique de longueur reprenant la syntaxe habituelle.

La syntaxe des mentions de longueurs est exposée au chapitre 5, dans la section portant sur les unités de taille de polices. À nouveau, fournir plusieurs valeurs permettra de représenter différemment les quatre côtés de l'élément. Comme pour le style, l'affectation des valeurs dépend de la taille de leur liste.

- Deux valeurs portent sur les côtés horizontaux puis verticaux.
  Par exemple : `border-width: 6px 2px;`
- Trois valeurs représentent le haut, les côtés latéraux, et le bas.
  Par exemple : `border-width: thin medium 3em;`
- Quatre valeurs définissent les côtés en partant du haut et en tournant dans le sens horaire. Par exemple : `border-width: thin medium 3em 1em;`

On peut ici encore définir directement l'épaisseur de chaque côté avec les propriétés `border-top-width`, `border-right-width`, `border-bottom-width` et `border-left-width`.

La couleur des bordures

Elle est mise en place par la propriété `border-color`, qui ne s'applique qu'en complément d'un style (`border-style`) ou d'une épaisseur de bordure (`border-width`). Sans cela, la bordure est inexistante.

> **RAPPEL Notation des couleurs**
>
> Les représentations de la couleur évoquées au chapitre 4, notamment les notations hexadécimales courtes, sont toujours valides dans ce contexte.

Rappelons que l'on peut indiquer une couleur de plusieurs manières :

- par son nom (en anglais). Exemple : `border-color: black;` pour le noir ;
- par `rgb(x,y,z)` : définition de la couleur en mode RGB avec des entiers de 0 à 255 ou des pourcentages. Exemple : `border-color: rgb(50,255,80);`
- par son codage RGB exprimé en hexadécimal, court ou long. Exemple : `border-color: #fc0;`

Encore une fois, l'ordre d'attribution des valeurs de couleurs se fait dans le sens horaire en partant du haut, en les complétant éventuellement par symétrie.

- Deux valeurs définissent ainsi une couleur par orientation (horizontale ou verticale) de côté. Exemple : `border-color: #fc0 #ccc;`
- Trois valeurs permettent de plus de distinguer le haut du bas. Exemple : `border-color: blue green red;`
- Quatre valeurs individualisent chaque côté. Exemple : `border-color: blue green red yellow;`

De nouveau, les propriétés `border-top-color`, `border-right-color`, `border-bottom-color` et `border-left-color` s'appliquent directement à un côté précis.

Notation raccourcie

La propriété générale `border` rassemble tous ces aspects en une seule instruction. Pour obtenir une bordure en pointillés gris large de trois pixels, il suffit ainsi d'écrire :

```
border: 3px dotted gray;
```

Cela allège agréablement les spécifications distinctes :

```
border-width: 3px;
border-style: dotted;
border-color: gray;
```

Applications pratiques

Supprimer la bordure d'une image

Vous êtes probablement familier des images cliquables, notamment utiles dans les menus avec boutons graphiques. L'approche naïve et naturelle :

```
<a href="page.htm"><img alt="" src="image.png" /></a>
```

entoure malheureusement toute image servant de lien d'un cadre bleu.

En HTML, on peut résoudre ce problème en précisant l'attribut `border="0"` :

```
<a href="page.htm"><img alt="" src="image.png" border="0" /></a>
```

Il convient pourtant, nous l'avons vu, de déporter les propriétés de mise en forme (telles que les détails des bordures) vers les styles CSS. Le style suivant supprime la bordure de toutes les images du document :

```
img {
border-width: 0;
border-style: none;
}
```

En notation raccourcie :

```
img {border: 0 none;}
```

Ce style s'applique à toutes les images de la page, sans limiter son action à celles qui sont la source d'un lien hypertexte.

Pour conserver les bordures sur certaines images, il suffit de remplacer le sélecteur `img` par un sélecteur de classe :

```
img.sansBordure {border: 0 none;}
```

Cette dernière déclaration n'affectera que les bordures des images de la classe `sansBordure`, par exemple :

```
<img class="sansBordure" alt="" src="image.png" />
```

De la même manière, on n'opérera que les bordures des images contenues dans un lien en écrivant la déclaration :

```
a img {border: 0 none;}
```

Celle-ci relevant du sélecteur `a img`, elle ne concernera que les liens (<a>) renfermant des images (`<img>`), et ceci à n'importe quel niveau de profondeur (toutes les images du lien seront concernées, et pas uniquement les descendants directs de l'élément <a>).

Afficher un trait vertical

Par une utilisation astucieuse des bordures, on peut encore mettre en place une ligne verticale dans un document.

L'élément <hr /> (*horizontal rule*) est un séparateur qui trace un trait horizontal ; c'est une balise auto-fermante. L'absence d'élément décrivant une ligne verticale incite souvent les designers à recourir à diverses « bidouilles » pour les créer. Les plus courantes impliquent l'ajout de colonnes de tableau ou de blocs <div> verticaux et positionnés.

Dans la plupart des cas, ces complications sont inutiles, et une simple bordure à droite ou à gauche de l'élément fait l'affaire. Pour créer un paragraphe de texte clairement séparé du reste du contenu par un trait vertical, on pourra ainsi écrire :

CSS

```
.bordure {
width : 10em ;
border-right: 1px solid red;
}
```

HTML

```
<p class="bordure">test de paragraphe pour montrer que ce paragraphe
sera séparé visuellement du reste de la page à l'aide d'un trait
vertical à sa droite.</p>
```

Cette méthode convient aussi pour marquer une séparation entre un menu et le contenu de la page. La figure 6-2 présente son résultat.

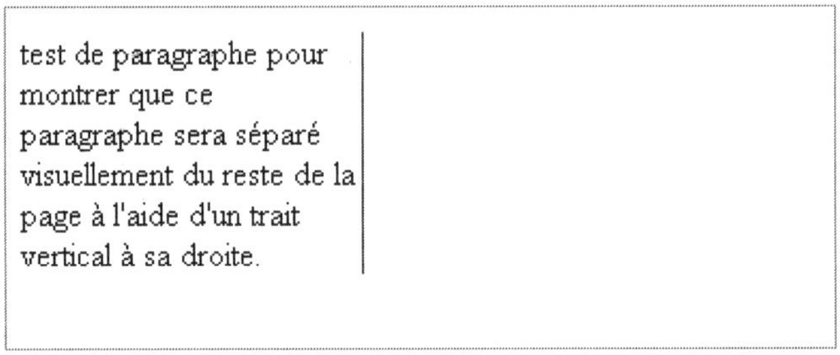

Figure 6–2
Exemple de séparation verticale

Arrière-plans et images de fond

Les propriétés CSS relatives aux couleurs et images d'arrière-plan permettent de prévoir une mise en page indépendante du document : une simple modification de la feuille de styles suffira à transformer l'ensemble du site.

Image de contenu ou image d'arrière-plan ?

Le principe de séparer le contenu de la présentation est enthousiasmant : changer l'aspect complet de toutes les pages en n'agissant que sur la feuille de styles représente un gain de temps considérable.

Le meilleur exemple de ce principe reste le célébrissime « Zen Garden » (http://www.csszengarden.com), qui propose en un clic de choisir parmi des centaines d'habillages différents tout en conservant exactement la même structure, c'est-à-dire le même document HTML. Ce type de prouesses est possible en CSS, en appliquant différentes images de la charte graphique en arrière-plan des éléments.

Ne versons pas pour autant dans l'excès inverse : les styles CSS doivent définir uniquement la présentation du document, sans se préoccuper des éléments de contenu. Toutes les images ne relèvent pas de la présentation et de la mise en page : certaines sont essentielles à la navigation ou à la compréhension du document.

Ainsi, les photographies d'un organigramme, partie intégrante du contenu de la page, sortent du cadre de CSS. Il en va de même pour un menu graphique dépourvu de solution de remplacement en mode texte (pour des raisons d'accessibilité, on prendra garde de fournir de telles alternatives aussi souvent que possible).

> **À RETENIR Bonnes habitudes de travail**
>
> Pour être sûr de ne pas exagérer l'emploi des styles dans votre présentation, visualisez vos pages web en désactivant CSS (ce que permettent les navigateurs modernes comme Firefox de Mozilla). Vous garantirez ainsi une structure bien conçue où chaque visiteur pourra aisément naviguer.
> Cette habitude est un principe de développement général, à suivre dès le début d'une conception web. La structure du fichier HTML sera propre et fonctionnelle sans styles, scripts ni mise en page particulière : un document web doit toujours être consultable sans mise en forme (CSS), scripts ou plug-ins.
> N'hésitez pas à employer un lecteur en mode texte pour varier encore les conditions d'observation de votre site, et garantir sa bonne interopérabilité.

Afficher une couleur de fond

Tous les éléments HTML peuvent bénéficier d'une couleur de fond, notion abordée dans le chapitre 5, traitant de typographie et mise en place par la propriété `background-color`. Sa valeur n'est pas héritée mais les fonds étant par défaut « transparents », les éléments imbriqués apparaîtront de la même couleur que leur parent.

On précisera les couleurs comme pour la propriété `border-color` : toutes les notations introduites dans le chapitre 4 sont autorisées. Par exemple :

```
div#global {background-color: #ffc0c0;}
```

Insérer une image d'arrière-plan

La propriété `background-image` associe une image de fond à l'élément sur lequel elle porte. Pour mettre en place une image d'arrière-plan valable pour tout le document, on la placera sous la balise `<body>`.

Par défaut, cette image sera répétée en damier (ou papier peint) à partir du coin supérieur gauche. On peut toutefois modifier ce comportement en jouant sur les autres attributs CSS de la propriété `background`.

À nouveau, l'absence d'un mécanisme d'héritage a peu d'impact : le comportement par défaut étant l'absence de tout fond, les éléments imbriqués apparaîtront comme ceux de leurs parents.

Deux valeurs sont possibles : `none` et `url(chemin-vers-l'image)`. Voici des exemples :

```
div#global {background-image: url(dossier/fond.jpg);}
div#global {background-image: url(http://www.monsite.com/dossier/
fond.jpg);}
```

Soulignons l'absence inhabituelle d'apostrophes simples ou doubles autour des noms des images.

> **ASTUCE Contourner un bogue de Netscape Navigator**
>
> Les versions 4 et 6 de Netscape Navigator peuvent poser des problèmes d'affichage lors de l'imbrication de tableaux, et répéter un arrière-plan dans les cellules des tableaux imbriqués.
> On corrige ce bogue en spécifiant un arrière-plan sans image dans les éventuelles cellules concernées.

Positionner l'image à sa convenance

Avec `background-position`, on pourra placer dans un élément une image d'arrière-plan définie par `background-image`. Cet attribut s'utilise surtout en l'absence de répétition (`background-repeat`).

La première valeur (exprimée de manière absolue par une longueur ou relative par un pourcentage) spécifie la position horizontale par rapport au bord gauche. L'éventuelle deuxième valeur (démarquée de la première par un blanc) portera sur la position verticale (par rapport au bord supérieur). En son absence, c'est la valeur par défaut `center` (ou `50%`) qui prendra effet. Voici quelques règles :

- les nombres négatifs sont autorisés ;
- il est interdit de mêler valeurs relatives et absolues (dans le cas des positions) ;
- les valeurs relatives sont des pourcentages calculés par rapport aux dimensions de l'image.

En somme, ces deux valeurs placent le coin supérieur gauche de l'image dans l'espace. Pour mémoire les correspondances sont :

- `0% 0%` = `left top`
- `50% 50%` = `center center`
- `100% 100%` = `right bottom`

Par exemple (illustré figure 6-3) :

```
div#global {
width: 300px;
height: 200px;
background-color: yellow;
background-image: url(dossier/fond.jpg);
background-repeat: no-repeat ;
background-position: right top;
}
```

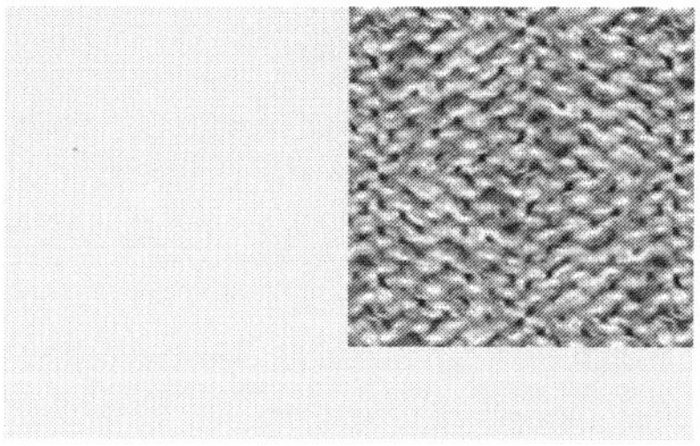

Figure 6–3
Positionner une image d'arrière-plan

Répéter l'image ou non

Par défaut, toute image d'arrière-plan se répète comme une mosaïque en emplissant l'espace de l'élément qui la contient. La propriété `background-repeat` permet de modifier ce comportement et reconnaît pour cela quatre valeurs :

- `repeat` : c'est la valeur et le comportement par défaut, où l'image se répète sur les deux axes.
- `no-repeat` : l'image n'apparaît qu'une fois, sans répétition.
- `repeat-x` : l'image ne se répète que dans le sens horizontal (exemple : frise).
- `repeat-y` : l'image ne se répète que dans le sens vertical (exemple : bordure graphique verticale ou marge).

Par exemple :

```
body {
background-image: url(frise.jpg);
background-repeat: repeat-x;
background-position: top;
}
```

Fixer l'image par rapport au contenu

Une image d'arrière-plan accompagne par défaut son élément si celui-ci est déplacé dans une barre d'ascenseur (*scroll*). On peut toutefois la fixer par rapport à la fenêtre du navigateur avec la propriété `background-attachment`.

Pour mieux comprendre le principe, il suffit d'appliquer une image de fond au document entier :

```
body {
background-image: url(image.jpg);
background-repeat: no-repeat;
background-position: center right;
}
```

Placez à présent dans ce document un très long texte pour servir d'exemple (un site web en propose à cet effet : http://www.lipsum.com). Le texte d'exemple ne tenant pas sur la fenêtre, une barre d'ascenseur apparaît sur la droite. Déplacer cet ascenseur provoque le comportement par défaut de l'image de fond : elle accompagne le mouvement jusqu'à sortir complètement du champ.

Ajoutons à présent la déclaration suivante à l'élément `body` :

```
background-attachment: fixed;
```

L'image n'est plus attachée au contenu, mais à la fenêtre. Elle reste en place, quelle que soit la position de l'ascenseur. C'est donc une propriété très intéressante pour placer certains éléments de mise en page devant rester figés quel que soit le contenu du document (par exemple, des logos).

Notation raccourcie

Une notation abrégée permet ici encore d'alléger les suites de déclarations semblables. La propriété `background` réunit toutes les caractéristiques d'arrière-plan décrites dans ce chapitre.

Ce qui en notation classique s'écrit :

```
body {
background-color: white;
background-image: url(image.jpg);
background-repeat: no-repeat;
background-position: center right;
background-attachment: scroll;
}
```

se résumera comme suit en notation raccourcie :

```
body {
background: white url(image.jpg) center right no-repeat scroll;
}
```

Application pratique

Reprenons notre fil rouge: le projet de site touristique alsacien. Rappelons le code HTML :

HTML

```
<body>
<ul id="menu">
<li><a href="#">Retour à l'accueil</a></li>
<li><a href="#">Présentation de la région</a></li>
<li><a href="#">Historique de l'Alsace</a></li>
<li><a href="#">Gastronomie locale</a></li>
<li><a href="#">Hôtels et gîtes</a></li>
<li><a href="#">Photographies</a></li>
</ul>
<h1><a href="photos.htm" title="photos d'Alsace">Bienvenue en Alsace
</a></h1>
<h2>Une belle région française</h2>
<p>[Paragraphe associé au sous-titre de niveau 2.]
<a href="photos.htm" title="lien vers des photos d'Alsace">
<img src="image.png" alt="photographie" /></a></p>
<h2>Un patrimoine considérable</h2>
<p>[Paragraphe associé à cet autre sous-titre de niveau 2.]</p>
<p id="pied">Pied de page et <a href="?">Mentions légales</a></p>
</body>
```

Voici quelques idées pour en agrémenter la structure avec bordures et arrière-plans :

1. Placer une discrète image d'arrière-plan derrière le titre principal.
2. Souligner les titres de niveau 2 par une bordure basse bleue d'une épaisseur de 2px
3. Donner une couleur de fond jaune au pied de page et le séparer du reste du contenu avec un trait horizontal bleu épais d'un pixel.

Réponses

1. Le titre principal correspond à l'élément <h1>. Une image de fond y sera précisée par la propriété background, comprenant dans l'ordre le chemin, la position et le mode de répétition de l'image. La règle suivante orne le titre d'un arrière-plan répété et ancré en haut à gauche :

```
h1 {
background : url(image.png) left top ; /* inutile de préciser la
valeur repeat car c'est la valeur par défaut */
}
```

2. Nous appliquerons aux éléments <h2> la propriété raccourcie `border-bottom` :

```
h2 {
border-bottom : 2px solid blue ;
}
```

Pour prévoir un peu d'espace entre le texte du titre et sa bordure, on pourra préciser une valeur de marge interne (`padding`) :

```
h2 {
border-bottom : 2px solid blue ;
padding-bottom : 5px ;
}
```

3. Une telle séparation visuelle n'est qu'une bordure fine, qu'on applique au pied de page en sélectionnant son identificateur (`pied`) :

```
#pied {
border-top : 1px solid blue;
}
```

La propriété `background-color`, ou son raccourci `background`, en définit la couleur de fond :

```
#pied {
border-top : 1px solid blue;
background: yellow ;
}
```

Pour aérer le texte et le décoller de la bordure, c'est à nouveau un `padding` qu'on met en place :

```
#pied {
border-top : 1px solid blue;
background: yellow ;
padding-top: 2px ;
}
```

7

Le positionnement en CSS

Il est temps d'entrer dans le vif du sujet : le placement des objets d'un document web en constitue souvent la charpente. Nous expliquerons par étapes les bases du positionnement CSS, pour lesquelles il est nécessaire de bien comprendre le « modèle de boîte » normalisé par le W3C.

Introduction au positionnement en CSS

L'arrivée de CSS 2 a généralisé le recours aux feuilles de styles. Celles-ci proposent des mises en page bien plus souples que les antiques méthodes à base de tableaux. Contrairement aux cellules de ces derniers, nécessairement adjacentes, les éléments HTML stylés en CSS peuvent facilement être placés n'importe où.

Signalons un autre avantage de taille : la notion de profondeur. CSS travaille sur différents niveaux de profondeur qui se superposent à la manière de couches transparentes. On les appelle souvent calques. Cette technique ouvre une nouvelle dimension au designer : il peut prendre du recul pour appréhender l'interaction des éléments. Libéré des contraintes des mises en page à plat, de nouvelles manières de raisonner lui sont accessibles : cette image n'est pas incrustée dans le design mais le survole ; cet arrière-plan ne fait pas partie du menu mais relève d'un autre niveau de profondeur, etc. Toute la différence est là : les objets ne sont pas juxtaposés, mais bien souvent superposés.

SIMPLIFICATION Calques et CSS

Apparu en 1997, le terme calque désignait d'abord une balise propriétaire de Netscape Navigator : `<layer>` (bloc transparent susceptible d'être superposé à d'autres calques). Rapidement, on a qualifié de calques les éléments `<div>` et `<span>`, souvent utilisés à contre-emploi. Cette confusion perturbe les webmasters débutants.
Les feuilles de styles CSS permettant de positionner et de superposer tout élément, il n'y a plus besoin de réserver une balise précise à la fonction de calque.

Comprendre le modèle de boîte

En HTML, matière première de CSS, chaque élément est considéré comme une boîte (voir figure 7-1). En effet, aux dimensions induites par leur contenu s'ajoutent souvent les espaces de marges externes (`margin`) ou internes (`padding`) et une bordure (`border`).

Figure 7–1
Le schéma de boîte en HTML

Ces trois périmètres ne sont pas obligatoires. Non renseignés, ils prendront la valeur par défaut, toujours nulle pour les éléments en ligne.

En revanche, parmi les éléments de type bloc, seul `<div>` n'a pas de marges par défaut. On peut s'en rendre compte en créant deux boîtes de paragraphes :

HTML

```
<p>premier paragraphe de texte</p>
<p>second paragraphe de texte</p>
```

Ils s'affichent l'un sous l'autre, comportement normal des éléments de type bloc. L'espace les séparant correspond à leurs marges externes (non nulles). Pour y remédier, il suffit de supprimer les marges externes de la balise concernée :

CSS

```
p {margin: 0;}
```

Tenir compte des marges et paddings par défaut des éléments de type bloc vous épargnera des soucis ou décalages involontaires avec des balises comme `<h1>`, `<h2>`... `<h6>`, `<ul>`, `<blockquote>`, etc.

Les dimensions des boîtes

La largeur et la hauteur d'une boîte sont calculées en ajoutant celles du contenu aux dimensions des marges internes et à l'épaisseur de la bordure.

Ainsi, la largeur totale d'un élément prendra en compte la largeur du contenu (`width`), les marges internes gauche et droite, et les épaisseurs des bordures gauche et droite. Il en va de même pour la hauteur (`height`).

Comme le montre la figure 7-2, un élément dont le contenu s'étend sur 250 pixels de large et arborant des marges internes (`padding`) latérales de 20 pixels et des bordures latérales de 5 pixels occupera à l'écran une largeur totale de : 250 + 20 + 20 + 5 + 5 = 300 pixels.

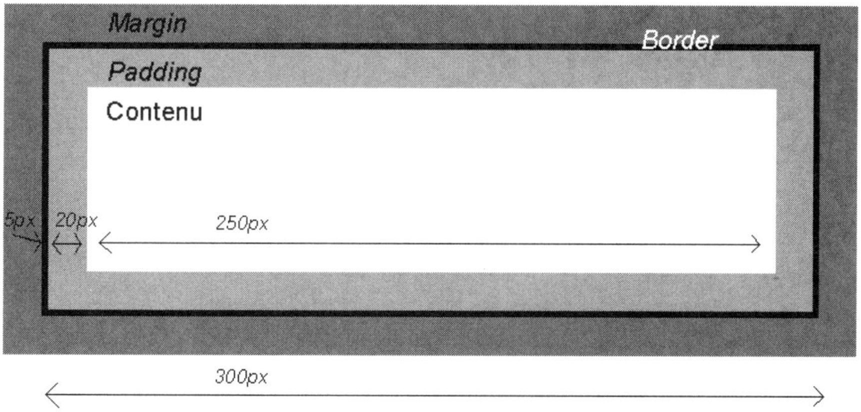

Figure 7–2
Dimension de boîte standard en HTML

Différents modèles de boîtes

Le navigateur Internet Explorer (dans ses versions 5 et, sous certaines conditions, 6) interprète différemment les dimensions des boîtes. Son éditeur (Microsoft) se fonde sur un modèle non conforme aux recommandations du W3C, et considère pour sa part que le remplissage et les bordures relèvent de la zone de contenu (voir figure 7-3). Dans ces conditions, la largeur apparente d'une boîte sera identique à la largeur spécifiée pour son contenu.

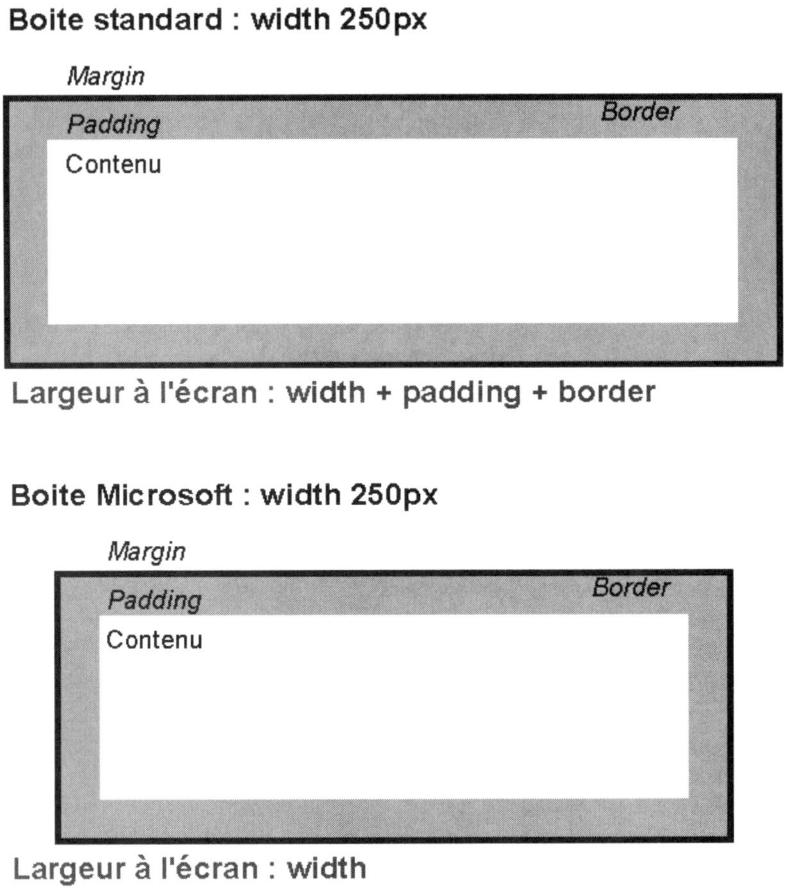

Figure 7–3 Différentes interprétations des boîtes selon les navigateurs

La boîte évoquée plus haut n'occupera alors à l'écran qu'une largeur de 250 pixels. Sa zone de contenu se trouvera donc amputée des épaisseurs de bordures et de remplissages, correspondant ici à une différence de 50 pixels par rapport au modèle standard.

Ces différences peuvent avoir des effets spectaculaires sur le document final. Le site Openweb détaille davantage ce problème courant :

‣ http://openweb.eu.org/articles/dimensions_boites_css/

Certaines différences d'affichage entre Internet Explorer 6 et 7 et d'autres navigateurs plus conformes s'expliquent ainsi, les décalages se cumulant d'épaisseur de bordure en épaisseur de padding. Pour éviter nombre de ces ennuis de dimensions, on évitera par conséquent :

- d'attribuer une largeur explicite (`width`) à un élément doté de marges internes (`padding`) ou de bordures latérales ;
- d'attribuer une hauteur explicite (`height`) à un élément doté de marges internes (`padding`) ou de bordures horizontales.

On préférera dans les deux cas recourir aux marges externes (`margin`).

> **INTERNET EXPLORER Mode d'affichage**
>
> Le modèle de boîte erroné de Microsoft se nomme « mode Quirks ». Il concerne par défaut toutes les versions d'Internet Explorer inférieures à 6. Depuis IE6, il est possible de choisir son mode d'affichage : « standard » ou « quirks ». Voici les différents cas où Internet Explorer passe en mode « quirks » :
>
> - une page HTML sans doctype (donc non valide) ;
> - une page HTML avec un doctype tronqué ou mal rédigé ;
> - une page HTML avec une DTD d'une version de HTML inférieure à 4 ;
> - une page avec un doctype XHTML précédé du prologue XML (prologue inutile pour une page xhtml servie en text/html).
>
> Il est bien évidemment recommandé de se conformer au mode d'affichage standard afin de faciliter la compatibilité naturelle de vos documents.
> Notons enfin que la version IE7 ne passe plus en mode « quirks » dans le dernier cas cité.

Considérons maitenant un bloc large de 150 pixels qu'on souhaite écarter du reste du document par 20 pixels à droite. Recourir pour cela à la propriété `padding-right` posera des problèmes de modèle de boîte. Il convient de préférer à une telle marge interne la propriété `margin-right`. Une autre solution consiste à conserver le padding, mais à n'expliciter aucune largeur pour le bloc (on pourra contraindre sa taille en la limitant par des marges). Voici le code initial :

HTML

```
<div>
<p>paragraphe de contenu</p>
</div>
```

CSS

```
div {
width: 150px;
padding-right: 20px;
}
```

C'est l'archétype du problème de compatibilité provoqué par différentes interprétations du modèle de boîte. Tous les autres navigateurs, interprétant correctement la norme, réserveront à un tel bloc un espace de 170 px. Seul Internet Explorer, en mode « quirks », se distinguera en lui attribuant une taille de 150 px.

Un peu de bugware (réaction de compromis face à une erreur d'un tiers) est préférable à des techniques de contournement plus complexes. On écrira donc :

CSS

```
div {
width: 150px;
}
div p {
margin-right: 20px;
}
```

Cela produit l'effet escompté au prix de devoir spécifier une marge pour chaque élément contenu dans le bloc. On pourrait pour cela exploiter un (autre) bogue d'Internet Explorer et recourir au pseudo-élément `:first-child`. Non reconnu par IE6 (mais implémenté sur IE7), ce pseudo-élément désignera dans les autres navigateurs tous les enfants directs de l'élément `<div>`. Il est toutefois fortement conseillé de recourir aux commentaires conditionnels plutôt qu'à ce hack.

Éléments ancêtres, parents, enfants et frères

Chaque boîte peut en contenir d'autres. Un paragraphe `<p>` peut ainsi renfermer des boîtes définies par les éléments `<span>` ou `<strong>`, et se trouver lui-même inclus dans un élément `<div>`.

Toutes ces imbrications de boîtes forment une hiérarchie arborescente entièrement comprise dans la boîte de l'élément racine du document (`<body>`). Il est essentiel de comprendre cette arborescence pour bien utiliser les positionnements.

Tout document HTML est composé de conteneurs (boîtes en renfermant d'autres), sur lesquels la hiérarchie du document induit une généalogie.

- Un élément directement contenu dans un autre est considéré comme son « enfant » (le contenant s'appelle le « parent »). Les éléments de liste `<li>` sont ainsi enfants d'un élément `<ul>` ou `<ol>` ; un `<div>` contenant directement un paragraphe `<p>` en est le parent.
- Les termes familiaux habituels s'en déduisent : un bloc `<div>` sera l'« ancêtre » de tout élément en ligne (`<strong>` ou `<em>`) compris dans ses paragraphes enfants. Un parent est un ancêtre de premier niveau. L'ensemble de la lignée ascendante d'un élément, qui aboutit à la racine du document, constitue aussi celui de ses ancêtres.

- Les éléments partageant le même parent sont logiquement appelés « frères ».

L'exemple suivant illustrera ces propos :

```
<div>
<h1>Quel joli titre évocateur</h1>
<p>Un petit texte en rapport avec le titre principal</p>
<h2>Un sous-titre intéressant</h2>
<p>Un second paragraphe avec des <em>mots importants</em>.</p>
</div>
```

On en déduit une hiérarchie simple :

- Le bloc `<div>` est parent des titres `<h1>`, `<h2>` et des deux paragraphes `<p>`. C'est aussi un ancêtre de l'élément `<em>`.
- Le second bloc `<p>` est parent de l'élément `<em>`.
- Les titres `<h1>`, `<h2>` et les deux paragraphes `<p>` sont frères.

Cette hiérarchie structurante permet une mise en page plus fine. On écrira de même les feuilles de styles de manière hiérarchique. Elle présente un autre avantage : un document bien hiérarchisé doit s'afficher de manière tout à fait lisible et fonctionnelle, même en l'absence de styles CSS (et donc de mise en page) – par exemple s'ils sont désactivés.

Comprendre la notion de flux du document

Les différents éléments d'une page, emboîtés ou juxtaposés selon qu'ils sont respectivement parents et enfants ou frères, prennent par défaut place dans le « flux courant » du document, aussi appelé « flux normal ». Il correspond à l'ordre dans lequel les boîtes apparaissent dans le texte, qui est aussi celui de leurs balises dans le code HTML. C'est le cas pour tous les documents HTML, qu'ils soient écrits manuellement ou générés automatiquement.

L'ordre du flux courant intervient dans l'affichage par défaut, sans styles, sans mise en page ni positionnement particulier, mais certaines propriétés CSS permettent de « sortir » des éléments du flux courant pour les positionner de façon personnalisée.

Dans le flux courant, deux paragraphes (balises de type bloc) s'afficheront par défaut l'un sous l'autre. Adopter un positionnement absolu ou flottant permettra d'extraire l'un d'eux du flux (disons, le second) pour l'afficher ailleurs, par exemple à côté du premier.

Positionner les éléments en CSS

Positionner dans le flux courant

Voici le comportement et le placement spécifiques des éléments dans le flux normal :

- Les éléments de type bloc se succèdent verticalement, chaque nouveau bloc se plaçant sous le bloc frère précédent. Les blocs occupent toute la largeur disponible dans leur conteneur.
- Les éléments en ligne se suivent sur la même ligne, chaque nouvel élément se plaçant directement à la suite du précédent, avec retour à la ligne quand il n'y a plus de place dans le conteneur.

Par défaut, chaque élément est donc dépendant de ses frères immédiats, et deux paragraphes `<p>` successifs apparaissent l'un sous l'autre.

Cette méthode, appelée positionnement dans le flux courant, convient à la majorité des cas : il suffit simplement de définir les marges de chaque élément pour le placer dans son conteneur.

Examinons le cas d'un paragraphe contenu dans un bloc `<div>` :

```
<div><p>paragraphe de texte</p></div>
```

Attribuons des couleurs de fond différentes au conteneur et au paragraphe pour mieux les distinguer (figure 7-4) :

```
div {
background: yellow;
}

p {
background: green;
}
```

Figure 7–4
Positionnement dans le flux (I)

Le `<div>` conteneur jaune n'est pas visible ; seul le paragraphe vert apparaît. Il occupe toute la largeur disponible, c'est-à-dire la largeur du document.

C'est un comportement logique : l'élément bloc `<div>`, sans spécification de taille, occupe toute la largeur possible dans une hauteur par défaut nulle. L'élément bloc `<p>`, sans spécification de taille, occupe lui aussi toute la largeur de son conteneur, le bloc <div>. La hauteur de ce dernier est déterminée par celle de son contenu (le paragraphe) car l'élément <div> n'a pas de marges internes par défaut.

En d'autres termes, le paragraphe <p> occupe toute la largeur du bloc <div> en étirant celui-ci dans le sens de la hauteur.

Appliquons à présent des dimensions à ces deux éléments (figure 7-5) :

```
div {
width: 300px;
background: yellow;
}
p {
width: 100px;
background: green;
}
```

Figure 7–5
Positionnement dans le flux (II)

À présent pourvus de dimensions explicites, ces deux blocs se distinguent nettement. Il reste à placer le paragraphe dans son conteneur, ce qu'on peut réaliser en le laissant dans le flux mais en précisant des marges en haut et à gauche.

Décalons ce paragraphe de deux caractères (2em) en haut et de trois caractères (3em) à gauche (figure 7-6) :

```
div {
width: 300px;
padding-top: 2em;
background: yellow;
}

p {
margin-left: 3em;
width: 100px;
background: green;
}
```

Figure 7–6
Positionnement dans le flux (III)

Voilà qui suffit à positionner le bloc paragraphe dans son conteneur. Toute autre méthode de spécification de longueur que les unités em conviendrait parfaitement : pixel, pourcentage, etc.

Ajoutons un deuxième paragraphe de texte pour en observer le positionnement dans le flux :

```
<div>
<p id='premier'>premier paragraphe de texte</p>
<p id='second'>deuxième paragraphe de texte</p>
</div>
```

Ces deux frères prennent par défaut place l'un sous l'autre, en respectant tous deux les styles CSS associés au sélecteur de paragraphe (<p>) : chacun adopte une marge à gauche de trois caractères (figure 7-7).

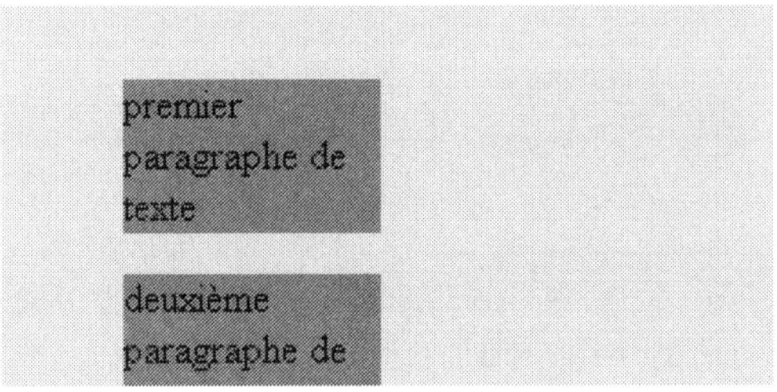

Figure 7–7
Positionnement dans le flux (IV)

Quelques modifications des dimensions, marges et couleurs produisent la figure 7-8.

```
div {
width: 300px;
padding-top: 10px;
background: yellow;
}

p#premier {
margin-top: 0;
margin-left: 3em;
width: 100px;
background: orange;
}

p#second {
margin-top: 0;
margin-left: 2em;
width: 150px;
background: green;
}
```

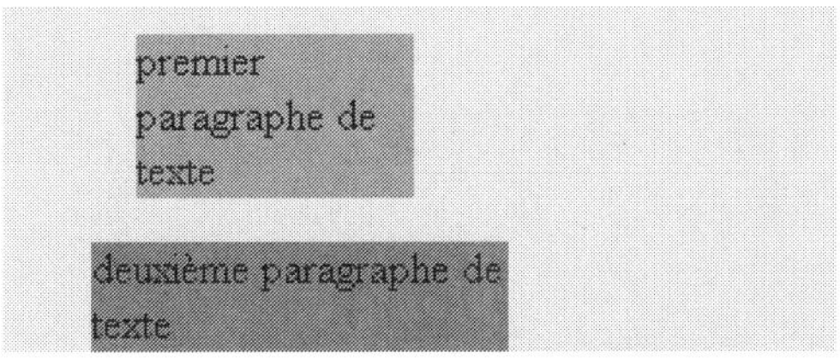

Figure 7–8
Positionnement dans le flux (V)

Malgré sa marge haute nulle, le second paragraphe n'est pas accolé au premier. Comme nous l'avons exposé en début de chapitre, c'est parce que toutes les balises de type bloc (à l'exception de l'élément `<div>`) possèdent par défaut des marges internes et externes.

Les deux frères sont ici séparés par la marge inférieure (`margin-bottom`) du premier paragraphe. En lui précisant une marge inférieure nulle (`margin-bottom: 0`), on obtiendra l'effet recherché :

```
p#premier {
margin-bottom: 0;
margin-top: 0px;
margin-left: 3em;
width: 100px;
background: orange;
}
```

Le positionnement relatif

C'est une variante du positionnement dans le flux courant, qu'on active par la déclaration `position: relative;`. L'élément concerné est alors dit « positionné », et prend d'abord sa place dans le flux courant. Il peut ensuite s'en décaler à l'aide des propriétés `top`, `right`, `bottom` et `left`.

Reprenons l'exemple précédent en recourant au positionnement relatif pour décaler le second paragraphe de sa position normale dans le flux. Pour le pousser de 20 `px` à droite et de 15 `px` vers le haut, on lui spécifie d'abord `position: relative` puis les mouvements `left: 20px` et `bottom: 15px` (figure 7-9) :

```
p#second {
position: relative;
left: 20px;
bottom: 15px;
margin-top: 0;
margin-left: 3em;
```

```
width: 150px;
height: 50px;
background: green;
}
```

Figure 7–9
Positionnement relatif

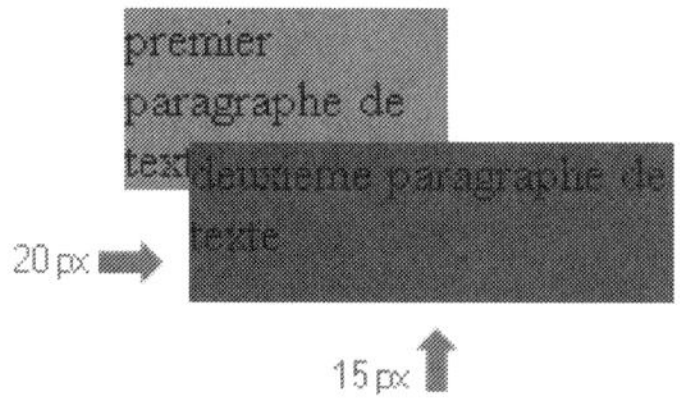

Cet exemple illustre l'apport du positionnement relatif, où un élément peut prendre place par-dessus des éléments frères. C'est toutefois une technique à manier avec précaution : on n'y manipule que des décalages, chaque élément restant dépendant de ses frères.

> **MISE EN PAGE Impact du positionnement relatif**
>
> L'application du positionnement relatif à un élément n'affecte pas les boîtes qui l'entourent ; sa place réservée est celle du positionnement dans le flux normal.

Les techniques classiques de positionnement par marges répondent à la majorité des besoins. Le positionnement relatif n'est vraiment nécessaire que pour des décalages avec superposition. Un élément « positionné » (ici, en relatif) présente aussi des intérêts pour les positionnements absolu et fixe. Positionner un élément lui permet de devenir conteneur d'autres éléments de contenu positionnés.

Les positionnements absolu et fixe

Ils s'appliquent à tout élément doté des déclarations `position: absolute` ou `position: fixed`, qui sort alors du flux pour devenir « positionné ». Les boîtes ainsi retirées du flux normal n'ont plus aucun effet sur le calcul des placements des autres éléments de la même fratrie, et on détermine leur position par les propriétés `top`, `right`, `bottom` et `left`.

Ces dernières s'interprètent comme en positionnement relatif et correspondent à des décalages. Toutefois, la position de base est calculée par rapport à un bloc conteneur et non pas en décalage de la position théorique dans le flux normal. Le boîte conteneur de référence est celle du premier élément ancêtre positionné (en relatif, fixe ou absolu).

Le positionnement absolu

Un élément positionné en absolu est donc placé par rapport à son parent si ce dernier est lui-même positionné, et sinon par rapport au premier ancêtre positionné, en remontant au besoin jusqu'à la page entière (élément <body>). Ce principe fondamental distingue le positionnement absolu du placement dans le flux :

- Un élément positionné dans le flux (en non absolu) prend pour conteneur son parent le plus proche. Sa position dépend alors de ses propres marges et du `padding` de son conteneur.
- Un élément positionné en absolu se reporte au premier ancêtre positionné, qui joue alors le rôle de conteneur.

Illustrons cette distinction en reprenant l'exemple des deux paragraphes en flux :

```
<div>
<p id="premier">premier paragraphe de texte</p>
<p id="second">deuxième paragraphe de texte</p>
</div>
```

auxquels nous appliquerons les styles suivants :

```
div {
width: 300px;
height: 200px;
background: yellow;
}

p#premier {
width: 100px;
background: orange;
}

p#second {
width: 150px;
background: green;
}
```

Les deux paragraphes s'affichent dans le flux courant, le bloc vert à la suite de son frère orange. La boîte de leur parent `div` leur tient lieu de conteneur global.

Ajouter la déclaration CSS suivante pour éviter un cas de fusion de marges :

```
p {
margin: 0;
}
```

Positionnons absolument le second paragraphe en `top: 0` et `left: 0` :

```
p#second {
position: absolute;
top: 0;
left: 0;
width: 150px;
height: 50px;
background: green;
}
```

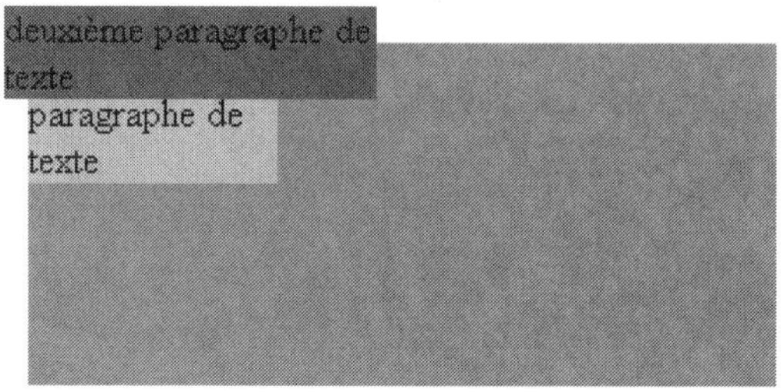

Figure 7–10
Positionnement absolu (I)

La figure 7-10 illustre le résultat : le second paragraphe prend place en haut à gauche du document, sortant même de la boîte de son parent le bloc `<div>`. En remplaçant la règle `left: 0` par `right: 0`, on obtient la figure 7-11.

```
p#second {
position: absolute;
top: 0;
right: 0;
width: 150px;
height: 50px;
background: green;
}
```

Figure 7–11
Positionnement absolu (II)

Il est clair que le second paragraphe ne se place pas en fonction de son parent direct le bloc `<div>`, mais par rapport aux extrémités du document entier. En effet, un bloc absolu se place selon le premier ancêtre positionné, quitte à remonter jusqu'à la racine du document (l'élément `<body>`), toujours considérée comme positionnée.

Pour placer le second paragraphe par rapport au bloc `<div>`, il suffit de positionner ce dernier avec une propriété `position` (en absolu, relatif ou fixe) :

```
div {
position: relative;
width: 300px;
height: 200px;
background: yellow;
}
```

La figure 7-12 représente l'effet ainsi obtenu.

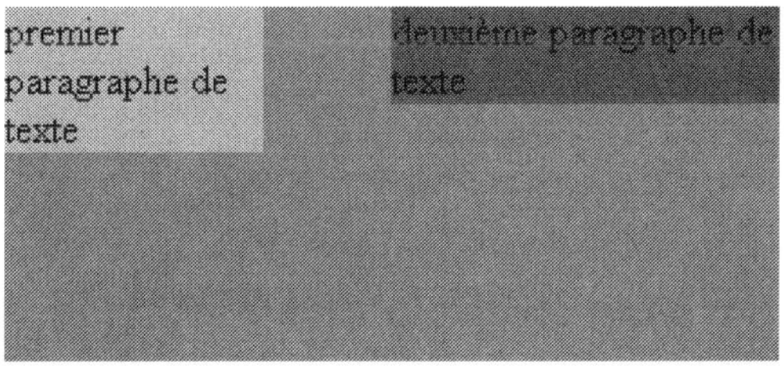

Figure 7–12
Positionnement absolu (III)

Les propriétés `top`, `right`, `bottom` et `left` n'ont de sens qu'appliquées à un élément positionné. Elles n'auront aucun effet sur les éléments placés en flux ou flottants.

> **PRIORITÉS Quelles propriétés l'emportent ?**
>
> Pour un élément donné, les propriétés `top` et `bottom` sont mutuellement exclusives (`top` ayant la priorité). De même, on ne peut préciser simultanément `left` et `right` (cette dernière propriété serait alors ignorée).

Tout élément positionné en absolu est considéré de type bloc. Les éléments en ligne peuvent ainsi recevoir des dimensions et des bordures.

Le positionnement fixe

C'est un cas particulier du positionnement absolu, où l'élément reste fixe dans la page, par rapport à la zone de visualisation : il ne se déplace pas lors du défilement de cette dernière.

On peut rapprocher cette technique de la propriété `background-attachment` pour une image. Elle permet de simuler le comportement des cadres (*frames*) sans en avoir les inconvénients en terme d'accessibilité et de lourdeur de structure… mais ce n'est pas une méthode utile pour les mises en pages avec cadres.

Malheureusement, elle n'est pas prise en charge par le navigateur Internet Explorer jusqu'à sa version 6. IE7 corrige enfin cette lacune.

ÉTUDES Simulations de positionnement fixe

De nombreux designers et spécialistes des styles CSS se sont penchés sur ces problèmes d'interprétation du positionnement fixe. Les liens suivants proposent des solutions de remplacement émulant cette fonctionnalité sur Internet Explorer 6 :
http://www.ibilab.net/webdev/articles/CSS/position-fixed-pour-tous-navigateurs-2.htm
http://www.nanoum.net/blog/6_absolue_et_fixe.html
http://devnull.tagsoup.com/fixed/
http://limpid.nl/lab/css/fixed/

La profondeur : z-index

En positionnant des éléments, on peut superposer différents blocs. Ceci ouvre une troisième dimension : celle de la profondeur.

Par défaut, le dernier élément positionné déclaré dans le code HTML s'affichera par-dessus tous les autres éléments du même conteneur. La propriété `z-index` permet de changer de comportement. Dans un même conteneur, l'élément placé au-dessus des autres sera l'élément positionné portant le plus grand `z-index`.

Positionnons absolument les deux paragraphes désormais familiers dans leur conteneur `<div>` (figure 7-13) :

```
div {
position: relative;
width: 300px;
height: 200px;
background: yellow;
}

p#premier {
position: absolute;
top: 0;
left: 0;
width: 100px;
background: #ccc;
}
```

```
p#second {
position: absolute;
top: 40px;
left: 50px;
width: 150px;
background: green;
}
```

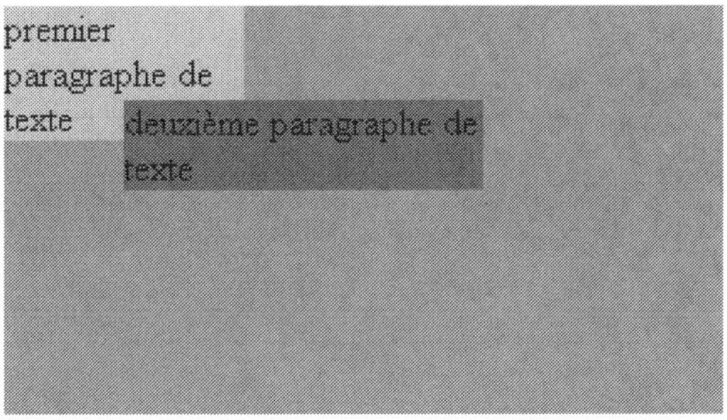

Figure 7–13
Profondeur et `z-index` (I)

Comme attendu, le second paragraphe surplombe en partie le premier (ceci indépendamment de l'ordre de leur déclaration dans le code HTML).

Pour le faire passer dessous, il suffit de définir pour chaque boîte un niveau de `z-index` différent, en attribuant au premier paragraphe une valeur plus élevée :

```
p#premier {
position: absolute;
top: 0;
left: 0;
z-index: 10;
width: 100px;
background: #ccc;
}

p#second {
position: absolute;
top: 40px;
left: 50px;
z-index: 0;
width: 150px;
background: green;
}
```

Les valeurs de `z-index` n'ont aucune interprétation en absolu. Seule compte leur comparaison, l'élément de valeur la plus élevée prenant place au sommet des zones de superposition (figure 7-14).

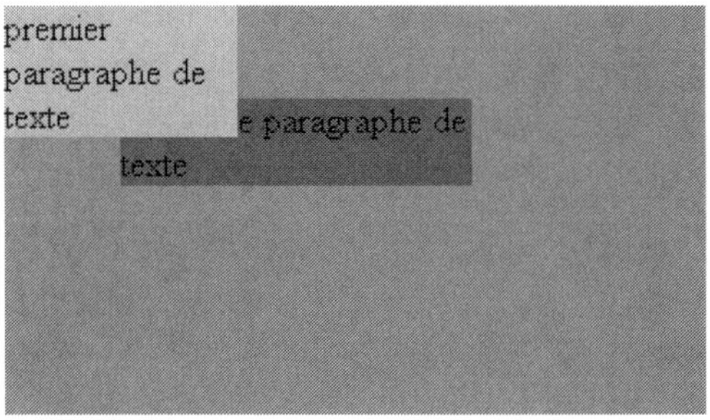

Figure 7–14
Profondeur et `z-index` (II)

N'abusez pas de ces changements de profondeur : elles sont rarement nécessaires dans un document bien construit et doté d'une structure HTML cohérente.

Le positionnement flottant

On positionne un élément en flottant avec une déclaration `float: left` ou `float: right`. Il est alors retiré du flux normal pour prendre place à gauche (respectivement à droite) du bloc qui le contient : c'est devenu un « flottant ». L'élément qui le suit s'écoulera alors dans l'espace ainsi laissé libre, en épousant sa forme.

Pour mettre cet effet en évidence, il faut allonger le second paragraphe de l'exemple précédent et l'autoriser à occuper toute la largeur disponible :

```
<div>
<p id="premier">premier paragraphe de texte</p>
<p id="second">deuxième paragraphe de texte deuxième paragraphe de texte
deuxième paragraphe de texte deuxième paragraphe de texte deuxième
paragraphe de texte </p>
</div>
```

Avec les styles :

```
div {
width: 300px;
height: 200px;
background: yellow;
}
```

```
p#premier {
width: 100px;
background: orange;
}

p#second {
background: green;
}
```

Les paragraphes fonctionnent encore en flux et s'affichent l'un sous l'autre. Le premier a une largeur limitée et le second occupe tout l'espace du conteneur `<div>` (figure 7-15).

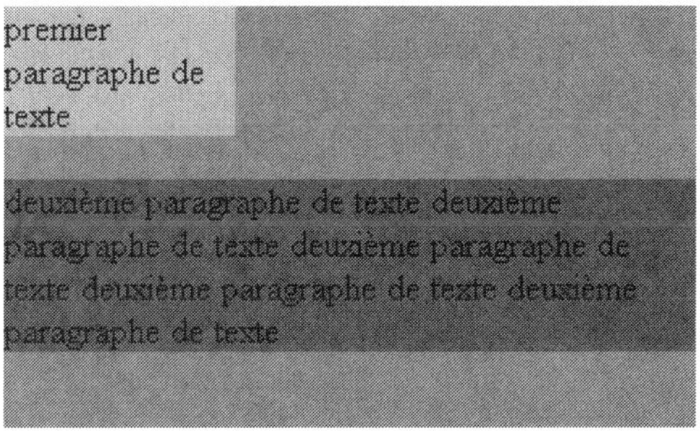

Figure 7–15
Positionnement en flux en préparation d'un positionnement flottant

Le décor est planté : appliquer la propriété `float: right` au premier paragraphe produira le résultat de la figure 7-16.

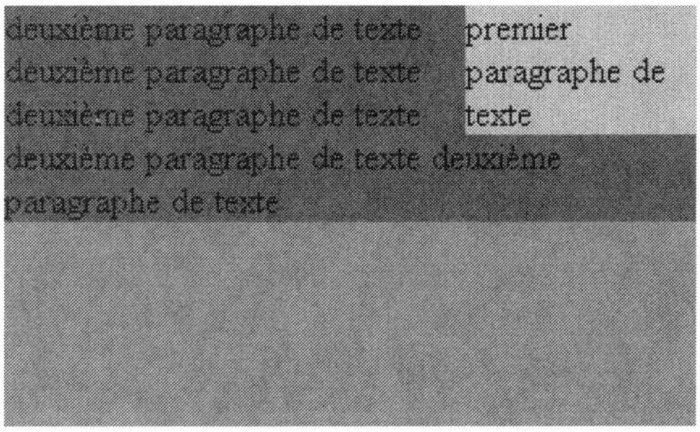

Figure 7–16
Positionnement flottant

Le premier paragraphe une fois poussé à droite du conteneur, la suite obéit au flux normal : elle commence au début du conteneur mais s'écoule autour du bloc flottant.

Un des nombreux avantages du positionnement flottant est la possibilité de placer des blocs côte à côte. Transformer les deux paragraphes de l'exemple en flottants les fait ainsi apparaître au même niveau (figure 7-17) :

```
p#premier {
float: left;
width: 100px;
background: #ccc;
}
p#second {
float: left;
width: 150px;
background: green;
}
```

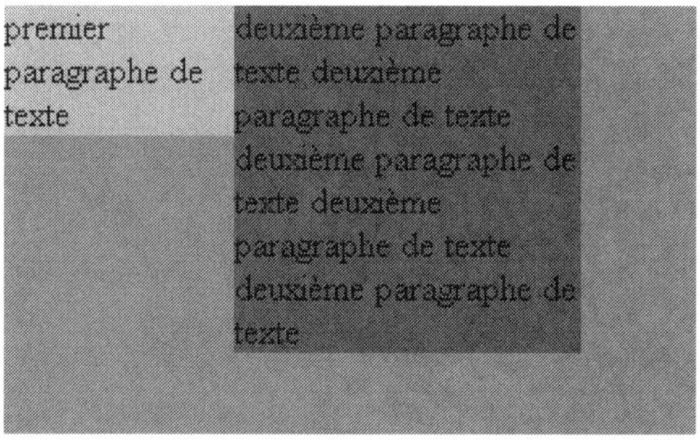

Figure 7–17
Deux éléments flottants placés côte à côte

Les deux paragraphes se trouvant désormais hors du flux normal, le bloc `<div>` est vide de tout contenu. Pour l'instant, il a reçu une hauteur explicite :

```
height: 200px;
```

En l'absence d'une telle spécification, quel serait son comportement ? Réduisons cette déclaration à 20 px, ce qui permettra d'observer le comportement du fond jaune.

Sur Internet Explorer, le bloc `<div>` est alors « poussé » par le paragraphe le plus long, mais c'est une mauvaise interprétation du comportement standard. Celui-ci est observable sur d'autres navigateurs, comme Opera ou Firefox. Leur affichage est repris figure 7-18.

Les deux paragraphes, désormais sortis du flux, n'interfèrent plus sur la hauteur du bloc `<div>`. Sans le petit résidu de hauteur qu'on lui a accordé, il serait donc invisible.

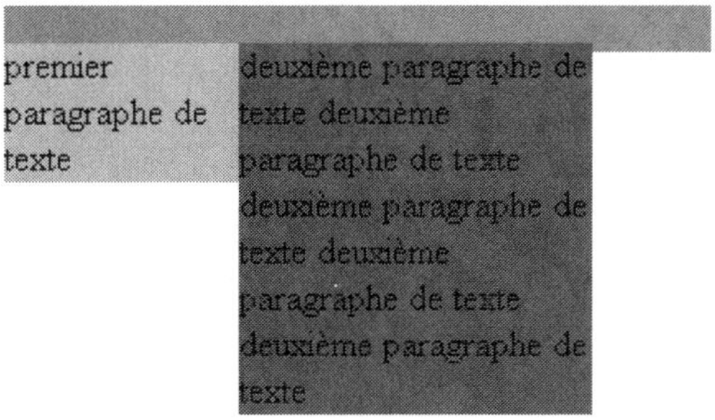

Figure 7–18
Débordement de bloc par des flottants

Ce comportement des éléments flottants est normal mais pose souvent des problèmes. On recourra alors à la propriété `clear`, qui interdit le voisinage d'un flottant.

Ses trois valeurs possibles (`left`, `right`, `both`) portent respectivement sur les côtés gauche, droit, gauche et droit. L'instruction `clear: left` interdit tout flottant à gauche ; `clear: both` interdit tout flottant au même niveau. L'élément concerné est alors poussé vers le bas jusqu'à ce qu'il satisfasse les conditions qui lui sont imposées.

Testons cette propriété en plaçant une ligne horizontale (`<hr/>`) sous les flottants. Pour cela, elle devra recevoir la propriété `clear: both` ;

```
.separation {
clear: both;
}
```

Le code HTML suivant :

```
<div>
<p id="premier">premier paragraphe de texte</p>
<p id="second">deuxième paragraphe de texte deuxième paragraphe de texte
deuxième paragraphe de texte deuxième paragraphe de texte </p>
<hr class="separation" />
</div>
```

produit alors le résultat recherché (on n'oubliera pas de supprimer la hauteur explicite du bloc `<div>` pour que celle-ci s'adapte automatiquement à son contenu). Le conteneur s'est bien étiré jusqu'à inclure la ligne horizontale. On peut ensuite la cacher à l'aide de la déclaration `visibility: hidden`, précisant de masquer l'élément concerné sur les navigateurs graphiques :

```
.separation {
clear: both;
visibility: hidden;
}
```

Grâce à cet élément de séparation, le bloc `<div>` englobe désormais les deux paragraphes flottants (figure 7-19).

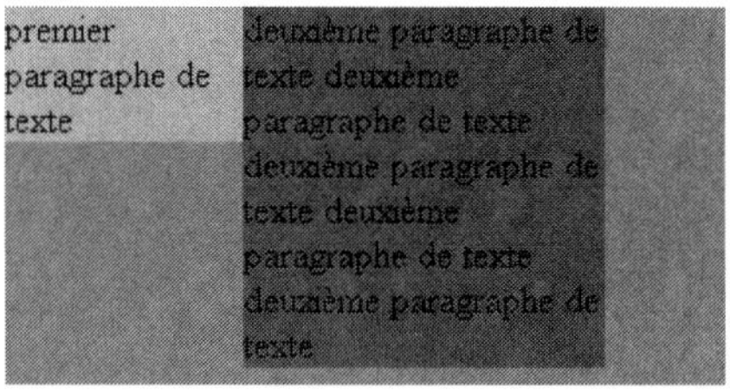

Figure 7–19
Correction du dépassement à l'aide de `clear`

Utilisée à bon escient, la propriété `float` permet de nombreuses fantaisies visuelles, dont la plus fréquente est sans doute de placer une illustration au sein d'un texte de contenu, mise en page fréquente dans les livres ou la presse.

C'est aussi à cette propriété qu'on recourt pour créer des lettrines de texte en CSS, application pratique que nous étudierons plus en détail au chapitre 10 (figure 7-20).

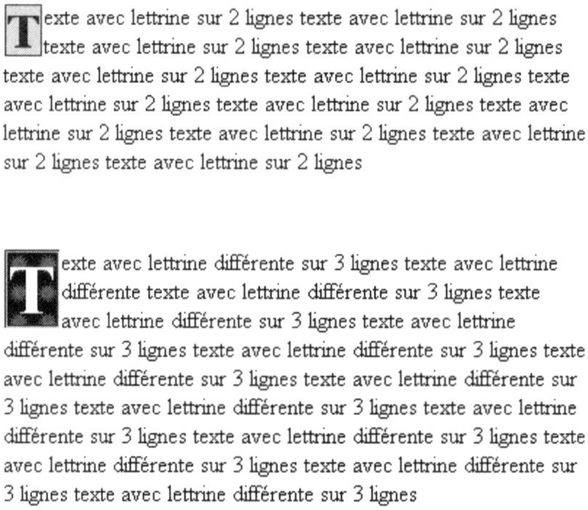

Figure 7–20
Une lettrine mise en place grâce à la propriété `float`

À nouveau, tout élément positionné en flottant est considéré de type bloc. Les éléments en ligne peuvent ainsi recevoir des dimensions et des bordures.

SYNTHÈSE Fonctionnement du positionnement flottant

1. L'élément est placé normalement dans le flux, sous l'éventuel bloc qui le précède et par dessus l'éventuel bloc qui le suit.
2. L'élément doté de la propriété `float` est ensuite « poussé » à gauche ou à droite de son conteneur. Dans ce cas, les éléments qui le suivent dans son conteneur prennent place autour de lui.

Quel positionnement adopter ?

Après ce survol des techniques de positionnement en CSS, se pose la question du choix. Placement classique (dans le flux) ; positionnements absolus, relatifs, fixes ou flottants : il est difficile d'avoir les idées claires et de dégager des préférences.

Ce récapitulatif indicatif est le fruit de mon interprétation et de mon expérience personnelles. D'autres méthodes sont parfois justifiées ; tout dépend de l'utilisation du document et de l'objectif poursuivi. Ces règles ne sont donc en nulle manière parole d'Évangile.

Quand positionner dans le flux ?

C'est le placement classique, suivant la structure hiérarchique du code HTML. Chaque élément se place par rapport à son frère aîné dans le conteneur de leur parent, en dessous (cas des blocs) ou à côté (cas des éléments en ligne).

Par défaut, le premier enfant prend place en haut à gauche de son parent. Si c'est un bloc, il occupera toute la largeur disponible. Sinon, il se limitera à l'espace nécessaire à son contenu. Les marges externes (`margin`) ou internes (`padding`) permettent de positionner précisément chacun des éléments.

C'est la technique à privilégier dans la plupart des cas, principalement pour les éléments internes de la page : textes, titres, images d'illustration, etc. On y recourra sans artifices pour placer tout le contenu, dont les éléments en ligne. C'est en effet le positionnement le plus souple, le plus fluide, et il s'affichera convenablement sur tous les écrans et supports.

Quand positionner en relatif ?

Ce n'est qu'un cas particulier du positionnement en flux auquel on apporte des décalages à l'aide des propriétés `top`, `right`, `bottom`, et `left`. Un élément relatif demeure donc dépendant de ses frères dans le flux, mais cela est souvent mal compris et cette technique incorrectement utilisée.

J'utilise rarement ce mode de positionnement, auquel je ne trouve que deux applications pratiques :

- décaler ou superposer deux éléments sans avoir recours à un positionnement hors du flux ;
- obtenir un bloc conteneur « positionné » pour y placer d'autres éléments (nous verrons un cas concret dans le chapitre 8, consacré au centrage des éléments en CSS).

Quand positionner en absolu ou en fixe ?

Ces schémas de positionnement font sortir du flux, ce qui peut aboutir à un affichage ne reflétant pas la structure HTML. Ce n'est pas recommandé : un document doit être compréhensible même si les styles CSS sont désactivés.

Internet Explorer commence à peine (depuis la version IE7) à prendre en charge le positionnement fixe (à moins de verser dans des « bidouilles », réservées aux experts, ce ne sera pas possible pour les anciennes versions). Le positionnement absolu, très bien assimilé par tous les navigateurs modernes, est donc bien plus pratique.

Son utilisation par défaut sur les logiciels WYSIWYG, massive et contraignante (positionnement au pixel près) lui ont donné bien mauvaise réputation. Il est tout à fait déconseillé pour les éléments de contenu (textes, images) devant rester fluides les uns par rapport aux autres.

Correctement utilisé (notamment avec des unités de tailles relatives comme `em` ou des pourcentages), le positionnement absolu permet pourtant la construction de pages fluides s'adaptant aux diverses résolutions et aux changements de taille des polices. Il permet aussi de centrer très simplement un site entier dans la fenêtre du navigateur (voir à ce sujet le chapitre suivant).

C'est donc une méthode de positionnement intéressante pour la structure globale du site, les conteneurs généraux, les grandes zones de la page et les éléments uniques (en-têtes, menus, pieds de page, etc.)

Quand positionner en flottant ?

Ici, l'élément sort du flux mais reste dépendant des autres éléments flottants, ce qui permet d'aligner simplement plusieurs objets côte à côte.

Technique intermédiaire entre les positionnements en flux (très instinctif) et absolu (complètement hors du flux), ce positionnement est utile pour placer des éléments d'un côté ou de l'autre dans un contenu (par exemple une illustration).

C'est un concurrent fréquent du positionnement absolu pour le placement des grands blocs conteneurs. Cependant, quelques défauts d'affichage et imprécisions dans les navigateurs imposent parfois des solutions de contournement.

Tableau récapitulatif

Tableau 7–1 Choix du positionnement

Mode de positionnement	Conteneurs et blocs	Contenu et éléments internes	Centrage d'éléments	Spécificités
Dans le flux courant	Non	Oui	Oui	Reste dans le flux. Se positionne par rapport aux éléments parent et frères.
Position relative	Non	Oui	Oui	Décalage par rapport au flux avec les propriétés `top`, `right`, `bottom` et `left`.
Position fixe	Oui	Non	Oui	Sort du flux. Pose des problèmes sur Internet Explorer inférieur à IE7.
Position absolue	Oui	Non	Oui	Sort du flux. Se place par rapport au premier ancêtre positionné. Permet les superpositions.
Placement flottant	Oui	Oui	Non	Sort du flux. Le flottant « centré » n'existe pas. Attention à certains défauts d'affichage.

Application pratique

Apprenons par l'exemple en étudiant des sites conçus en CSS.

Le site de la librairie Eyrolles, réalisé par Olivier Meunier, est un excellent exemple pour s'inspirer des techniques et méthodes CSS :

▸ http://www.eyrolles.com/

Distinguons les parties principales de la page et déterminons le mode de positionnement de chacune.

Chaque navigateur propose d'afficher le code HTML des pages web. Sous Firefox, on suivra pour cela le menu *Affichage/Code source de la page sur Firefox*; avec Internet Explorer, c'est plus simplement *Affichage/Source*. Comme vous ne tarderez pas à le remarquer, chaque partie de la page porte un identifiant qui la distingue clairement dans le document HTML. La feuille de style principale du style est un document disponible à l'adresse :

▸ http://www.eyrolles.com/layout/librairie/css/default.css

Comparez le document HTML à sa feuille de styles, repérez les éléments HTML portant un identifiant et tâchez de comprendre le choix de positionnement retenu pour chacun.

Ce site a une structure et des styles complexes, mais les parties principales et leur mode de positionnement ne sont pas trop difficiles à reconnaître.

Étudiez de même d'autres sites conçus en CSS ; tirez-en l'inspiration pour vos propres créations.

TROISIÈME PARTIE

Travaux pratiques

Après ce tour d'horizon théorique de l'armature des feuilles de styles CSS (spécification et application des propriétés ; mise en forme du texte, des bordures et images ; les différents schémas de positionnement), cette troisième partie se propose d'aborder les cas concrets. Nous présenterons plusieurs applications pratiques courantes et mènerons un projet global de création de site web professionnel.

8

Centrage des éléments en CSS

La balise HTML `<align>`, de par sa fonction de mise en forme, étant désormais déconseillée, il convient de réapprendre les fonctionnalités qu'elle proposait. Nous verrons dans ce chapitre comment aligner les objets, et notamment comment les centrer dans leur conteneur.

Centrage des éléments de contenu

CSS propose deux méthodes : distinguer les éléments en ligne de leurs blocs conteneurs (les propriétés d'alignement variant selon le type de l'élément), ou différencier le centrage horizontal du centrage vertical.

Nous désignerons tout élément en ligne (c'est-à-dire principalement les textes et leur mise en forme et les images) par l'expression « élément de contenu », qui insiste plus sur leur sémantique.

Centrage horizontal des éléments de contenu

Pour centrer des éléments en ligne à l'intérieur d'un bloc, il suffit d'appliquer à ce dernier la déclaration `text-align: center;`. Elle portera sur tous les éléments de contenu qu'il renferme. C'est de cette manière que l'on peut centrer horizontalement textes et images. Le code suivant produit ainsi un affichage semblable à celui de la figure 8-1.

HTML

```
<div class="edito">
<img src="smile.png" alt="smiley" />
Un peu de texte
</div>
```

CSS

```
div {
width: 350px;
height: 100px;
background: yellow;
}
.edito {
text-align: center;
}
```

Figure 8–1
Centrage horizontal de contenu

Signalons à nouveau un bogue d'Internet Explorer : contrairement aux spécifications du W3C (qu'il interprète mal), il applique aussi la propriété `text-align` aux éléments de type bloc. Ne vous y fiez pas : centrer les blocs de cette manière ne fonctionnera pas sur les navigateurs plus respectueux des normes.

> **RAPPEL Les méthodes d'alignement du texte**
>
> Rappelons les différentes valeurs de la propriété `text-align`: `left`, `right`, `center`, et `justify`.

Centrage vertical des éléments de contenu

La méthode vertical-align

Nous vous recommandons la lecture de l'annexe, et notamment de son catalogue intégral des propriétés CSS. Il comporte une propriété très intéressante : `vertical-align`. Il est courant qu'on tente de lui faire centrer verticalement un contenu dans un bloc. Cela ne fonctionne pas, et tel n'est pas l'objet de cette instruction dans les recommandations du W3C. `vertical-align` ne porte en effet que sur les éléments en ligne ou de type « cellule de tableau » (porteurs de la déclaration `display: table-cell`).

Cette propriété n'est pas prévue pour aligner un texte dans un bloc, mais un élément en ligne avec un autre élément en ligne (par exemple une image à côté d'un texte) ou dans un élément de type cellule. Elle n'est donc adaptée qu'au centrage des éléments dans les blocs considérés comme des cellules de tableau.

On peut modifier le type d'un élément (et transformer un bloc en élément en ligne ou inversement) avec la propriété CSS `display`. Cette dernière permet aussi de transformer un élément en cellule de tableau comme suit :

```
selecteur {display: table-cell;}
```

On obtient alors un support adéquat pour la propriété `vertical-align` et le centrage vertical d'éléments. Malheureusement, la déclaration `display: table-cell` n'est pas reconnue par certains navigateurs, parmi lesquels le plus répandu : Internet Explorer (y compris dans sa version 7). Cette incompatibilité dissuade de recourir à cette méthode de centrage vertical. C'est pourquoi nous évoquons maintenant une technique plus spécifique.

La méthode line-height

Rappelons que la propriété CSS `line-height`, à ne pas confondre avec les espaces laissés entre les paragraphes, détermine la hauteur d'une ligne de texte dans un bloc. Par défaut, le texte prend place au centre de cette zone.

Adopter une valeur de `line-height` égale à la hauteur du bloc conteneur provoquera donc un centrage vertical du texte dans ce dernier. C'est évidemment une « bidouille » très spécifique et fragile, qui ne fonctionne pas si le contenu occupe plusieurs lignes. Illustrons cette méthode avec l'exemple d'un bloc conteneur (un `<div>` d'identifiant `conteneur`) de même hauteur que la propriété `line-height`.

HTML

```
<div id="conteneur">
Un texte centré verticalement
</div>
```

CSS

```
div#conteneur {
background: yellow;
height: 80px;
line-height: 80px;
width: 300px;
}
```

Cela permet de centrer verticalement son contenu, comme on l'observe figure 8-2.

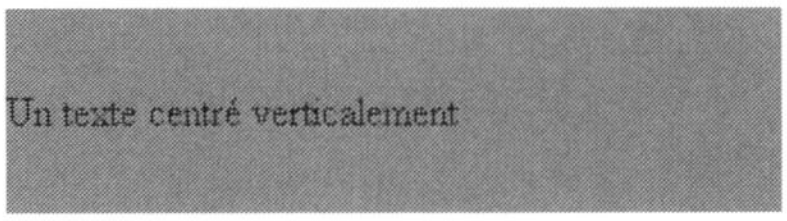

Figure 8–2
Centrage vertical du contenu

Centrage des blocs et conteneurs

Pour centrer les blocs et grandes zones de la page, la propriété `text-align` ne fonctionne plus : elle ne porte que sur les éléments en ligne.

Centrage horizontal des conteneurs

Il existe deux techniques principales pour centrer des éléments voire la page tout entière dans la fenêtre de visualisation. La première conserve le positionnement dans le flux ; la seconde en sort par l'emploi de positions absolues. On choisira l'une ou l'autre en fonction des contraintes et de la configuration recherchée.

Centrage dans le flux courant

On centre un bloc dans son conteneur en lui spécifiant une largeur (`width`) et des marges latérales automatiques. L'exemple suivant, représenté figure 8-3, centre deux paragraphes dans un bloc `<div>`.

HTML

```
<div id="conteneur">
<p>Un bloc centré</p>
<p>Un second bloc centré</p>
</div>
```

CSS

```
div#conteneur {
background: yellow;
width: 300px;
}
div#conteneur p {
background: orange;
width: 200px;
margin-right: auto;
margin-left: auto;
}
```

En écriture raccourcie cela donne :

```
div#conteneur p {
background: orange;
width: 200px;
margin: 0 auto;
}
```

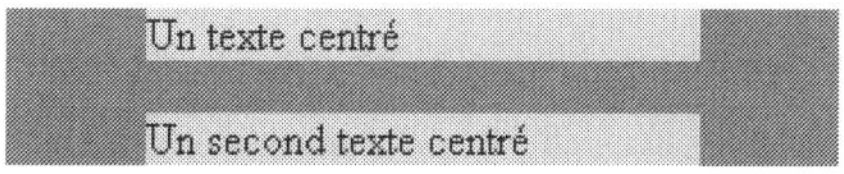

Figure 8–3
Centrage horizontal dans le flux

On pourra de même centrer une page web dans le conteneur général du document, la balise `<body>`, en y centrant un bloc global renfermant tous les éléments.

Les écritures courtes suivantes synthétisent les propriétés `margin-left` et `margin-right` :

```
margin: 0 auto 0 auto;
```

ou encore :

```
margin: 0 auto ;
```

Cette technique ne fonctionne pas dans Internet Explorer jusqu'à la version 5.5 incluse. Ces navigateurs vétérans comprendront en revanche la propriété `text-align`, mais en l'interprétant mal : rappelons qu'IE lui fait centrer à tort les éléments de type bloc au lieu de ne la faire porter que sur les éléments en ligne.

On assure donc la compatibilité avec ces anciennes versions en ajoutant cette propriété sur le conteneur. On rétablira ensuite l'alignement normal (`left`) dans les paragraphes pour leur éviter d'hériter de cet alignement de texte :

CSS

```
div#conteneur {
background: yellow;
width: 300px;
text-align: center;
}
div#conteneur p {
background: orange;
width: 200px;
margin-right: auto;
margin-left: auto;
text-align: left;
}
```

Cette technique centrera horizontalement tout bloc dans son conteneur. On n'omettra pas de préciser une largeur au bloc à centrer, sans quoi il occupera tout l'espace disponible.

Il n'est pas possible de placer les éléments en position absolue (ou fixe) : le conteneur étant centré tout en restant dans le flux, positionner son contenu le ferait sortir du flux et donc du bloc. Pour cela, il est indispensable que le conteneur soit lui-même positionné.

Nous avons vu la propriété pour positionner un élément tout en le laissant dans le flux : `position: relative`. Ce positionnement relatif, sans les propriétés `top`, `right`, `bottom`, ou `left`, permet de centrer le bloc tout en y incluant des éléments positionnés :

```
div#conteneur p {
position: relative;
background: orange;
width: 200px;
margin-right: auto;
margin-left: auto;
text-align: left;
}
```

Les deux paragraphes de cet exemple constituent les blocs à centrer dans l'élément `<div>`. Étant eux-mêmes positionnés, ils pourront contenir d'autres éléments en position absolue.

Centrage en positionnement absolu

On peut encore recourir à un positionnement absolu assorti de marges négatives, technique capable d'aligner les blocs aussi bien horizontalement que verticalement. Signalons toutefois que cette méthode est moins ergonomique et causera des soucis d'affichage dans certaines conditions (rétrécissement de la fenêtre). Elle ne devra être employée que lorsque la méthode de centrage décrite précédemment ne convient pas. Commençons par l'étude du centrage horizontal.

Il s'agit de placer le bloc à la position absolue `left: 50%;` : son côté gauche se trouve alors au centre de la page. Il faut donc décaler le bloc à gauche de la moitié de sa largeur en fournissant une valeur négative à la propriété `margin-left`.

En pratique, pour centrer horizontalement un bloc `<p>` large de `200px` dans un conteneur `<div>` large de `300px`, on procède comme suit : positionnement absolu du paragraphe (`left` à `50%`) puis décalage à gauche de la moitié de sa largeur (`margin-left` de `-100px`).

CSS

```
div#conteneur {
position: relative;
background: yellow;
width: 300px;
height: 100px;
}
div#conteneur p {
position: absolute;
left: 50%;
margin-left: -100px; // (décalage de la moitié de la largeur de l'objet)
background: #ccc;
width: 200px;
}
```

HTML

```
<div id="conteneur">
<p>Un texte centré</p>
</div>
```

La figure 8-4 illustre le résultat de cette technique :

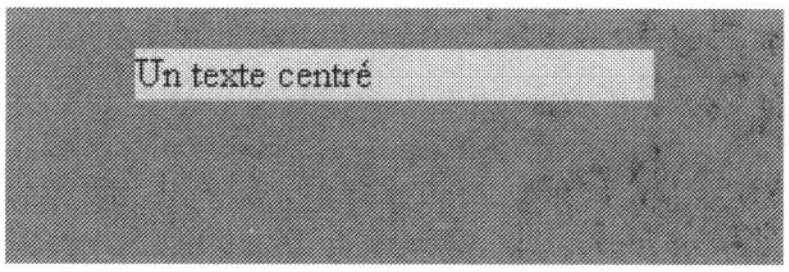

Figure 8–4
Centrage horizontal en position absolue

Pour le centrage horizontal, cette méthode n'apporte rien à la technique de marges automatiques présentée plus haut. En revanche, elle autorise l'alignement vertical des blocs.

Centrage vertical des conteneurs

L'alignement vertical des blocs reprend les différentes astuces présentées pour la première dimension (en excluant la technique du `line-height`, réservée aux éléments en ligne). Coupler la propriété `vertical-align` à l'instruction `display: table-cell` fonctionne en théorie… mais bogue sur Internet Explorer, navigateur le plus répandu (versions 6 et 7).

Le plus pratique est donc d'adapter la dernière méthode étudiée : associer un positionnement absolu à des marges négatives. Pour un paragraphe de hauteur `50px`, on appliquera ainsi `top: 50%` puis `margin-top: -25px` :

CSS

```
div#conteneur {
position: relative;
background: yellow;
width: 300px;
height: 100px;
}
div#conteneur p {
position: absolute;
top: 50%;
height: 50px;
margin-top: -25px;  // (décalage de la moitié de la hauteur de l'objet)
background: #ccc;
}
```

HTML

```
<div id="conteneur">
<p>Un bloc centré</p>
</div>
```

Figure 8–5
Centrage vertical en position absolue

Le résultat obtenu est présenté figure 8-5. C'est bien le bloc « élément paragraphe » qui est centré verticalement, et en aucun cas son contenu textuel. On pourra traiter ce dernier avec la technique du `line-height` :

```
div#conteneur p {
position: absolute;
top: 50%;
```

```
height: 50px;
line-height: 50px;
margin-top: -25px;
background: #ccc;
}
```

Les techniques d'alignement présentées ici ne fonctionnent pas correctement sur tous les navigateurs. On ne recourra donc aux centrages horizontaux (et surtout verticaux) qu'avec parcimonie.

Dans le cadre spécifique d'un centrage vertical, soyons tout à fait honnête : en raison du manque de conformité d'Internet Explorer jusqu'à la version 7 incluse, les méthodes de centrage vertical en CSS se révèlent complexes et délicates. La solution la plus robuste et souvent la plus accessible demeure la classique cellule de tableau, dont le centrage vertical pourra alors être appliqué à l'aide de la propriété `vertical-align`, même sur Internet Explorer !

INCOMPATIBILITÉ Marges négatives dans IE 5 pour Mac

Les marges verticales négatives fonctionnent mal sur Internet Explorer 5 pour Mac. On pourra ignorer ce problème : c'est un navigateur ancien, qui n'est plus guère utilisé.

Application pratique

Reprenons le projet de site portant sur l'Alsace. Voici le code HTML résultant des étapes précédentes :

```
<body>
<ul>
<li><a href="…">Retour à l'accueil</a></li>
<li><a href="…">Présentation de la région</a></li>
<li><a href="…">Historique de l'Alsace</a></li>
<li><a href="…">Gastronomie locale</a></li>
<li><a href="…">Hôtels et gîtes</a></li>
<li><a href="…">Photographies</a></li>
</ul>
<h1><a href="photos.htm" title="photos d'Alsace">
Bienvenue en Alsace</a></h1>
<h2>Une belle région française</h2>
<p>[Paragraphe associé au sous-titre de niveau 2.]
<a href="photos.htm" title="lien vers des photos d'Alsace">
<img src="image.png" alt="photographie" /></a></p>
```

```
<h2>Un patrimoine considérable</h2>
<p>[Deuxième paragraphe associé au sous-titre de niveau 2.]</p>
<p>Pied de page et <a href="…">Mentions légales</a></p>
</body>
```

Cette page serait bien plus agréable si elle était centrée horizontalement. Comment procéder ?

Pour centrer un document composé de plusieurs éléments (titres, menus, etc.), il faut regrouper ces derniers dans un conteneur (<div>) global de largeur fixée (à 750 pixels dans le cas présent). Il suffit alors de centrer ce dernier. On obtient le code suivant :

```
<body>
<div id="conteneur">
<ul>
<li><a href="…">Retour à l'accueil</a></li>
<li><a href="…">Présentation de la région</a></li>
<li><a href="…">Historique de l'Alsace</a></li>
<li><a href="…">Gastronomie locale</a></li>
<li><a href="…">Hôtels et gîtes</a></li>
<li><a href="…">Photographies</a></li>
</ul>
<h1><a href="photos.htm" title="photos d'Alsace">Bienvenue en Alsace
</a></h1>
<h2>Une belle région française</h2>
<p>[Paragraphe associé au sous-titre de niveau 2.]
<a href="photos.htm" title="lien vers des photos d'Alsace">
<img src="image.png" alt="photographie" /></a></p>
<h2>Un patrimoine considérable</h2>
<p>[Deuxième paragraphe associé au sous-titre de niveau 2.]</p>
<p>Pied de page et <a href="…">Mentions légales</a></p>
</div>
</body>
```

Auquel on associera le style CSS :

```
#conteneur {
position : relative ;
width : 750px ;
margin : 0 auto ;
background-color : #ccccff ;
}
```

Résultat : un document parfaitement centré !

9

Précharger des images

Malgré le développement de l'Internet haut débit, certaines illustrations lourdes ou effets de menus complexes reposant sur des objets graphiques peinent toujours à s'afficher. Précharger les images consiste à stocker les graphiques les plus volumineux dans une zone mémoire dite « cache », de façon transparente, leur assurant ainsi une réactivité immédiate.

Principe et utilité

Placer en mémoire cache, dès la page d'accueil du site, les images prenant place sur les diverses pages susceptibles d'être visitées leur évitera le temps de latence dû à la connexion, la requête, et leur chargement. C'est particulièrement utile pour les images réagissant lorsqu'elles passent sous le pointeur de la souris (comme les boutons de menus). Généralement menée en JavaScript, cette technique devrait idéalement fonctionner en l'absence de cette technologie (sur les navigateurs ne la prenant pas en charge ou chez les utilisateurs l'ayant désactivée). Nous aborderons ici deux méthodes CSS pour anticiper le chargement des illustrations : la première les masque, l'autre les « affiche » en dehors de la zone de visualisation.

Nous conclurons en nous penchant sur les conséquences de ces méthodes sur les visiteurs handicapés, sur les problèmes qu'elles posent dans les environnements ayant désactivé CSS, et proposerons des solutions à ces situations particulières.

Masquer les images

Masquer un élément dans un document web consiste à ne pas le représenter. Deux déclarations CSS sont disponibles à cet effet : `visibility: hidden` et `display: none`. Elles diffèrent en ceci :

- `visibility: hidden` masque l'objet mais réserve sa position et ses dimensions. L'élément occupe donc de l'espace sur la page.
- `display: none` fait abstraction complète de l'objet dans le média concerné (Web, impression, etc.). Tout se passe comme s'il n'existait pas.

Nous recourrons à la deuxième solution, qui ne crée pas de vides dans le document.

Application à une image

Pour la précharger, il suffit d'appliquer à une image la propriété CSS `display: none` :

```
<img src="image1.png" style="display: none;" alt="" />
```

On assurera le chargement prioritaire de cette image en plaçant ce code au tout début du document, juste sous la balise `<body>`. L'attribut `alt` vide, important, évite aux navigateurs en mode texte ou pour non voyants de tenir compte de cette image.

Cette méthode, convenable pour des cas particuliers ou isolés, peut être adaptée pour des ensembles d'images.

Application à un ensemble d'images

Quand il s'agit de précharger plusieurs images simultanément, il est préférable d'extraire les styles CSS de leurs balises pour les placer en dehors du code. La première solution consiste à doter chaque image d'une classe `cache` :

HTML

```
<img src="image1.png" class="cache" alt=""/>
<img src="image2.png" class="cache" alt=""/>
<img src="image3.png" class="cache" alt=""/>
```

CSS

```
.cache {display: none;}
```

On allégera le code et rassemblera efficacement ces images dispersées en regroupant toutes les illustrations à masquer au sein de la balise neutre `<div>` :

HTML

```
<div class="cache">
<img src="image1.png" alt=""/>
<img src="image2.png" alt=""/>
<img src="image3.png" alt=""/>
</div>
```

CSS

```
.cache {display: none;}
```

Cette technique ne fonctionne pas dans la version Windows 98 d'Internet Explorer 6. Ce navigateur ignore en effet tout contenu doté de la propriété `display: none` ; il ne précharge rien et ne stocke rien en mémoire cache. C'est le moment d'introduire une autre solution : l'affichage des images hors du champ de vision.

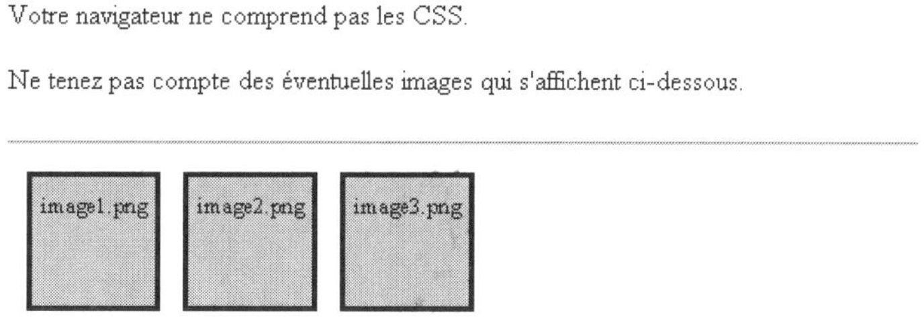

Figure 9–1
Effet sur les anciens navigateurs, ou sur les navigateurs où CSS est désactivé.

L'affichage hors de la zone de visualisation

Certains navigateurs interprétant la règle `display: none` à la lettre, sans même placer les images concernées en mémoire cache, on peut faire appel à une astuce : placer les illustrations hors des limites de la zone vue. 5 000 pixels plus haut que le début de la page devraient suffire :

HTML

```
<div class="cache">
<img src="image1.png" alt=""/>
<img src="image2.png" alt=""/>
<img src="image3.png" alt=""/>
</div>
```

CSS

```
.cache {
position: absolute;
left: 0;
top: -5000px;
}
```

Ainsi, tous les navigateurs traiteront ces images… en les reproduisant à un endroit inaccessible au visiteur.

Figure 9–2 Affichage avec display: none

Figure 9–3 Affichage avec visibility: hidden

L'affichage `visibility: hidden`, comme `display: none`, masque l'élément sur les navigateurs graphiques, mais la différence est que cette propriété conserve la place et la dimension reservés à l'élément. Elle est donc à éviter dans ce cas de figure et pour les préchargements d'images.

Quid des environnements désactivant les styles CSS ?

Accessibilité de ces techniques

Ces deux méthodes échouent chez les visiteurs pour qui les styles CSS sont inactifs. C'est aussi le cas sur les rares navigateurs antiques (comme Netscape 3) encore en fonctionnement, incapables de traiter le CSS et qui l'ignorent. Dans ces conditions, les images s'affichent alors là où le code HTML les mentionne (probablement en début de document), hors contexte.

Un texte d'explication permettra d'exposer la situation à ces seuls visiteurs :

```
<div class="cache">
<p>Votre navigateur ne comprend pas les CSS.<p/>
<p>Ne tenez pas compte des éventuelles images qui s'affichent ci-
dessous.</p>
<hr />
<img src="image1.png" alt=""/>
<img src="image2.png" alt=""/>
<img src="image3.png" alt=""/>
</div>
```

Les navigateurs compatibles CSS, majoritaires, masqueront ou afficheront ces explications hors zone tout comme les images.

POUR ALLER PLUS LOIN Compléter avec JavaScript

Nous flirtons ici avec les limites du champ fonctionnel de CSS, ces techniques relevant davantage du trucage que des méthodes de présentation structurelles et sémantiques. Le chapitre consacré aux menus graphiques exposera des méthodes évitant de recourir à de telles « bidouilles ».
Une autre solution acceptable est d'écrire les préchargements en JavaScript. Là où ce langage sera désactivé, les images ne seront pas préchargées, ce qui ne nuira pas à la lisibilité du document et ne perturbera personne.

Les lecteurs intéressés par ces techniques en JavaScript pourront consulter les références suivantes :

- *HTML et JavaScript*, Philippe Chaléat et Daniel Charnay, Éditions Eyrolles
- *Initiation à JavaScript*, Don Gosselin, Éditions Eyrolles

Application pratique

Notre projet de site touristique alsacien comporte une image cliquable :

HTML

```
<p>[Paragraphe associé au sous-titre de niveau 2.]
<a href="photos.htm" title="lien vers des photos d'Alsace">
<img src="image.png" alt="photographie" /></a>
</p>
```

Appliquez-y les diverses techniques de préchargement d'image. Testez d'abord l'application directe de la déclaration `display: none` sur la balise `<img>`, puis appliquez une classe et masquez l'image.

Il faudra écrire deux fois le code `<img... />`.

```
<img src="image.png" alt="photographie" />
```

La première occurrence, en haut de `<body>` préchargera l'image en la masquant. La deuxième, placée où l'image doit apparaître, la mettra en place à proprement parler.

10

Lettrines

La lettrine était chère aux moines enlumineurs. Elle permet de mettre en valeur la première lettre d'un texte, chapitre ou paragraphe, en lui attribuant une taille imposante, parfois en la parant richement. Les styles CSS sont tout indiqués pour ce type d'effet visuel.

Méthode standard : le pseudo-élément :first-letter

La norme CSS 2 affine la sélection des éléments par ses mots-clés `:first-line` (première ligne) ou `:first-letter` (première lettre), dits « pseudo-éléments », qui ne portent que sur une portion de la balise considérée. Pour ne modifier que la première lettre d'un paragraphe, on appliquera ainsi `:first-letter` à la balise `<p>` (figure 10-1) :

CSS

```
p:first-letter {
font-weight: bold;
}
```

HTML

```
<p>Lorem ipsum dolor…</p>
```

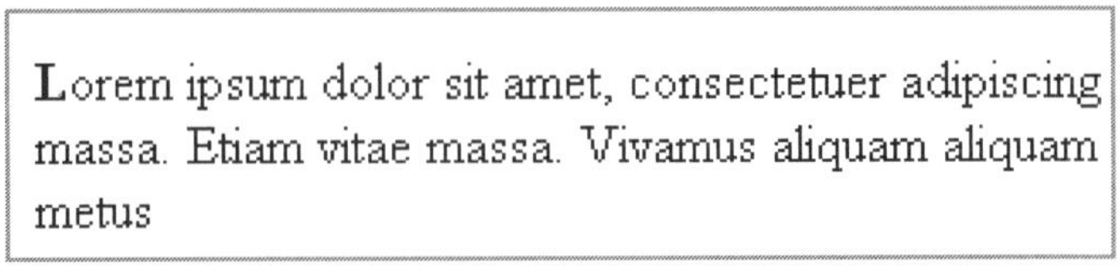

Figure 10–1
Utilisation de :first-letter

Cette instruction offre la possibilité d'embellir les lettrines de manière bien plus élaborée. Quelques modifications d'habillage produisent ainsi le résultat de la figure 10-2. La première lettre du paragraphe s'y distingue par sa couleur, sa graisse et sa grande taille.

CSS

```
p {
width: 10em;
}
p:first-letter {
font-weight: bold;
font-size: 3em;
color: #7a0000;
}
```

HTML

```
<p>Lorem ipsum dolor sit amet, consectetuer adipiscing elit.
Pellentesque laoreet feugiat massa. Etiam vitae massa. Vivamus aliquam
aliquam pede. Suspendisse rutrum sollicitudin metus</p>
```

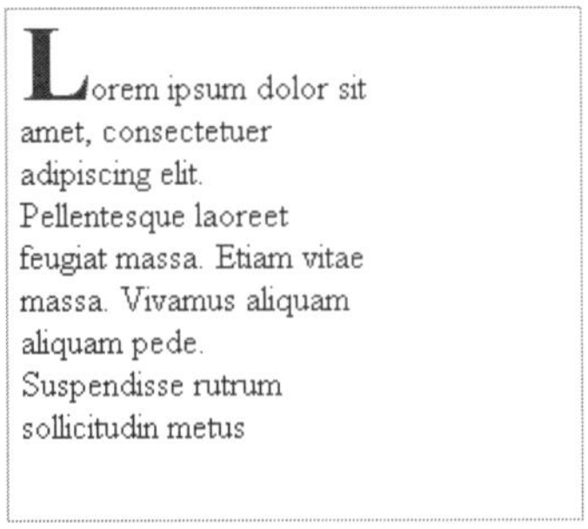

Figure 10–2
Lettrine mise en place avec :first-letter (I)

Dans les livres imprimés, les lettrines ne dépassent pas du texte mais en marquent le coin supérieur, le reste du paragraphe épousant leur forme. Cette technique, mise en place avec la propriété `float`, nous est désormais familière (figure 10-3) :

CSS

```
p {
width: 10em;
}
p:first-letter {
font-weight: bold;
font-size: 3em;
color: #7a0000;
float: left;
}
```

HTML

```
<p>Lorem ipsum dolor sit amet, consectetuer adipiscing elit.
Pellentesque laoreet feugiat massa. Etiam vitae massa. Vivamus aliquam
aliquam pede. Suspendisse rutrum sollicitudin metus</p>
```

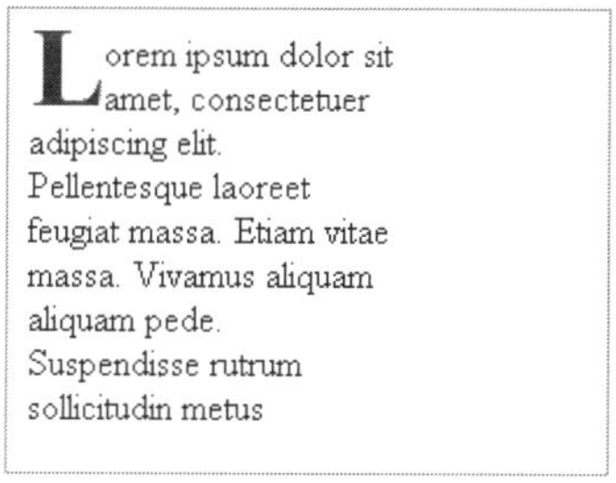

Figure 10–3
Lettrine mise en place avec :first-letter (II)

En testant d'autres enrichissements, on constate rapidement que les propriétés `display`, `width`, et `height` ne portent pas sur le pseudo-élément `:first-letter`. Voilà qui restreint considérablement les fonctionnalités graphiques disponibles. D'autre part, le pseudo-élément `:first-letter` n'est pas interprété sur les versions d'Internet Explorer antérieures à 5.5. C'est pourquoi la section suivante évoque une méthode moins sémantique mais plus pratique.

> **INTERNET EXPLORER Attention à l'accolade**
>
> Internet Explorer 6 ne prend pas en compte le pseudo-élément :first-letter si l'accolade lui est directement collée. Il faut impérativement laisser une espace entre :first-letter et l'accolade ouvrante. Ce bogue est désormais résolu dans la version IE7.

CSS 2.1 Propriétés de :first-letter

La norme actuelle CSS 2.1 corrige la liste des propriétés applicables à :first-letter :

- letter-spacing et word-spacing sont appliquées.
- line-height est appliquée.
- text-shadow ne s'applique plus (puisqu'elle disparaît totalement de la spécification).
- clear ne s'applique plus.
- Chaque navigateur peut ajouter d'autres propriétés.

Dans les faits :

- line-height « remplace » en quelque sorte la propriété height. Si elle n'est pas appliquée à float, c'est l'équivalent d'un line-height sur :first-line. Dans le cas contraire, elle permet le plus souvent d'obtenir un effet similaire à height.
- width est sans effet, mais letter-spacing, éventuellement associée au padding, permet le plus souvent de produire l'effet recherché avec width.

Variante pour anciens navigateurs

Le pseudo-élément `:first-letter` est peu adapté à la création de lettrines graphiques fonctionnant sur tous les navigateurs. Une autre technique le supplantera efficacement : il s'agit d'isoler la première lettre manuellement, en la plaçant dans la balise neutre `<span>` (en ligne). Nous y appliquerons alors les effets visuels souhaités : taille, arrière-plan et positionnement flottant, de sorte que le reste du texte s'écoule autour de la lettrine ainsi formée.

La classe `lettrine` recevra les caractéristiques suivantes : hauteur de trois caractères, interligne d'un caractère, police Georgia, gras, rouge foncé, avec bordure rouge et fond jaune (figure 10-4).

HTML

```
<p><span class="lettrine">L</span>orem ipsum dolor sit amet,
consectetuer adipiscing elit. Pellentesque laoreet feugiat massa. Etiam
vitae massa. Vivamus aliquam aliquam pede. Suspendisse rutrum
sollicitudin metus</p>
<p><span class="lettrine">L</span>orem ipsum dolor sit amet,
consectetuer adipiscing elit. Pellentesque laoreet feugiat massa. Etiam
vitae massa. Vivamus aliquam aliquam pede. Suspendisse rutrum
sollicitudin metus</p>
```

CSS

```
.lettrine {
float: left;
font: bold 3em/1em Georgia, Times New Roman, Times, serif;
color: #900;
border: 1px solid #900;
background-color: #ffc;
margin-right: 3px;
padding: 1px;
}
```

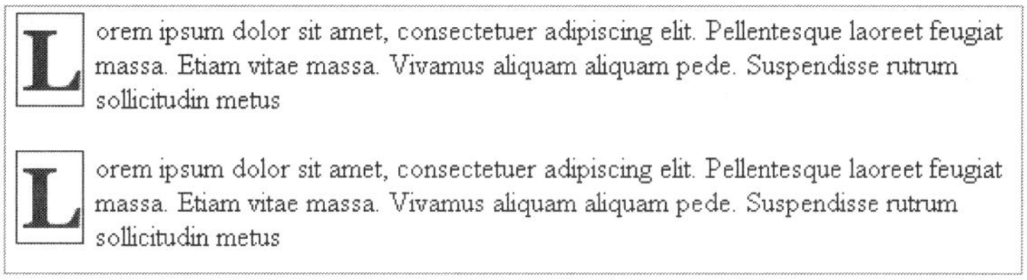

Figure 10–4
Une lettrine graphique

Cette méthode a l'inconvénient d'imposer au rédacteur de spécifier manuellement la portée de la lettrine. C'est aussi une balise dépourvue de sémantique, méthode à proscrire dans un design bien structuré. Malgré tout, c'est une solution de contournement nécessaire pour obtenir certains effets impossibles avec la technique `:first-letter`.

Les exemples de la figure 10-5 inspireront la créativité du lecteur. Ils recourent tous deux à la technique de la balise `<span>`.

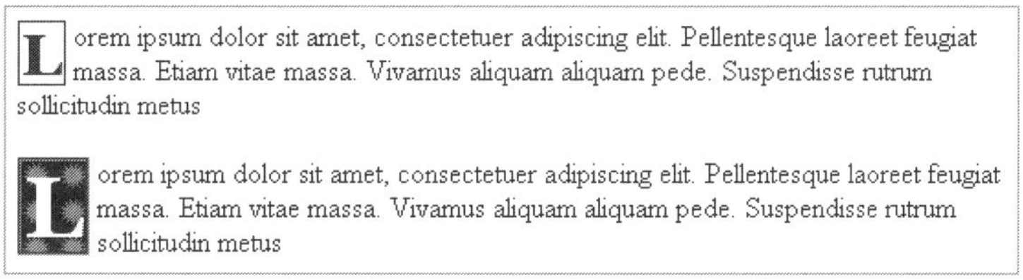

Figure 10–5
Exemples de lettrines graphiques

C'est le code suivant qui a permis d'obtenir un tel résultat :

HTML

```
<p><span class="lettrine">L</span>orem ipsum dolor sit amet,
consectetuer adipiscing elit. Pellentesque laoreet feugiat massa. Etiam
vitae massa. Vivamus aliquam aliquam pede. Suspendisse rutrum
sollicitudin metus</p>
```

```
<p><span class="lettrinebis">L</span>orem ipsum dolor sit amet,
consectetuer adipiscing elit. Pellentesque laoreet feugiat massa. Etiam
vitae massa. Vivamus aliquam aliquam pede. Suspendisse rutrum
sollicitudin metus</p>
```

CSS

```
.lettrine {
float: left;
font: bold 2em/1em Georgia,Times New Roman,Times,serif;
color: #990000;
border: 1px solid #990000;
background-color: #FFFFCC;
margin: 1px;
padding: 1px;
}
.lettrinebis {
float: left;
font: bold 3em/1em Georgia,Times New Roman,Times,serif;
color: #fff;
border: 2px groove #997F7F;
background-image: url(fond.png);
margin: 1px;
padding: 1px;
}
```

Application pratique

Il est temps de reprendre le projet de site présentant la région Alsace. Mettons en pratique ce chapitre et appliquons une lettrine à chaque première lettre des paragraphes du document. Voici pour mémoire le code HTML auquel nous étions parvenus :

```
<div id="conteneur">
<ul>
<li><a href="…">Retour à l'accueil</a></li>
<li><a href="…">Présentation de la région</a></li>
<li><a href="…">Historique de l'Alsace</a></li>
<li><a href="…">Gastronomie locale</a></li>
<li><a href="…">Hôtels et gîtes</a></li>
<li><a href="…">Photographies</a></li>
</ul>
<h1><a href="photos.htm" title="photos d'Alsace">Bienvenue en Alsace
</a></h1>
<h2>Une belle région française</h2>
<p>[Paragraphe associé au sous-titre de niveau 2.]<a href="photos.htm"
title="lien vers des photos d'Alsace"><img src="image.png"
alt="photographie" /></a></p>
<h2>Un patrimoine considérable</h2>
<p>[Deuxième paragraphe associé au sous-titre de niveau 2.]</p>
<p>Pied de page et <a href="…">Mentions légales</a></p>
</div>
```

On pourrait opter pour la propriété `:first-letter` comme suit :

```
p:first-letter {
font-weight: bold;
font-size: 2em;
color: #330099;
float: left;
}
```

11

Afficher et masquer

Habituellement réservés aux langages de programmation tels que JavaScript, les effets spéciaux d'apparition et disparition d'objets au passage du pointeur de la souris sont désormais accessibles en CSS. En associant sa pseudo-classe `:hover` à des instructions de style, on pourra ainsi reproduire très simplement certains comportements dynamiques sans faire appel à des scripts.

Les comportements dynamiques en CSS

Faire apparaître un élément précis lors du survol d'un élément de la page par le pointeur de la souris, accompagner celui d'un lien du menu d'une image d'explication... réaliser ces comportements dynamiques en styles CSS évite de recourir à des scripts ou au langage Flash de Macromedia, qui ne fonctionnent pas partout.

Les statistiques mondiales du site web w3schools (http://www.w3schools.com/browsers/browsers_stats.asp) estiment en effet que JavaScript est désactivé dans un ordinateur sur dix. Les plug-ins comme Flash et Shockwave ne sont pas non plus installés partout par défaut, et leurs dernières versions mettent du temps à diffuser. En revanche, tous les navigateurs graphiques récents connaissent les feuilles de styles CSS, même s'il est important de noter que chacun est libre de les désactiver.

Afficher et masquer des éléments

C'est la pseudo-classe `:hover` qui nous ouvrira les portes des comportements dynamiques. La norme CSS 3, en cours d'élaboration, proposera d'autres pseudo-classes telles que `:target` pour étoffer ces possibilités. Dans l'immédiat, le répertoire de CSS se limite à réagir au survol d'objets par le pointeur de la souris.

Selon les besoins et les applications, on associera la pseudo-classe `:hover` aux déclarations `display: none`, `display: block`, ou `display: inline`.

Limitations dues aux navigateurs

La norme CSS 2 spécifie que la pseudo-classe `:hover` peut porter sur tout élément du document. On peut donc imaginer des effets dynamiques se produisant lors du survol d'une image, d'un titre de section, d'un paragraphe, d'éléments de liste, etc.

Dans la pratique, Internet Explorer 6 n'est capable d'appliquer `:hover` qu'à la seule balise <a>. Il l'ignorera dans tous les autres cas. Ce bogue est contraignant : il s'agit en effet de rester compatible avec le plus grand nombre d'utilisateurs. C'est pourquoi nous limiterons la portée des comportements dynamiques en CSS au seul élément <a>.

L'élément en ligne <a> peut toutefois jouer le rôle de conteneur et renfermer d'autres éléments en ligne. Pour afficher et masquer une image, on la placera dans un élément <a> réagissant au survol de la souris.

> INTERNET EXPLORER **Application de :hover**
>
> La version 7 du navigateur de Microsoft corrige ce problème fâcheux et ouvre de nouveaux horizons aux développeurs web.

Première application pratique

Dans un premier temps, illustrons simplement le fonctionnement général du survol de lien. Le passage du pointeur de la souris au-dessus d'un lien doit provoquer l'apparition d'une boîte verte ailleurs sur la page. Contrainte par ce qui précède à occuper un élément en ligne <a>, cette boîte ne pourra pas être de type bloc (`<div>` ne convient pas). Nous opterons donc pour le conteneur en ligne neutre `<span>`.

Rappelons qu'un élément en ligne ne dispose pas de dimensions. Recourons aux techniques présentées dans le chapitre portant sur le positionnement : les éléments positionnés en absolu et en relatif et les éléments flottants se comportant comme des blocs, ils pourront recevoir des dimensions. Nous transformerons ainsi un élément `<span>` en ligne en boîte verte dimensionnée et placée à l'endroit désiré.

Voici la structure HTML du lien réagissant au survol :

```
<a href="#">Survolez pour voir la boîte <span>texte et images peuvent
être placés ici</span></a>
```

L'élément `<span>` est placé dans une déclaration de lien `<a>` qui porte ici sur la page courante (`href="#"`). Sans mise en forme CSS, ce lien s'affiche tel qu'en figure 11-1.

Figure 11–1
Comportement dynamique en CSS (I)

Masquons l'élément `<span>` pour le rendre invisible par défaut. Pour cela, le chapitre portant sur le préchargement d'images propose deux méthodes : la règle `display: none` ou le placement hors du champ visible. Équivalentes dans leurs effets, elles diffèrent beaucoup dans leur mise en place. Nous retiendrons par conséquent la technique la plus simple : `display: none`.

> **COMPROMIS Théorie et pratique du display: none**
>
> La méthode du `display: none` est sans conteste la plus élégante. Pour masquer un élément, il est plus naturel de spécifier de cacher l'objet que de « bidouiller » à base de déplacements de l'objet hors de la zone visible.
> Dans le chapitre consacré aux images réactives et aux menus graphiques, nous aborderons toutefois les limites de cette instruction : le manque de conformité de certains navigateurs non graphiques aux recommandations de la norme.

Le code CSS suivant masquera les balises `<span>` situées dans des liens `<a>` :

```
a span {
display: none;
}
```

Attribuons la règle `display: inline` (ou `block`) aux zones `<span>` contenues dans des liens `<a>` survolés :

```
a:hover span {
display: inline;
}
```

On obtient ainsi le comportement désiré : au repos, seul le texte « Survolez pour voir la boîte » est affiché. Quand le pointeur de la souris survole ce lien, la partie « texte et images peuvent être placés ici » apparaît. Seul le navigateur Internet Explorer ne réagit pas au survol du lien, bien que les fonctionnalités employées soient autorisées et leur syntaxe conforme. Pour qu'il daigne réagir, il faut recourir à une astuce bizarre : spécifier une couleur de fond au survol des liens :

```
a:hover {
background: none;
}
```

Voilà qui corrige ce bogue et obtient d'Internet Explorer le comportement souhaité : IE ne reconnaissant que l'état de survol pour un élément <a>, `a:hover span` ne peut pas fonctionner si, préalablement, il n'est pas fait explicitement mention de la déclaration de l'état de survol `a:hover`.

Le décor est planté : on peut donc configurer cette boîte en lui attribuant couleurs, position sur la page et dimensions. Voici un exemple exploitant ces multiples possibilités :

```
a:hover span {
display: inline;
position: absolute;
top: 200px;
left: 100px;
width: 200px;
height: 100px;
background: green;
text-align: center;
color: white;
}
```

Ce code représente le texte explicatif sous forme d'une boîte rectangulaire verte large de `200px` et haute de `100px`, placée en position absolue à `200px` du haut et `100px` à gauche du premier ancêtre positionné. La figure 11-2 illustre le résultat ainsi obtenu.

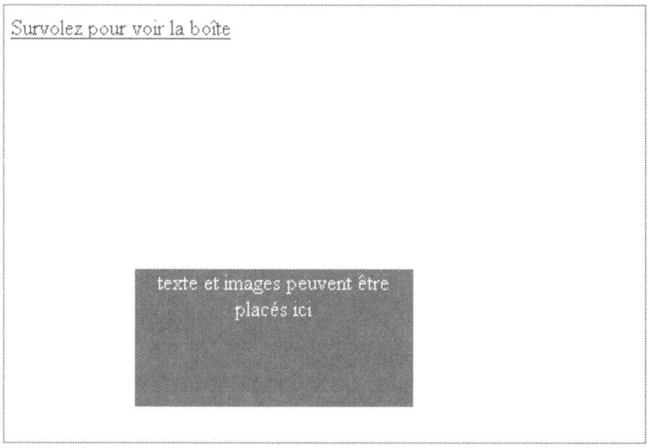

Figure 11–2 Comportement dynamique en CSS (II)

Autres applications et perspectives

Quand tous les navigateurs interpréteront correctement les diverses pseudo-classes prévues par les normes à venir, et notamment quand ils sauront les appliquer sur chaque élément et plus seulement sur la balise <a>, de nombreuses possibilités s'offriront aux designers web.

Dans l'immédiat, on peut déjà afficher des commentaires au survol des menus, ainsi que des légendes ou infobulles (`title`) personnalisées au survol de photos ou d'illustrations, comme nous le verrons ci-dessous.

Commenter le survol des menus

La prise en charge de la norme CSS dans les navigateurs actuels permet d'ores et déjà d'agrémenter un menu de commentaires se déclenchant au survol de chaque lien. Le chapitre suivant, consacré à la conception de menus en CSS, en détaille les techniques et méthodologies. Pour l'instant, un code commenté et le résultat obtenu feront l'affaire.

Figure 11–3
Des commentaires au survol d'un menu

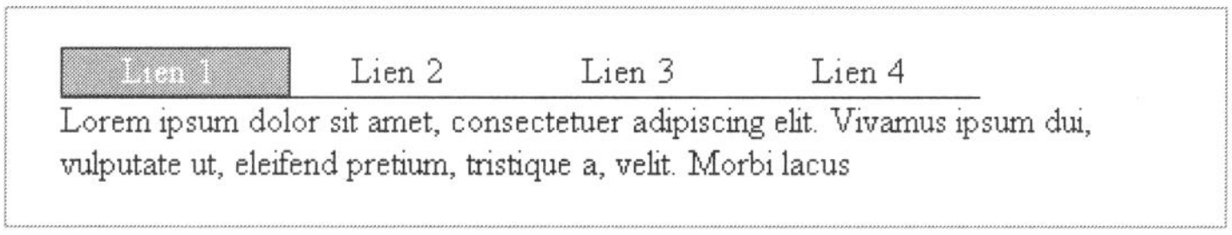

HTML

```
<body>
<ul id="menu">
<li><a href="#">Lien 1<span>Lorem ipsum dolor sit amet, consectetuer
adipiscing elit. Vivamus ipsum dui, vulputate ut, eleifend pretium,
tristique a, velit. Morbi lacus</span></a></li>
<li><a href="#">Lien 2<span>Cras eu mi vel pede tempus dignissim. Etiam
malesuada scelerisque massa. Maecenas metus sem, consectetuer quis,
rhoncus non, euismod id, elit</span></a></li>
<li><a href="#">Lien 3<span>Cras fringilla. Integer in neque. Nulla
massa. Vestibulum eleifend mattis erat</span></a></li>
<li><a href="#">Lien 4<span>Sed bibendum vehicula sem. Donec venenatis
diam eu erat. Ut rutrum sem ut erat</span></a></li>
</ul>
</body>
```

CSS

```
ul {
list-style-type: none;
margin:0;
padding:0;
position: relative;
    /* positionnement du menu, pour contenir des éléments positionnés */
width: 500px;
}
li {
float: left;
border-bottom: 1px solid black;
}
#menu a { /* définition de chaque bouton du menu */
width: 100px; /* largeur du bouton, modifiable à loisir */
height: 20px;
float: left;
display: block;
text-align: center;
border: 1px solid #fff;
text-decoration: none;
color: #000;
background: #fff;
}
#menu a:hover {
color: #411;
background: #aaa;
border: 1px solid black;
border-bottom: 1px solid #555;
}
#menu a span { /* définition de la balise span incluse dans le lien <a> */
display: none;
}
#menu a:hover span { /* définition de la balise span lors du survol */
display: block;
position: absolute;
top: 23px;
left: 0;
width: 500px;
text-align: left;
color: #000;
}
```

Des infobulles personnalisées

Une infobulle est une explication contextuelle se déclenchant au survol d'un mot ou d'une partie de texte spécifique. La norme HTML prévoit déjà cette fonctionnalité avec l'attribut `title` (à ne pas confondre avec `alt`, que certains navigateurs interprètent à tort comme `title`). Malheureusement, la représentation de cette propriété est imposée : infobulles en jaune, sur une seule ligne, dans un nombre restreint de caractères.

Les comportements dynamiques en CSS nous permettront de créer nos propres infobulles (figure 11-4).

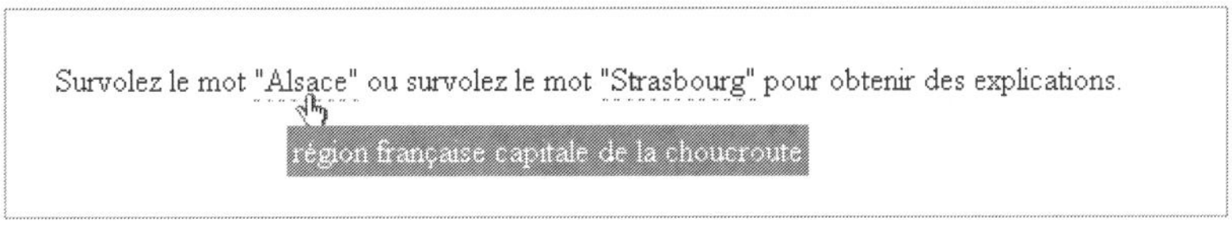

Figure 11–4
Une infobulle personnalisée

Pour cela, reprenons en l'adaptant la technique présentée au début de ce chapitre. Dans le cas présent, la position du bloc dépend du mot auquel il se rattache au lieu d'être fixe sur la page.

Le contenu de l'élément <a> est un conteneur pour l'élément en ligne `<span>`, objet de l'affichage conditionné. Un `span` positionné impose un élément <a> lui-même positionné ; pour rester dans le flux et le paragraphe, un positionnement relatif est adéquat.

Dans le code suivant, les termes à survoler sont d'abord caractérisés par un lien de classe `info` ; ils sont alors mis en valeur par un texte noir et un soulignement en pointillés gris (utilisant une bordure basse).

Lors du survol, une boîte de texte (`<span>`) s'affiche deux caractères sous le mot. Elle est verte et placée en absolu par rapport au mot. Voici le code complet qui permet d'obtenir un tel résultat :

HTML

```
<p>Survolez le mot <a class="info" href="#">"Alsace"<span>région
française capitale de la choucroute</span></a> ou survolez le mot
<a class="info" href="#">"Strasbourg"<span>ville alsacienne où il fait
bon vivre!</span></a> pour obtenir des explications.</p>
```

CSS

```
a.info {
position: relative;
text-decoration: none;
color: black;
border-bottom: 1px gray dotted;
}
a.info span {
display: none;
}
a.info:hover {
background: none; /* contournement d'un bogue d'IE */
z-index: 500;
}
a.info:hover span {
display: inline;
position: absolute;
z-index: 500;
top: 2em;
left: 1em;
background: green;
text-align: center;
color: white;
padding: 0.2em;
}
```

Légender le survol de photos

On reprend l'idée des exemples précédents : le contenu de la légende apparaît dans une balise <span> lors du survol du lien renfermant l'image. Le résultat du code suivant est présenté figure 11-5.

HTML

```
<ul>
<li><a href="#"><img src="image.png" alt="image1" /><span>légende de
l'image 1</span></a></li>
<li><a href="#"><img src="image2.png" alt="image2" /><span>légende de
l'image 2</span></a></li>
</ul>
```

CSS

```
ul, li {
margin:0;
padding:0;
list-style-type: none;
}
li {
float: left;
width: 150px;
text-align: center;
margin: 1em;
padding: 0.5em;
border: 1px solid black;
}
li a {
text-decoration: none; /* définition du lien qui affichera le calque */
color: black;
}
li a:hover {
background: none; /* correction d'un bogue d'IE */
}
li a span {
     /* définition de la balise <span> incluse dans le lien <a> */
display: none;
}
li a:hover span { /* définition de la balise <span> lors du survol */
display: block;
}
li a img {
border:0;
}
```

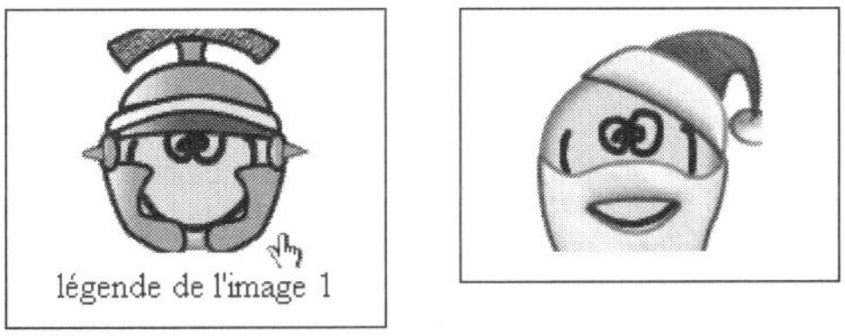

Figure 11–5
Une légende apparaît au survol d'une image.

Variante utilisant la propriété visibility

L'exemple précédent fait appel à la règle `display: none`. Illustrons ce en quoi elle diffère de l'instruction `visibility: hidden` :

```
li a span {
visibility:hidden;
}
li a:hover span {
display: block;
visibility:visible;
}
```

Dans ces conditions, le cadre entourant l'image ne fluctue pas au survol : il a réservé l'espace nécessaire à l'affichage de la légende. C'est visuellement moins perturbant.

> **EXCÈS DE ZÈLE Quand les navigateurs en mode texte font pire que mieux**
>
> Les déclarations `display: none;` et `display: inline;` n'ont de sens qu'en mode graphique. Dans les autres médias (notamment les navigateurs en mode texte), on s'attend à une interprétation du document web en mode dégradé, ignorant toute instruction de mise en forme.
> Presque tous les navigateurs en mode texte affichent donc les portions masquées de la page, ce qui pose des problèmes de compréhension (surtout à l'intérieur de l'élément <a>).

Application pratique

> L'exemple des infobulles personnalisées applique ces techniques à notre projet de site web alsacien. Je vous propose de le compléter en l'appliquant à tous les mots importants du texte… que vous veillerez toutefois à ne pas surcharger.
>
> À vous de jouer !

12

Construire un menu en CSS

Les styles CSS prennent une dimension particulière dans la mise en forme des éléments de navigation, pour lesquels ils offrent des solutions très simples à mettre en œuvre. Le contraste est saisissant quand on les confronte aux nombreux tableaux imbriqués et codes JavaScript complexes nécessaires à l'obtention des plus élémentaires effets de survol.

Les différents systèmes de navigation

Des fonctionnalités de navigation cohérentes et instinctives reflètent une bonne architecture web. Tout visiteur égaré dans les méandres de vos contenus en concevra une frustration le dissuadant de revenir sur votre site.

Le plus beau site web du monde sera quand même jugé à l'aune de son ergonomie et de ses facilités de navigation. Vos visiteurs sont aussi impatients que vous : peu leur chaut de s'extasier sur vos expériences graphiques, ils cherchent avant tout des informations, une assistance, des services. Seule une navigation intuitive les fidélisera.

Le menu doit guider et orienter efficacement à chaque instant. Il sera donc accessible à tous les navigateurs, ce qui exclut les solutions complexes à base d'imbrications de tableaux, de langages comme JavaScript ou de plug-ins comme Flash. On peut l'organiser sous forme de liste d'entrées disposées en colonne (menu vertical) ou d'éléments placés à la suite les uns des autres (menu horizontal). Ses briques élémentaires seront de simples liens, des puces décoratives, ou des boutons cliquables.

L'emploi de CSS pour la mise en forme de menus produira un code simple et concis, dont il sera facile de modifier l'apparence sans intervenir sur la structure ou le contenu de la partie HTML.

Utilisation de listes non ordonnées

Un menu est évidemment constitué de liens hypertextes, pointant vers d'autres pages web du site ou vers des parties spécifiques d'une page web. Comme précédemment, on adoptera un codage reflétant cette sémantique et ne tenant pas compte de la représentation recherchée.

Une telle structure sera donc traduite en HTML sous forme de liste, ordonnée (`<ol>`) ou, le plus souvent, non ordonnée (`<ul>`). Même sur les navigateurs en mode texte et autres programmes incapables d'interpréter le CSS (ou dont l'utilisateur a choisi de désactiver cette fonctionnalité), un menu programmé sous forme de liste apparaîtra clairement.

Reprendre le même code HTML tout au long du chapitre mettra mieux en évidence le rôle et l'influence des feuilles de styles CSS qui lui seront associées. C'est le menu suivant que nous mettrons en forme de diverses manières :

HTML

```
<ul id="menu">
  <li><a href="lien1.htm">Lien 1</a></li>
  <li><a href="lien2.htm">Lien 2</a></li>
  <li><a href="lien3.htm">Lien 3</a></li>
  <li><a href="lien4.htm">Lien 4</a></li>
</ul>
```

Il s'agit, comme annoncé, d'une simple liste d'éléments. Tous sont des liens hypertextes (élément <a>) ; l'identifiant `menu` distingue ce menu de navigation des éventuelles autres listes de la page web. Sans mise en forme particulière, ce menu de navigation apparaîtra tel qu'en figure 12-1.

La présentation par défaut n'est guère amène : des puces rondes préfixent les éléments de menu ; les liens sont bleus, soulignés, et d'un aspect très sobre. Des feuilles de styles habilleront ce code de base pour produire un résultat bien plus plaisant.

Figure 12–1
Patron de travail pour le menu

Créer un menu vertical

La présentation la plus classique est un affichage vertical, chaque lien étant placé sous le précédent – schéma qui rappelle la disposition classique des blocs dans le flux normal. L'élément de liste `<li>`, de type bloc, adoptera donc par défaut un tel comportement.

Il reste à supprimer les marges internes et externes de la balise `<ul>`, qui changent d'un navigateur à l'autre et risquent de poser des problèmes de compatibilité. Spécifions également une police :

CSS

```
ul#menu {
margin: 0;
padding: 0;
font: bold 1em Georgia, Times, serif;
}
```

La propriété `list-style-type` porte sur la représentation des puces. La valeur none les supprime :

CSS

```
ul#menu {
margin: 0;
padding: 0;
font: bold 1em Georgia, Times, serif;
list-style-type: none;
}
```

La figure 12-2 illustre le résultat intermédiaire ainsi obtenu.

Figure 12–2
Embryon de menu vertical

Il est temps d'habiller ce menu, en stylant ses liens <a>. Ils seront verts et non soulignés :

CSS

```
ul#menu {
margin: 0;
padding: 0;
font: bold 1em Georgia, Times, serif;
list-style-type: none;
}
#menu a {
color: green;
text-decoration: none;
}
```

Toutes les propriétés dont le sélecteur n'implique aucune pseudo-classe sont valables pour tous les états de l'élément. Cette feuille de styles ne distingue donc pas encore les divers états de l'élément <a>. Un lien peut être visité (pseudo-classe `:visited`), survolé par le pointeur de la souris (`:hover`), actif, c'est-à-dire en cours de sélection (`:active`), ou simplement dans son état par défaut (`:link`). Sans autre précision, le survol du lien n'induira donc aucune modification sur son apparence.

À RETENIR Ordre de déclaration des pseudo-classes

Il est recommandé de déclarer les pseudo-classes de liens selon l'ordre précis suivant, qui seul garantit leur correcte interprétation :

1. `:link`
2. `:visited`
3. `:hover`
4. `:active`

Pour se le rappeler, on pourra penser à l'expression mnémotechnique « LoVe HAte » (amour-haine).
Cette liste n'est pas complète. Il manque par exemple le pseudo-élément :focus qui désigne l'élément auquel on a donné l'attention, plus généralement lorsqu'on pointe un élément via une navigation par clavier (touche Tab) et non au clic. Ce pseudo-élément est particulièrement pratique pour augmenter l'accessibilité des liens concernés. Malheureusement, il sera inutile sur Internet Explorer, qui ne le reconnaît pas.

En explicitant un état particulier, on modifie l'apparence du lien dans cette seule situation. Pour représenter en orange les liens situés sous le pointeur de la souris, on peut ainsi écrire :

CSS

```
ul#menu {
margin: 0;
padding: 0;
font: bold 1em Georgia, Times, serif;
```

```
list-style-type: none;
}
#menu a {
color: green;
text-decoration: none;
}
#menu a:hover, #menu a:focus {
color: orange;
}
```

La propriété `text-decoration` étant héritée par défaut, et sa valeur précédente nous agréant, il n'est pas nécessaire de la préciser de nouveau. Ce menu acquiert peu à peu une allure convaincante.

Ses liens sont toutefois un peu trop rapprochés ; il siérait de les espacer un peu. La propriété `margin` semble naturelle pour cela, et intuitivement on est tenté d'appliquer à chaque élément une valeur de `margin-bottom` :

```
#menu a {
color: green;
text-decoration: none;
margin-bottom: 5px; /* instruction sans effet ! */
}
```

Ceci n'a pourtant aucun effet, quelle que soit la valeur de marge indiquée. Saurez-vous deviner pourquoi ? L'élément en ligne `<a>` n'est pas l'une des rares exceptions (telles que la balise `<img>`) pouvant recevoir des dimensions ou des marges verticalement (en haut ou en bas de leur zone à l'écran). La propriété `margin-bottom` ne s'y applique donc pas.

Pour aérer les différents liens du menu, deux techniques sont possibles. La première (appliquer une marge au parent de l'élément `<a>`, soit `<li>`, qui est de type bloc) sera évoquée plus loin, lors de l'élaboration d'un menu sous forme de boutons. Penchons-nous dans l'immédiat sur la seconde : il s'agit simplement d'augmenter la hauteur de la boîte de texte de l'élément `<a>` par la propriété `line-height`. La figure 12-3 présente le résultat final ainsi obtenu.

```
#menu a {
color: green;
text-decoration: none;
line-height: 25px;
}
```

Figure 12–3
Menu vertical finalisé

Créer un menu sous forme de boutons

Enrichissons ce menu vertical élémentaire en y remplaçant les liens hypertextes par des zones cliquables. Rejetant évidemment les techniques antiques empilant moults éléments inutiles, `<div>` ou autres cellules `<td>`, contentons-nous d'intervenir sur les styles de la structure existante.

On obtient l'effet recherché en attribuant aux liens hypertextes hauteur, largeur, bordure et couleur de fond. L'élément `<a>` apparaîtra ainsi comme une forme carrée ou rectangulaire cliquable.

Complétons le code du menu vertical :

CSS

```
ul#menu {
margin: 0;
padding: 0;
font: bold 1em Georgia, Times, serif;
list-style-type: none;
}
#menu a {
color: green;
text-decoration: none;
line-height: 25px;
}
#menu a:hover, #menu a:focus {
color: orange;
}
```

en y dotant les liens hypertextes de dimensions, d'une couleur de fond et d'une bordure :

```
#menu a {
color: green;
text-decoration: none;
line-height: 25px;
```

```
width: 120px;
border: 1px solid black;
background: #fc0;
text-align: center;
}
```

Figure 12–4
Menu sous forme de boutons (I)

Le résultat ainsi obtenu, représenté figure 12-4, est un peu décevant : les éléments du menu n'y sont pas larges de 120 pixels. Bon sang, mais c'est bien sûr ! Nous avons vu que l'élément <a>, en ligne, ne fait pas partie des rares exceptions pouvant recevoir des dimensions. Il n'occupe que l'espace nécessaire au texte qu'il contient, ce qui explique le comportement de ses bordures.

Il s'agit donc de faire de ces liens des blocs, en les dotant simplement de la déclaration `display: block`.

> **ATTENTION Bloc HTML ou bloc CSS ?**
>
> Il ne faut pas confondre la structure HTML de l'élément et le comportement que l'on peut lui attribuer en CSS (ici, la balise <a> est de type « en ligne », quelle que soit la propriété CSS appliquée).
> En clair, display: block modifie le comportement de telle sorte que l'élément <a> apparaisse comme un bloc (avec positionnement, hauteur et largeur), mais la structure HTML n'est pas modifiée : <a> reste un élément en ligne et ne pourra pas contenir d'éléments de type bloc.

Profitons-en pour spécifier des marges de 5 pixels en haut et en bas :

```
#menu a {
display: block;
margin: 5px 0;
color: green;
text-decoration: none;
line-height: 25px;
width: 120px;
border: 1px solid black;
background: #fc0;
text-align: center;
}
```

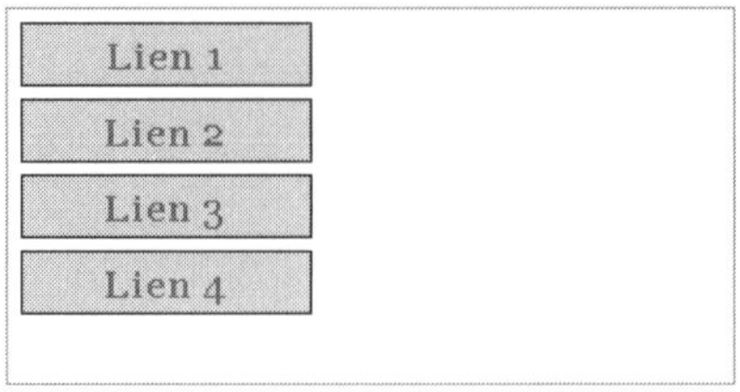

Figure 12–5
Menu sous forme de boutons (II)

Préciser un autre comportement pour la pseudo-classe de survol `:hover` apporte un effet de finition agréable :

```
#menu a:hover, #menu a:focus {
color: orange;
background: green;
}
```

La figure 12-6 illustre l'effet de ces dernières instructions : l'inversion des couleurs du lien survolé par le pointeur de la souris. Le texte y passe en effet du vert à l'orange tandis que la couleur de fond subit la transformation inverse. Le chapitre suivant détaille la conception de menus graphiques avec images et réactions au survol par le pointeur de la souris (appelés rollover menus dans le métier).

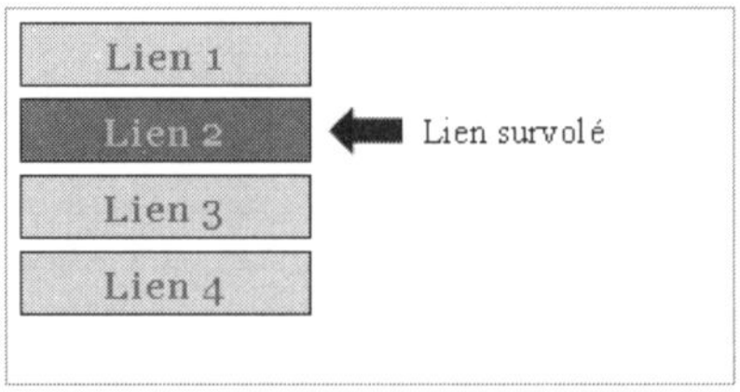

Figure 12–6
Menu sous forme de boutons (III)

Produire un effet de relief sur les boutons

Poursuivons dans cette voie en créant des boutons avec un effet de relief qui semblent s'enfoncer quand le pointeur de la souris les survole. Jouer sur les teintes des différents côtés des boutons assure l'effet de relief ; les inverser donnera l'impression de profondeur d'un bouton poussé. Pour tout cela, il suffit d'ajouter quelques déclarations de bordures sur l'élément <a> dans les styles déjà créés :

```
border-width: 1px 2px 2px 1px;
border-color: #cecece #4a4a4a #4a4a4a #cecece;
border-style: solid;
```

Ces valeurs se lisant dans le sens horaire en partant du haut, cette bordure, de style plein, sera en haut et à gauche épaisse d'un pixel et gris clair (`#cecece`), mais épaisse de deux pixels et gris foncé (`#4a4a4a`) en bas et à droite. Comme précédemment, la pseudo-classe `:hover` inverse tout : couleurs et épaisseurs.

```
border-width: 2px 1px 1px 2px;
border-color: #4a4a4a #cecece #cecece #4a4a4a;
```

Synthèse des déclarations de style écrites jusqu'à présent, représentée figure 12-7 :

```
ul#menu {
margin: 0;
padding: 0;
font: bold 1em Georgia, Times, serif;
list-style-type: none;
}

#menu a {
display: block;
margin: 5px 0;
color: green;
text-decoration: none;
line-height: 25px;
width: 120px;
border: 1px solid black;
background: #fc0;
text-align: center;
border-width: 1px 2px 2px 1px;
border-color: #cecece #4a4a4a #4a4a4a #cecece;
border-style: solid;
}

#menu a:hover, #menu a:focus {
border-width: 2px 1px 1px 2px;
border-color: #4a4a4a #cecece #cecece #4a4a4a;
}
```

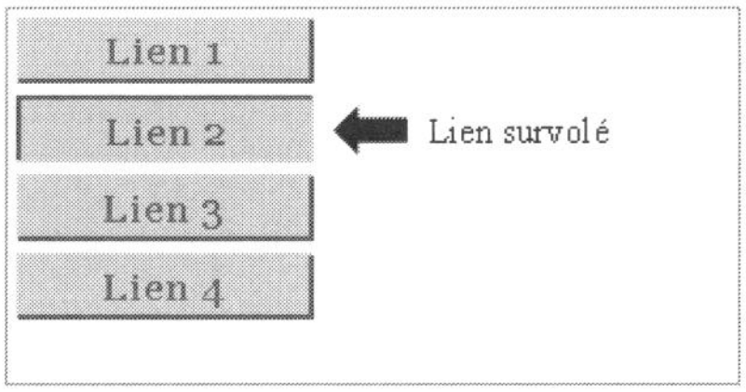

Figure 12–7
Des boutons en relief

Créer un menu horizontal

La distinction claire entre le fond du code HTML et la forme de la mise en page CSS rend possible un bouleversement complet de l'agencement du menu sans intervenir sur sa structure ou son contenu. Pour produire un menu horizontal tenant sur une seule ligne, on pourra donc conserver le code HTML initial :

HTML

```
<ul id="menu">
  <li><a href="lien1.htm">Lien 1</a></li>
  <li><a href="lien2.htm">Lien 2</a></li>
  <li><a href="lien3.htm">Lien 3</a></li>
  <li><a href="lien4.htm">Lien 4</a></li>
</ul>
```

La plupart des styles CSS du menu vertical précédant pourront eux aussi servir tels quels :

CSS

```
ul#menu {
margin: 0;
padding: 0;
font: bold 1em Georgia, Times, serif;
list-style-type: none;
}
#menu a {
color: green;
text-decoration: none;
line-height: 25px;
}
#menu a:hover, #menu a:focus {
color: orange;
}
```

Cette construction aboutit au menu vertical simple déjà vu, dont l'affichage sous forme de colonne est imputable à l'utilisation d'éléments de liste `<li>` de type bloc (s'affichant par défaut les uns sous les autres).

La déclaration `line-height: 25px` n'a plus lieu d'être ; seules les marges latérales nous concernent désormais. Pour placer les liens à la suite les uns des autres sur la même ligne, les méthodes de positionnement les plus simples à mettre en œuvre sont les propriétés `display` et `float`.

Alignement avec la propriété display

Cette technique simple consiste à transformer les blocs des listes (s'affichant par défaut en colonne) en éléments en ligne (prenant place les uns à la suite des autres). Pour cela, il suffit d'appliquer la déclaration `display: inline` aux éléments `<li>` du menu, sans rien changer au bloc `<ul>` ni aux liens `<a>`. La figure 12-8 illustre le résultat ainsi obtenu.

CSS

```
ul#menu {
margin: 0;
padding: 0;
font: bold 1em Georgia, Times, serif;
list-style-type: none;
}
#menu li {
display: inline;
}
#menu a {
color: green;
text-decoration: none;
}
#menu a:hover, #menu a:focus {
color: orange;
}
```

Figure 12–8
Un menu horizontal (I)

Des espaces latéraux de 5 pixels faciliteront la lecture de ce menu horizontal. La déclaration `margin: 0 5px;` (notation courte pour `margin: 0 5px 0 5px;` et ne concernant que les marges à gauche et à droite) produira un tel effet. Les marges latérales étant admises pour les éléments en ligne, on pourra au choix appliquer cette déclaration aux éléments `<li>` ou `<a>`,

```
#menu li {
display: inline;
margin: 0 5px;
}
```

Plus visuel : prévoir un élément de séparation physique entre deux liens successifs (ce pourra être un trait d'union ou un trait vertical (|). Ce délimiteur clair, lu par les outils de synthèse vocale, faciliterait la navigation des non voyants. Cette fonctionnalité, illustrée par la figure 12-9, implique une modification de la structure HTML :

HTML

```
<ul id="menu">
  <li><a href="lien1.htm">Lien 1</a> | </li>
  <li><a href="lien2.htm">Lien 2</a> | </li>
  <li><a href="lien3.htm">Lien 3</a> | </li>
  <li><a href="lien4.htm">Lien 4</a></li>
</ul>
```

Figure 12–9
Un menu horizontal (II)

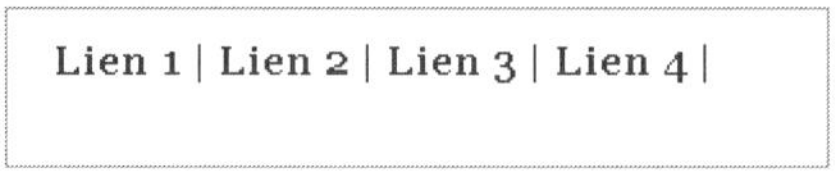

Cette méthode suppose que le contenu des objets de liste, transformés en éléments en ligne, ne comporte aucun bloc. Elle interdit donc la création de menus graphiques sous forme de boutons, avec bordures, dimensions, couleurs de remplissage, etc. Tous les liens de la liste sont astreints à ne contenir que du texte.

Pour concevoir un menu horizontal plus élaboré, il faut conserver une structure sous forme de blocs, alignés par positionnement flottant.

Alignement avec la propriété float

Reprenons les styles précédents en changeant la déclaration appliquée sur les listes : `display: inline` devient `float: left` :

```
#menu li {
float: left;
}
```

L'effet produit est le même. Au lieu de transformer les éléments des listes en balises en ligne, nous les positionnons en flottants à gauche. Ils prennent donc place à la suite les uns des autres… tout en conservant leur structure de type bloc. Ceci leur permet de renfermer des liens convertis en blocs et dotés de dimensions.

À nouveau, nous créons des boutons en transformant les liens en blocs ce qui permet de leur attribuer dimensions, bordure, couleur de fond et marges latérales (respectivement 120 pixels de large, cadre noir d'un pixel de large, orange `#fc0`, et 5 pixels sur les deux côtés). L'élégant menu horizontal à base de boutons cliquables ainsi obtenu est représenté figure 12-10.

```
#menu a {
display: block;
width: 120px;
border: 1px solid black;
color: green;
background: #fc0;
margin: 0 5px;
text-decoration: none;
text-align: center;
}
```

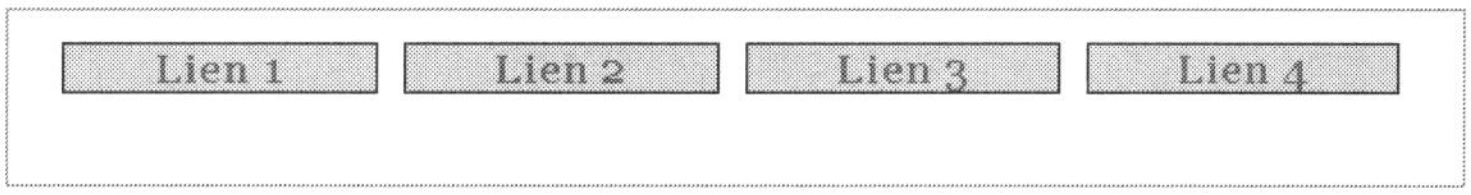

Figure 12–10
Un menu horizontal (III)

Créer un menu avec puces

Jusqu'ici, nous avons choisi de gommer les puces des listes. La propriété `list-style-type` propose plusieurs styles de puces : carrés, disques, cercles, etc. Via la propriété `list-style-image`, on peut même y placer des icônes personnalisées. Penchons-nous sur cette dernière solution, bien prometteuse.

Puces graphiques personnalisées

Avec la propriété `list-style-image`, on précise le chemin d'accès à l'image de puce comme suit : `list-style-image: url(image.png)`. Les formats d'image reconnus sont GIF, JPEG ou PNG. Testons l'appel à une puce personnalisée d'environ 10 à 15 pixels :

```
ul#menu {
margin: 0;
padding: 0;
font: bold 1em Georgia, Times, serif;
list-style-image: url(dossier/puce.png);
}
```

Figure 12–11
Puces graphiques (I)

On constate (figure 12-11) que les puces s'affichent hors du conteneur, le document `body` dans le cas présent. Pour y remédier, on peut intervenir sur la marge de gauche de la liste (jusqu'ici de valeur nulle) ou placer les puces dans la liste avec la déclaration `list-style-position: inside` :

```
ul#menu {
margin: 0;
padding: 0;
font: bold 1em Georgia, Times, serif;
list-style-image: url(dossier/puce.png);
list-style-position: inside;
}
```

Voilà qui produit une liste munie d'une puce graphique personnalisée. Comment modifier celle-ci lors d'un survol de son élément de liste par le pointeur de la souris ?

Théoriquement, la meilleure solution est d'appliquer la pseudo-classe `:hover` à l'élément `<li>` (`li:hover`) pour indiquer une image de substitution. Malheureusement (nous avons déjà signalé ce bogue), le navigateur Internet Explorer, jusqu'à sa version 7, ne reconnaît cette pseudo-classe qu'appliquée à la balise `<a>`.

Composer à nouveau avec ces limitations implique un changement complet de méthode : la balise `<a>` n'étant pas de type « liste », elle n'interprète pas la propriété `list-style-image`. Modifier la structure de cet élément par la propriété `display: list-item` pourrait suffire… mais IE ne comprend pas non plus cette déclaration.

Le souci de compatibilité nous contraint donc à procéder différemment : appliquer des images d'arrière-plan aux éléments `<a>`.

Recourir aux images d'arrière-plan

Il s'agit d'associer des images de fond différentes aux éléments `<a>` et aux liens survolés (`a:hover`), qui remplaceront les puces des listes. Ajoutons de telles images de fond à l'habillage du menu vertical simple :

```
ul {
list-style-type: none;
margin: 0;
padding: 0;
font: bold 1em Georgia, Times, serif;
}
#menu a{
text-decoration: none;
color: #000;
padding-left: 20px;
background: url(dossier/image1.png) left center no-repeat;
}
#menu a:hover, #menu a:focus{
background-image: url(dossier/image2.png);
}
```

On reconnaît la forme raccourcie de la propriété `background`. Rappelons qu'elle donne dans l'ordre le chemin vers l'image (`url`), sa position (`left center`), et le mode de répétition (`no-repeat` ne fera afficher l'image qu'une seule fois, le comportement par défaut la multipliant selon un schéma de damier).

Lors du survol du lien par le pointeur de la souris, seul le chemin d'accès vers l'image de fond est affecté. Visuellement, on observera donc un effet de changement temporaire d'arrière-plan. La spécification d'une marge interne à gauche (`padding-left`) évite au texte du lien de s'afficher par dessus la puce.

Nous n'avons ici qu'effleuré le sujet abordé dans le chapitre suivant, portant sur les images réactives et les menus graphiques dynamiques.

Pour aller plus loin

Listamatic est un site web en anglais entièrement consacré à la conception de menus en CSS : http://css.maxdesign.com.au/listamatic/ Vous y trouverez de nombreuses versions de menus verticaux, horizontaux, déroulants, et d'autres plus originaux encore.

Alsacréations propose également une galerie de menus en CSS, principalement graphiques, pour vous aider à trouver l'inspiration : http://css.alsacreations.com/Galeries-de-menus-en-CSS

Application pratique

Il est temps de mettre ce chapitre en pratique pour améliorer l'aspect du menu de notre projet de site web. Rappel du code actuel :

```
<ul>
<li><a href="…">Retour à l'accueil</a></li>
<li><a href="…">Présentation de la région</a></li>
<li><a href="…">Historique de l'Alsace</a></li>
<li><a href="…">Gastronomie locale</a></li>
<li><a href="…">Hôtels et gîtes</a></li>
<li><a href="…">Photographies</a></li>
</ul>
<h1><a href="photos.htm" title="photos d'Alsace">Bienvenue en Alsace
</a></h1>
<h2>Une belle région française</h2>
<p>[Paragraphe associé au sous-titre de niveau 2.]<a href="photos.htm"
title="lien vers des photos d'Alsace"><img src="image.png"
alt="photographie" /></a></p>
<h2>Un patrimoine considérable</h2>
<p>[Deuxième paragraphe associé au sous-titre de niveau 2.]</p>
<p>Pied de page et <a href="…">Mentions légales</a></p>
```

Au travail !

Les solutions, multiples, n'ont pour limites que votre imagination. La solution suivante produit le visuel de la figure 12-12 ; n'hésitez pas à la disséquer pour bien comprendre son fonctionnement.

```
ul {
margin: 0;
padding: 0;
font: bold 0.8em Georgia, Times, serif;
list-style-type: none;
}
li {
float: left;
}
li a {
display: block;
width: 110px;
height: 30px;
border: 1px solid black;
color: green;
background: #fc0;
```

```
margin: 0 3px;
text-decoration: none;
text-align: center;
}
li a:hover, li a:focus {
color: orange;
background: green;
}
h1 {clear: both}
```

Figure 12–12
Un menu décoré

13

Images réactives et menus graphiques

Les menus dynamiques (ou *rollover*) apportent de nouvelles possibilités d'expression. Ils reposent sur les images réactives, capables de changer lors du passage du pointeur de la souris ou lors d'une navigation au clavier. Leur emploi démarquera notablement un site web de ses concurrents se limitant encore aux sages et classiques menus statiques.

Une image réactive : première méthode

Pour mettre en place des images réagissant au survol par le pointeur de la souris, la plupart des concepteurs de site font appel au langage JavaScript et plus précisément à sa fonction `onmouseover`. Les bancs de création semi-automatisés souvent employés à ce genre de fins produisent des codes lourds, indigestes, difficiles à comprendre et à maintenir. N'oublions pas non plus que JavaScript est fonctionnel et activé sur moins de navigateurs que CSS, ce qui pose des problèmes d'accessibilité. Les chapitres antérieurs évoquent quelques techniques CSS proposant un certain nombre de fantaisies dynamiques intéressantes. Le tout dernier conclut par la mise en page d'un menu doté de puces réactives, changeant d'arrière-plan lorsque le pointeur de la souris survole leur élément <a> – ils recourent pour cela à la pseudo-classe `:hover`.

Nous allons ici reprendre la même technique, en remplaçant les puces par des boutons. Contraints comme souvent par les bogues et limitations d'Internet Explorer, nous emploierons une balise <a> préalablement transformée en bloc pour recevoir des dimensions, et à laquelle nous associerons une image d'arrière-plan :

HTML

```
<a class="image" href="#"></a>
```

CSS

```
a.image {
display: block;
width: 100px;
height: 100px;
background: url(image1.png) no-repeat 0 0;
}
```

On attribuera évidemment à l'élément <a> les dimensions de l'image de fond (ici : une largeur et une hauteur de 100 pixels). On spécifie cette dernière par la propriété raccourcie `background`, donnant dans l'ordre le chemin d'accès à l'image, son mode de répétition et sa position (`0 0` la plaçant ici en haut à gauche).

Le décor de la situation par défaut est planté. L'effet de survol sera assuré en remplaçant `image1` par `image2` lors du passage du pointeur de la souris, ce qu'on spécifie dans un style portant sur l'élément <a> au moyen de la pseudo-classe `:hover` complétée par la pseudo-classe :focus pour la navigation au clavier :

```
a.image:hover, a.image:focus {
background-image: url(image2.png);
}
```

Ces seules déclarations suffisent à mettre en place une image réagissant au passage du pointeur de la souris. La dernière règle se cantonnant à l'instruction `background-image`, nous nous épargnons la répétition des autres caractéristiques, qui n'ont pas changé.

Accessibilité de cette technique

Dans la structure HTML, l'image réactive n'a pour trace qu'un simple élément <a> :

```
<a class="image" href="#"></a>
```

Rien n'indique ici une image (celle-ci n'est définie qu'en arrière-plan au moyen d'une propriété CSS). Cet élément <a> vide ne trahit pas non plus clairement la présence d'un lien. Un tel code HTML vide de contenu sera ignoré par les navigateurs vocaux, gênant considérablement les non voyants. Sur les navigateurs graphiques où CSS n'est pas actif, cette balise dépourvue de contenu textuel sera dotée de dimensions nulles et sera donc non cliquable. Tout cela interdirait l'emploi de cet élément dans les composants de navigation essentiels du site.

L'idée des textes de remplacement ne fonctionne pas : l'attribut `alt` ne porte pas sur l'élément <a>. Quant à l'attribut `title`, il n'est obligatoirement pas pris en compte par les navigateurs vocaux.

Tout cela impose de placer un texte de contenu dans cet élément vide. Un message incompréhensible hors contexte serait ici une erreur naïve ; il n'assisterait en rien les non voyants et ne leur permettrait pas de deviner à quoi sert ce lien :

```
<a class="image" href="#">Cliquez sur l'image</a>
```

On veillera donc à écrire une instruction autonome, digne de l'attribut `alt` des images (`img`) et décrivant la fonction du lien. Souvent, elle se contentera de reprendre le texte contenu dans l'image. Si l'image représente une enveloppe parce que le lien mène à la page de contact du site, le message suivant conviendra parfaitement :

```
<a class="image" href="#">Contactez le webmaster</a>
```

Voilà un texte compréhensible par tous, notamment par les non voyants, Cependant, dans un navigateur graphique, il se superposera à l'image de fond qui jusque là se suffisait à elle-même. Rappelons-nous les techniques évoquées pour le préchargement d'images : elles serviront ici encore à faire ignorer ce texte aux navigateurs graphiques sans le rendre invisible aux autres. On peut placer ce texte dans une balise masquée par la règle `display: none` :

HTML

```
<a class="image" href="#"><span>Contactez le webmaster</span></a>
```

CSS

```
a.image {
display: block;
width: 100px;
height: 100px;
background: url(image1.gif) no-repeat;
}
```

```
a.image span {
display: none;
}
```

Malheureusement, certains navigateurs non graphiques interprètent partiellement les styles CSS. Au lieu de restituer le contenu de l'élément `<span>` ainsi mis en place, ils en suivent les instructions de mise en forme et masquent son texte, ce qui n'est pas l'effet recherché. C'est l'association de plusieurs propriétés qui nous permettra de couvrir un large éventail de navigateurs.

Plaçons l'élément `<span>` contenu dans le lien hors de la zone visuelle de deux manières distinctes : un positionnement absolu à `-5000px` en haut et à gauche et un `text-indent` décalant le texte à gauche. L'une au moins de ces instructions sera interprétée par la plupart des navigateurs non visuels :

```
a.image span {
position: absolute;
left:-5000px;
top: -5000px;
text-indent: -5000px;
}
```

ÉTUDE Mettre un titre accessible en image

Le billet suivant de Laurent Denis, grand spécialiste en la matière, explore les limites et possibilités de ce thème :

▸ http://blog-and-blues.org/weblog/2004/08/19/277-mettre-un-titre-en-image

Temps de latence et préchargement

Cette méthode présente un inconvénient pratique : le temps de chargement de l'image de remplacement induit parfois une certaine latence lors du premier passage du pointeur de la souris sur l'image. Ce petit retard, dépendant des données présentes en cache, de la vitesse de connexion, de la réactivité du serveur à l'autre bout de la ligne… pourra gêner l'ergonomie et la souplesse d'utilisation de la page.

Ce genre de détails ne se manifeste qu'en production, échappant au designer développant un site web sur un ordinateur. En effet, le temps de chargement d'une image présente sur le disque dur local est négligeable devant les durées nécessaires à l'établissement d'une connexion web sur un serveur distant.

Nous avons déjà vu, au chapitre portant sur les préchargements d'images, quelques techniques évitant ces petits soucis. Il en existe d'autres, qui fonctionneront tout aussi bien (voire mieux) et sans nécessiter de chargement préalable. Nous en présentons une ci-après ; c'est celle qui nous servira à concevoir un menu graphique avec survol en CSS.

Une image réactive : seconde méthode

La méthode traditionnelle prévoit deux images pour chaque bouton de menu graphique, respectivement associées à son état au repos et à son survol par le pointeur de la souris. Il faut donc produire deux images par bouton, soit dix images pour un menu de cinq liens.

Cette nouvelle méthode, dite des « portes coulissantes », n'utilise qu'une seule image, quel que soit le nombre de boutons du menu. Le principe de base consiste à faire coulisser l'arrière-plan entre l'état de repos et l'état actif.

> RESSOURCE **Méthode des portes coulissantes**
>
> L'excellent site Pompage.net propose une traduction en français de l'article original exposant la technique des portes coulissantes :
>
> ▸ http://www.pompage.net/pompe/portescoulissantes2/
>
> Cet article a fait l'objet d'un tutoriel sur le site Alsacreations :
>
> ▸ http://css.alsacreations.com/Tutoriels-et-articles-divers/roll-over-css-image-unique

La technique des portes coulissantes simplifie à la fois le travail du graphiste (qui devra ne créer qu'une seule image) et celui du programmeur (nul besoin de prévoir un préchargement car tous les éléments graphiques nécessaires, au repos ou actifs, seront chargés avec la page web).

Commençons par un bouton simple (une image réactive qui sert de lien, large de 150 pixels et haute de 40). La figure 13-1 le représente au repos ; la figure 13-2 indique son aspect lorsqu'il se trouve sous le pointeur de la souris.

Figure 13–1
Bouton au repos

Figure 13–2
Bouton activé par le passage du pointeur de la souris

Rassemblons ces deux états dans une image unique, reprise figure 13-3, large de 150 pixels et haute de 80 (les deux états du bouton y sont en effet placés l'un sur l'autre). Il suffira alors d'en sélectionner la bonne portion à tout instant.

Figure 13–3
Image cataloguant les états possibles

L'élément <a> du lien recevra les dimensions d'un seul bouton : `150px` par `40px`. Il suffira ensuite de jouer sur la position pour sélectionner une portion de l'image d'arrière-plan et ne représenter que le bon bouton, comme l'illustre la figure 13-4.

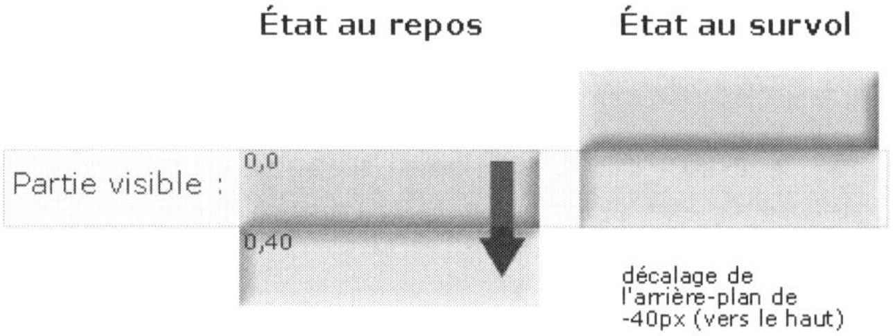

Figure 13–4
Les portes coulissantes

Dans la pratique, on écrit ceci :

```
Au repos:
background: url(image.jpg) no-repeat 0 0;

Au survol:
background-position: 0 -40px;
```

Quand la propriété `background-position` reçoit la valeur `0 -40px`, cela déplace l'arrière-plan de 40 pixels vers le haut (les deux paramètres correspondant respectivement aux déplacements en abscisses et en ordonnées). C'est alors que la deuxième partie de l'image, jusqu'ici masquée, entre en scène (schéma de la figure 13-4).

RÉFÉRENCE Didacticiel pour images de fond accessibles

Le site suivant reprend de manière simple et concrète la technique des portes coulissantes pour créer des liens graphiques :

- http://css.alsacreations.com/Tutoriels-et-articles-divers/roll-over-css-image-unique

CULTURE Les formats d'image

On trouve sur le Web trois formats d'image courants : GIF, JPEG, et PNG.

GIF (Graphics Interchange Format), format de compression sans pertes limité à 256 couleurs, ne convient pas pour des photographies ou illustrations contenant beaucoup de teintes ou des dégradés, mais c'est le format le plus adapté aux logos et images simples. Il propose également la transparence (version 89a) et les animations (un GIF animé empilant simplement plusieurs images).

JPEG (Joint Photographic Experts Group), format de compression non conservative (c'est-à-dire détruisant certaines informations contenues dans l'image), accepte plusieurs milliers de couleurs (en 24 ou 32 bits). Il est donc idéal pour les photographies.

PNG (Portable Network Graphics) est un format de compression sans pertes, libre et recommandé par le W3C. Il cumule les avantages de GIF (qualité, transparence) et de JPEG (compression, nombre de couleurs). Toutefois, il produit parfois une image un peu plus lourde que ces derniers, surtout lorsque le format (PNG8, PNG24, PNG32) n'est pas adapté au nombre réel de couleurs de l'image.

Application à un menu graphique

Ces idées fondamentales désormais maîtrisées, passons à la vitesse supérieure : l'application de cette méthode à la conception d'un menu complet, comprenant six boutons indépendants. Même si ces boutons diffèrent les uns des autres, tant au repos que sous le pointeur de la souris, une seule image suffira à l'ensemble du menu et à tous ses comportements. Reprenons la même procédure dans le but d'obtenir le comportement présenté figure 13-5.

Figure 13–5
Un menu graphique en CSS

Ce menu graphique occupera 300 pixels de large pour une hauteur globale de 270 pixels. Chaque tranche de l'image s'y éclairera lors du passage de la souris.

Il convient de rassembler dans un seul fichier graphique l'ensemble des éléments nécessaires. Le plus simple est de placer l'une sous l'autre les deux versions complètes, sombre et éclaircie, de cette photographie. Il faut donc prévoir pour cela une image de hauteur double (figure 13-6),

Figure 13–6
Image de fond pour le menu et son survol

Cette image unique nous suffira. Au repos, seules les tranches de sa partie haute (les 270 premiers pixels) seront reprises. Lors du passage du pointeur de la souris, l'arrière-plan du bouton correspondant sera décalé en hauteur pour reprendre la bonne tranche éclaircie.

Chaque lien ou bouton occupe ici une hauteur de 40 pixels. L'image sera donc déplacée de `-40px` d'un bouton à l'autre, et de 270 pixels supplémentaires (sa hauteur globale) pour les versions activées des tranches : `-270px` pour le premier, `-310px` pour le deuxième, etc. Le code, donné ci-après, est émaillé de commentaires CSS placés entre les mêmes séparateurs qu'en langage C : `/* texte du commentaire */`.

ACCESSIBILITÉ Les raccourcis clavier, ou accesskey

Les raccourcis clavier (attribut accesskey) assistent les utilisateurs préférant naviguer sur le Web au clavier. Associer une frappe de touche à chaque partie importante du document (retour à l'accueil, formulaire de recherche, contacter le webmaster, etc.) leur permettra de s'y déplacer rapidement.

Le site Accès-pour-tous synthétise très clairement les différents moyens facilitant la navigation et développe notamment l'utilisation de l'attribut accesskey : http://acces-pour-tous.net/fichiers_communs/access.php?rub=aides_nav

Le mode d'activation des raccourcis clavier dépend du navigateur. Dans tous les cas, on les sélectionne par la combinaison d'une touche passive générique (par exemple Maj) et du caractère accesskey correspondant à la destination désirée (par exemple le chiffre 0).

Aucune norme ne synthétise les raccourcis clavier, mais la liste suivante, conventionnelle et recommandée, joue le rôle de standard de fait :

0 : Politique d'accessibilité

1 : Accueil

2 : Contenu

3 : Menu

4 : Formulaire de recherche

9 : Contact

Évitez cependant de surcharger le document de raccourcis clavier : ils ne sont qu'une béquille qui ne saurait rendre accessible un document mal structuré au départ.

Ce menu est structuré par une liste de liens non ordonnés (éléments <ul> et <li>). Chaque lien <a> s'y différencie des autres par un identifiant <id> repris dans la feuille de styles CSS. On emploie aussi l'attribut accesskey, qui facilite la navigation.

HTML

```
<ul>
  <li><a id="lien1" title="accueil du site"
        accesskey="1" href="#">Accueil</a></li>
  <li><a id="lien2" title="présentation de la société"
        href="#">Société</a></li>
  <li><a id="lien3" title="services proposés"
        href="#">Services</a></li>
  <li><a id="lien4" title="les recrutements et carrières"
        href="#">Emploi</a></li>
  <li><a id="lien5" title="accès à la société"
        href="#">Plan</a></li>
  <li><a id="lien6" title="contactez-nous"
        accesskey="9" href="#">Contacts</a></li>
</ul>
```

CSS

```
ul, li {  /* Suppression des marges et des puces
                 des éléments <ul> et <li> */
list-style-type: none;
margin:0;
padding:0;
}
ul {
position: absolute; /* Positionnement pour IE5 et IE5.5 */
left: 20%;          /* Positionnement de l'élément <ul>
                       par rapport à la gauche du conteneur */
top: 50px;          /* Positionnement de l'élément <ul>
                       par rapport au sommet du conteneur */
background: transparent url(image.jpg) top left no-repeat;
                    /* Arrière-plan général du menu */
height: 270px;
width: 300px;
text-align: center;
}
li {
display: inline;  /* Correction pour IE5 et IE5.5 */
}
li a {
display: block;
height: 40px;
width: 300px;
line-height: 40px;
color: #E2C6BA;
font-size: 18px;
font-family: georgia, serif;
text-decoration: none;
}
li a:hover {
color: #43271B;
background: transparent url(image.jpg) top left no-repeat;
}
a#lien1:hover {
background-position: 0% -270px;  /* Décalage de l'arrière-plan
                                    pour chaque bouton */
}
```

```
a#lien2:hover {
background-position: 0% -310px;
}
a#lien3:hover {
background-position: 0% -350px;
}
a#lien4:hover {
background-position: 0% -390px;
}
a#lien5:hover {
background-position: 0% -430px;
}
a#lien6:hover {
background-position: 0% -470px;
}
```

Ce menu fonctionne correctement sur la majorité des plates-formes et navigateurs actuels, à savoir :

- Sous MS Windows : Internet Explorer 5, 5.5, 6 ; Mozilla Firefox sous toutes ses versions ; Opera à partir de sa version 6.
- Sous Macintosh : Camino, Safari, Firefox et Explorer.
- Sous GNU/Linux : Firefox et Konqueror.

Il n'est pas compris par d'anciens navigateurs comme Internet Explorer 3 ou Netscape 4, qui ne prenaient pas encore en charge les propriétés CSS ici utilisées.

Les adresses suivantes recourent à ces menus graphiques :

- http://css.alsacreations.com/modelesmenus/g01.htm
- http://css.alsacreations.com/modelesmenus/g02.htm

Application pratique

Notre projet de site web possède lui aussi une image sur la page d'accueil :

```
<p>[Paragraphe associé au sous-titre de niveau 2.]
<a href="photos.htm" title="lien vers des photos d'Alsace">
<img src="image.png" alt="photographie" />
</a>
</p>
```

Nous vous proposons d'approfondir ce chapitre en dynamisant cette image : faites apparaître une autre image lorsque le pointeur de la souris la survolera. Montrez de la créativité !

14

Créer un cadre arrondi

Les divers blocs et boîtes HTML, constituants élémentaires de la mise en page, sont par défaut rectangulaires donc anguleux. Pour obtenir des fantaisies graphiques telles que des arrondis, il est nécessaire de fabriquer des habillages sur mesure.

Principe et méthodologie

La version 3 des CSS prévoira une propriété pour l'arrondi des coins des blocs. Pour aboutir à ce genre d'effets et assurer la compatibilité sur tous les navigateurs, nous devons dans l'immédiat recourir à diverses bidouilles. Il s'agit simplement de doter d'une image de fond tout bloc de texte (`<p>`, `<div>` ou autre) dont on souhaite arrondir les angles.

Se pose évidemment la question de l'élasticité du bloc, susceptible de varier en hauteur comme en largeur (selon le choix de police, la longueur du texte, le souhait du designer d'adapter la largeur de la boîte à celle de la fenêtre du navigateur, etc.). On sait pourtant que les images de fond, statiques et figées, ne peuvent pas s'étirer.

Nous étudierons d'abord le cas d'un cadre de largeur fixe (et de hauteur variable) pour enchaîner sur la situation plus complexe d'un cadre à deux degrés de liberté. Les techniques employées diffèrent dans chaque situation.

Cadre de largeur fixe

Le cadre de contour n'étant qu'un habillage graphique, aucune balise structurelle n'est spécifiquement adapté à sa sémantique. C'est pourquoi nous retiendrons l'élément neutre `<div>`, sans doute le plus approprié ici. L'objectif est d'obtenir le rendu de la figure 14-1.

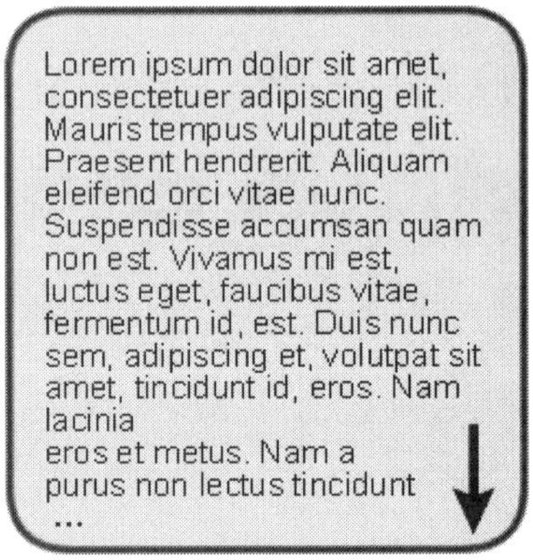

Figure 14–1
Cadre graphique en CSS

La hauteur variable et non contrôlée de ce cadre interdit la solution simple d'une unique image de fond, incapable de s'étirer. Nous découpons donc (figure 14-2) l'arrière-plan en deux images complémentaires : un chapeau pour la partie haute (figure 14-3) et un fond habillant le contenu et le pied du cadre (figure 14-4).

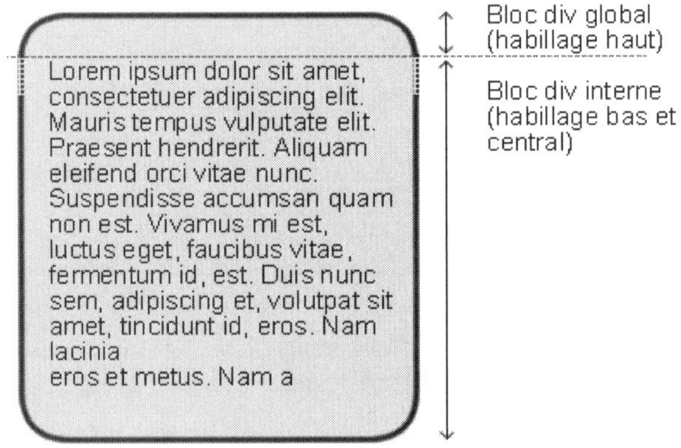

Figure 14–2
Préparation et découpage du cadre

Figure 14–3
Partie haute du cadre

Figure 14–4
Partie basse du cadre

L'image d'arrière-plan de la figure 14-4 provisionne une hauteur suffisante et glissera verticalement pour accompagner le bloc de texte. Structure de l'ensemble :

- Un bloc global (<div id="cadre">) contient l'ensemble du cadre (soit un bloc interne englobant à son tour le contenu). Il a pour arrière-plan le chapeau de la figure 14-3.
- Un bloc interne (<div id="bloccadre">) ne renferme que le contenu, avec pour fond la figure 14-4 glissant pour s'adapter à la taille réelle du cadre.
- Un contenu, ici du texte (<p>).

Une marge interne (padding) de la hauteur du chapeau et du pied évitera au contenu de déborder sur ces parties haute et basse du cadre. On obtient alors un code proche de celui qui suit :

HTML

```
<div id="cadre">
    <div id="bloccadre">
    <p>Lorem ipsum dolor sit amet, …</p>
    </div>
  </div>
```

CSS

```
div#cadre {  /* conteneur global et chapeau de l'arrière-plan */
width: 230px;
padding-top: 30px;
background: url(haut.png) left top no-repeat;
}
```

```
div#bloccadre {  /* bords et pied de l'arrière-plan */
background: url(bas.png) left bottom no-repeat;
padding-bottom: 30px;
}
div#bloccadre p {
margin: 0 30px 0 20px;
}
```

Variante : habillage d'un menu

Cette technique convient parfaitement pour habiller un menu de navigation, qu'on codera comme à l'accoutumée sous forme d'une liste non ordonnée (<ul>) d'éléments (<li>) correspondant à ses entrées. Appliquer à ces balises les styles désirés produit alors le résultat de la figure 14-5.

HTML

```
<div id="cadre">
    <div id="bloccadre">
    <h1>Mon menu joli</h1>
    <ul>
    <li><a href="#" accesskey="1">Lien 1</a></li>
    <li><a href="#" accesskey="2">Lien 2</a></li>
    <li><a href="#" accesskey="3">Lien 3</a></li>
    <li><a href="#" accesskey="4">Lien 4</a></li>
    <li><a href="#" accesskey="5">Lien 5</a></li>
    </ul>
    </div>
  </div>
```

CSS

```
body {
font: 1em black verdana, sans-serif;
}
div#cadre {  /* conteneur global et chapeau de l'arrière-plan */
width: 230px;
padding-top: 30px;
background: url(haut.png) top left no-repeat;
}
div#bloccadre {/* bords et pied de l'arrière-plan */
background: url(bas.png) bottom left no-repeat;
padding-bottom: 30px;
}
```

```
div#bloccadre p {
margin: 0 30px 0 20px;
}
div#bloccadre ul, div#bloccadre li {
margin:0;
padding:0;
list-style:none;
}
div#bloccadre li {
text-align: center;
}
div#bloccadre li a {
color: black;
text-decoration: none;
}
div#bloccadre li a:hover {
text-decoration: underline;
}
div#bloccadre h1 {
font-size: 1.2em;
text-align: center;
margin:0;
position: relative;
top: -1em; /* décalage du titre vers le haut */
}
```

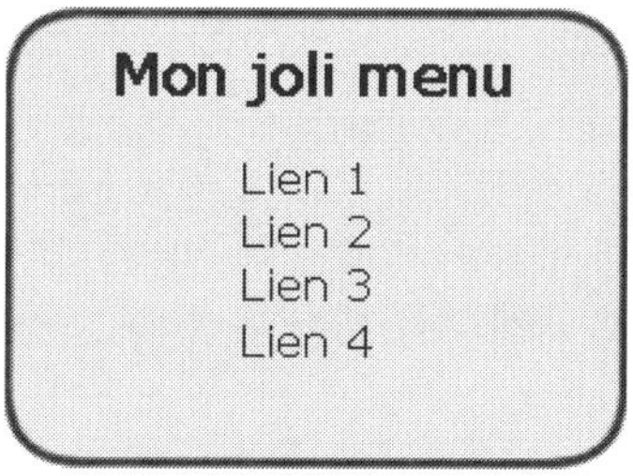

Figure 14–5
Habillage d'un menu

Variante : emploi des pseudo-éléments before et after

Les pseudo-éléments `:before` et `:after`, prévues par la norme CSS 2, permettent de générer du contenu dans le document HTML depuis la feuille de styles CSS. Non reconnues par Internet Explorer dans ses versions 6 et 7 (mais prévues sur IE8), ces techniques seront employées avec circonspection malgré leurs nombreux avantages (ce qui expliquent qu'elles soient reléguées à la position de variante au lieu d'apparaître comme la méthode recommandée).

VARIANTE La propriété -moz-border-radius

Cette propriété ne relève pas de la norme CSS et seuls l'interprètent les navigateurs fondés sur Gecko, le moteur de rendu de Mozilla. En somme, c'est une astuce propriétaire introduite par un navigateur.
Le W3C l'étudie et CSS 3 la mentionne. Tout porte donc à croire que des propriétés semblables simplifieront à l'avenir la tâche des designers web... quand elles seront programmées dans les navigateurs, et surtout présentes dans les navigateurs les plus répandus en pratique.
Sans nous attarder sur cette propriété avant-gardiste (seule technique simple n'utilisant aucune image pour arrondir les coins), illustrons son utilisation :

HTML

```
<p class="cadre">Texte de contenu</p>
```

CSS

```
.cadre {
width: 300px;
-moz-border-radius: 15px;
background-color: #ddd;
}
```

En général, elles mettent en place des éléments de décoration relevant de l'habillage plutôt que du contenu éditorial (texte ou image apparaissant lors du passage du pointeur de la souris, puce devant un élément de liste, etc.). CSS doit se limiter à créer des effets visuels non pertinents pour la navigation et la compréhension du contenu du document, faute de quoi les navigateurs n'activant pas les feuilles de styles et autres lecteurs d'écran pour handicapés produiraient des résultats difficiles à comprendre.

La mise en place d'un cadre arrondi respecte ces conditions : l'absence de cet habillage graphique ne gênera pas la consultation du document. Il suffit alors de demander un chapeau arrondi avant le contenu (`:before`) et un pied arrondi à sa suite (`:after`). Voilà qui simplifie considérablement le code :

HTML

```
<p class="cadre">Lorem ipsum dolor sit amet, …</p>
```

CSS

```
p#cadre:before {
content:url(haut.png);
}
p#cadre:after {
content:url(bas.png);
}
```

RÉFÉRENCE Pseudo-éléments :before et :after

Le blog de Nanoum développe très clairement cette utilisation des pseudo-éléments `:before` et `:after`, ainsi que d'autres techniques :

‣ http://www.nanoum.net/blog/5_before_et_after.html

Cadre élastique dans les deux dimensions

Il est plus délicat d'arrondir un cadre étirable à la fois en hauteur et en largeur. Aucune des nombreuses méthodes possibles n'est idéale ; nous n'en exposons ici qu'une seule.

RESSOURCE Bilan sur les méthodes de coins arrondis

Toutes les techniques inventées pour la création de cadres à coins arrondis sont recensées sur une page web en anglais :

‣ http://www.smileycat.com/miaow/archives/000044.html

En français, on ne trouve qu'un rapide comparatif entre certaines méthodes :

‣ http://www.e-t172.net/articles/round/

C'est l'une d'entre elles que nous reprenons ici.

Si l'on excepte la propriété `-moz-border-radius` et les pseudo-éléments `:before` et `:after`, toutes ces méthodes d'habillage polluent la sémantique de la structure HTML par l'introduction de plusieurs éléments `<div>` ou `<img>`. La règle de séparation entre le fond (HTML) et la forme (CSS) n'est plus respectée.

Le compromis que nous proposons est l'un des moins mauvais. Il s'agit de créer les quatre arrondis dans un programme de dessin puis de les placer un par un en position absolue, dans un conteneur lui-même positionné relativement.

Ces coins (présentés à la figure 14-6) relevant uniquement de la décoration et pas du contenu, nous préférerons recourir à l'élément neutre `<div>` qu'à la balise `<img>`.

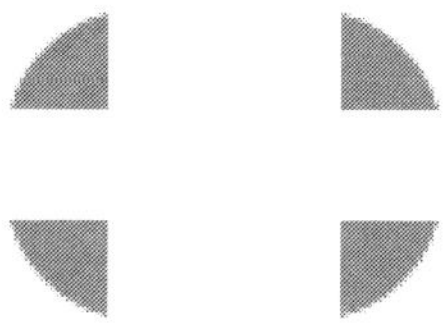

Figure 14–6
Les quatre coins

Pour assurer la bonne adaptation de leur couleur de fond à l'arrière-plan du document, le plus simple est de créer des images à fond transparent. L'objectif est de parvenir à l'habillage arrondi de la figure 14-7.

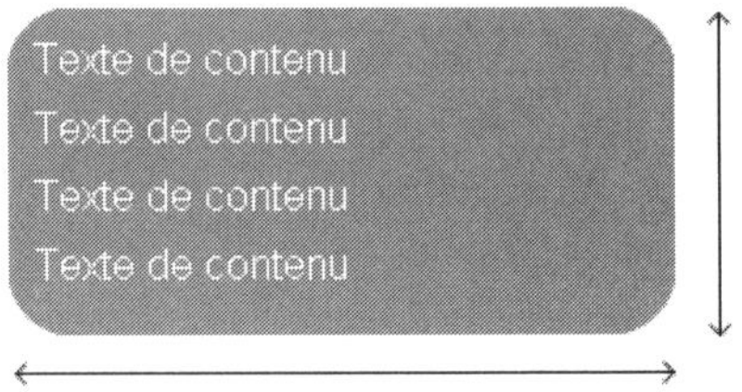

Figure 14–7
Cadre arrondi

Il faut prévoir quatre images distinctes, placées dans leurs coins respectifs, pour étirer le bloc en largeur et en hauteur. Elles seront placées en positionnement flottant, selon la structure générale représentée figure 14-8.

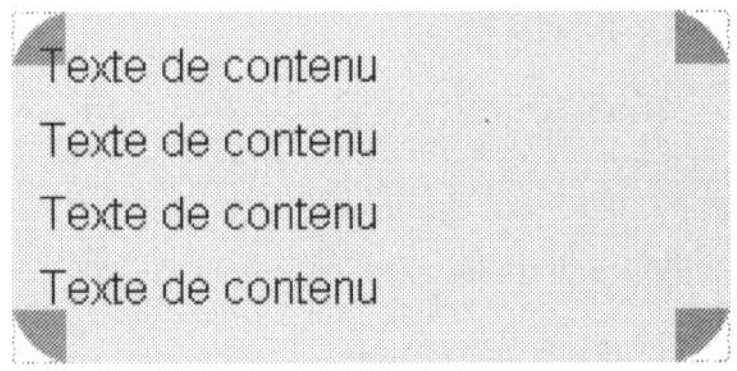

Figure 14–8
Structure du cadre arrondi

Dans le code HTML, les coins droits sont placés avant les coins gauches. Ceci assure le bon fonctionnement de leur positionnement flottant : un élément flottant est inséré dans le flux puis poussé à droite ou à gauche dans le conteneur. Par conséquent, il n'a d'effet que sur les frères qui le suivent dans la structure HTML. Pour le reste, ainsi que pour les styles CSS, vous devriez comprendre cette technique et pouvoir la réutiliser.

HTML

```
<div id="cadre">
  <div id="hautdroit"></div><div id="hautgauche"></div>
  <div id="contenu">
    <p>Texte de contenu</p>
    <p>Texte de contenu</p>
    <p>Texte de contenu</p>
    <p>Texte de contenu</p>
  </div>
  <div id="basdroit"></div><div id="basgauche"></div>
</div>
```

CSS

```
body {
font: 1em black verdana, sans-serif;
background-color: white;
}
#cadre {    /* Taille du cadre, donnée à titre d'exemple */
width: 15em;
background-color: #5F9E9D;
}

/* Propriétés communes aux quatre coins */
#hautgauche, #hautdroit, #basgauche, #basdroit {
height: 19px; width: 19px;
background-repeat: no-repeat;
font-size:1px; /* correction d'un bogue d'IE */
}

/* Propriétés spécifiques à chaque coin */
#hautgauche {
background-image: url(hautgauche.png);
}
#hautdroit {
float: right;
background-image: url(hautdroit.png);
}
#basgauche {
background-image: url(basgauche.png);
}
#basdroit {
float: right;
background-image: url(basdroit.png);
}

#contenu p {
color: white;
margin: 0.5em;  /* Gestion des espaces entre les paragraphes */
}
```

Application pratique

Appliquons les préceptes de ce chapitre pour remodeler le projet de site alsacien. Actuellement, son menu est affiché de manière horizontale et sous forme de boutons.

Reprenons-en la structure HTML et les règles CSS pour en faire un menu vertical entouré d'une bordure graphique.

Grâce au chapitre que vous venez de lire, vous avez toutes les cartes en main !

QUATRIÈME PARTIE

Mise en œuvre dans un projet professionnel

Dans cette dernière partie, nous nous proposons de revenir sur le chemin parcouru et les applications pratiques présentées pour concevoir un projet global, sous la forme d'un site web de qualité professionnelle.

15

Méthodologie générale

Chacun des quatre chapitres suivants portera sur une étape précise du projet. Dans cette introduction, nous nous contenterons de nous pencher sur les diverses techniques assurant une compatibilité maximale, sur la liste des points à contrôler avant d'attaquer une mise en page, et sur la présentation du projet à proprement parler.

Un site compatible avec tous les navigateurs

Nous l'avons signalé à de nombreuses reprises : malgré leur importance fondamentale, les standards développés par le W3C (et en particulier CSS) sont loin d'être parfaitement pris en charge et respectés, même par les programmes les plus récents. Quand, à l'image d'Internet Explorer 6, ils n'interprètent pas – à leur guise – certaines propriétés, les navigateurs ont besoin de temps pour prendre en charge les derniers standards.

Un débutant mal informé des diverses astuces assurant une certaine compatibilité malgré les bogues et problèmes des divers navigateurs peinera à produire un site web exploitable. C'est la raison d'être de cette méthodologie, voie à suivre pour créer des documents fonctionnant au mieux partout, et que nous respecterons notamment dans le projet au cœur de cette dernière partie.

Un travail en trois étapes et tester sous tous les navigateurs

Pour que nos documents web s'affichent correctement sur la plupart des navigateurs, nous nous conformerons à une méthode en trois étapes :

1. Établir une structure (HTML ou XHTML) claire, fonctionnelle même nue. Un document web se doit en effet d'être lisible sans mise en forme (CSS), scripts (JavaScript) ou plug-ins (Flash). On respectera les principes fondamentaux exposés sur le billet de blog http://blog.alsacreations.com/2004/06/28/33-principes-fondamentaux, selon lesquels un bon code HTML se doit d'être propre, compréhensible, simple, pertinent, accessible. On contrôlera la grammaire (X)HTML des documents produits avec le validateur du W3C.
2. On passe ensuite à la mise en page générale, en écrivant des styles CSS conformes aux standards du W3C et en testant régulièrement le document sur les navigateurs qui respectent le mieux ces normes (par exemple Firefox versions 3.0 ou 3.1, Opera (version 9.5, 9.6...), Safari version 3). Tous les validateurs syntaxiques automatiques (CSS et accessibilité, mentionnés dans l'annexe) devront être satisfaits.
3. C'est le moment de composer avec les mauvais élèves (Internet Explorer 6 et 7 et les anciens navigateurs). On devra pour cela simplifier les CSS, recourir à certaines bidouilles, ou ignorer les soucis de leurs utilisateurs (tant que le public véritablement ciblé par le projet est satisfait). Il n'est pas toujours possible de s'adapter à la fois aux navigateurs antiques et aux exigences d'accessibilité posées par les handicaps.

Les validations syntaxiques automatiques, même assurées par le W3C, ne forment qu'une condition nécessaire ne garantissant pas un affichage identique partout. Chaque navigateur présente ses propres bogues et spécificités, comme la taille par défaut des marges.

Les outils suivants vous permettront de tester le site web sur certains navigateurs ou plateformes pas toujours faciles à se procurer :

- Tester son site web sous Mac (Safari) : http://www.browsrcamp.com/
- Tester son site sous Lynx (navigateur en mode texte) : http://www.delorie.com/web/lynxview.html
- Installer Lynx sous Windows : http://home.pacific.net.sg/~kennethkwok/lynx/
- Versions autonomes d'Internet Explorer pour toutes plates-formes : http://tredosoft.com/Multiple_IE, recommandé si votre système d'expoitation est Windows XP SP2 ou SP3, ou http://www.my-debugbar.com/wiki/IETester/HomePage à tester si vous utilisez Windows Vista (attention il s'agit d'une version alpha et donc instable) ou encore http://browsers.evolt.org/?ie/32bit/standalone
- Tester son site sur assistant numérique personnel Palm : http://www.accessdevnet.com/

Méthodologie de correction de bogues

Les navigateurs actuellement utilisés ne sont pas toujours les plus récents ni les plus conformes aux standards du W3C. Il est donc probable que certains d'entre eux présentent des rendus assez surprenants, même si votre structure HTML et vos styles CSS sont parfaitement en règle.

Isoler les bogues d'affichage

Un bogue d'affichage est dû en général à des incompatibilités de navigateurs ou à des marges (`margin`, `padding`) par défaut différentes selon les navigateurs.

La première étape à suivre est d'isoler les éléments qui ne se comportent pas comme vous l'aviez prévu. Pour cela, trois techniques différentes permettent, grâce aux styles CSS, de localiser les éléments problématiques :

- l'ajout d'une couleur d'arrière-plan ;
- le masquage des éléments un par un ;
- la suppression de toutes les marges par défaut.

Appliquer une couleur d'arrière-plan

Cette étape permet de localiser les éventuels problèmes de marges ou de fusion de marges. C'est un phénomène qui se présente lorsque deux éléments de type bloc sont placés selon le flux normal, l'un sous l'autre. Dans ce cas, les marges haute et basse fusionnent et la marge finale prend la plus grande des deux valeurs... ce qui cause parfois des décalages verticaux.

Pour faciliter votre recherche, il est conseillé de colorer l'ensemble des éléments principaux en leur appliquant une couleur d'arrière-plan différente.

> **RÉFÉRENCE Fusion de marges**
>
> Voici un lien expliquant en détail les problèmes de fusion de marges :
> http://web.covertprestige.info/test/04-blocs-imbriques-et-fusion-des-marges.html

Masquer les éléments un par un

Parfois, il ne suffit pas de distinguer l'élément pour comprendre le problème posé. Il se peut que l'élément provoque des décalages ou autres influences « à distance ».

Dans le même ordre d'idée que la technique précédente, il peut être intéressant de masquer tous les éléments, un par un, pour déterminer avec certitude lequel est en cause.

Pour cela, appliquons un `display : none` successivement sur chaque élément (nommé en général par un `id` ou une classe). Cette procédure sera certainement longue car elle nécessite un tâtonnement au cas par cas, mais elle se révèle efficace.

Supprimer toutes les marges par défaut

Toutes les balises de type bloc (sauf `<div>`) possèdent des marges internes (`padding`) et externes (`margin`) par défaut. Le problème est que cette valeur par défaut varie d'un navigateur à l'autre et provoque des rendus différents. Il s'agit certainement de l'explication la plus courante lorsque des décalages apparaissent entre les diverses plates-formes.

Le meilleur moyen d'identifier un problème de marges sur certains éléments est de... supprimer toutes les marges de tous les éléments. Le principe est d'utiliser le sélecteur universel (*), qui s'appliquera à toutes les balises, et de mettre les marges à zéro :

```
* {margin: 0; padding: 0;}
```

Commencez votre feuille de styles par cette déclaration. Si les décalages involontaires disparaissent, vous aurez détecté un problème de marges par défaut. À vous ensuite d'isoler l'élément qui provoque ce décalage. Cette déclaration est un test de détection de bogues bien utile mais ne l'utilisez toutefois pas dans votre feuille de style finale car en remettant à zéro de nombreuses marges, elle vous oblige ensuite inutilement à redéfinir les marges par défaut de bien des éléments HTML.

Internet Explorer et le Haslayout

La notion de « haslayout » (qui possède le « layout ») est assez particulière et ne concerne que le navigateur Internet Explorer jusqu'à sa version 7 incluse (ou IE8 dans ses modes de compatibilité avec les anciennes versions). Le layout a été inventé par Microsoft pour conférer certaines caractéristiques à un élément. Ce concept est inhérent à ce navigateur et n'existe pas sous la forme de propriété ou règle CSS.

Selon Internet Explorer, un élément possède le layout (haslayout) ou ne le possède pas. Certains éléments sont dotés de layout par défaut : `<table>`, `<td>`, `<body>`, `<img>`, `<hr />`, `<input>`, `<select>`, `<textarea>`, `<button>`, `<object>`, `<applet>`... Donner le layout aux éléments qui ne le possèdent pas par défaut corrige de nombreuses incohérences sur IE : des décalages de flottants, des espaces au sein des listes et des problèmes de positionnement en général.

Il existe plusieurs méthodes pour donner le layout à un élément :

- `zoom : valeur` (par exemple `zoom : 1`) ;
- `heigth : valeur` (par exemple `heigth : 1%`) ;
- `width : valeur` ;

- `float : left` ou `float : right` ;
- `position : absolute` (attention aux conséquences) ;
- `display : inline-block` (ne fonctionne pas sur Firefox antérieur à la version 3).

Afin de n'appliquer ces méthodes qu'au navigateur Internet Explorer, il est vivement conseillé d'employer les commentaires conditionnels.

> RÉFÉRENCE **Concept de Haslayout**
>
> Voici une explication détaillée du concept de Haslayout :
> http://www.test.blog-and-blues.org/haslayout/trad_temp.html

Les commentaires conditionnels

Tous les navigateurs, selon leur ancienneté ou leur degré de conformité aux standards, ne prennent pas en charge les propriétés CSS de la même manière. Certains présentent des bogues d'interprétation, Quelques-uns reconnaissent les dernières nouveautés en CSS2, d'autres non.

Un hack est une technique pour éviter ces problèmes et permettre à ces navigateurs défectueux d'aboutir à nos fins, soit en détournant une propriété de son usage, soit en utilisant des codes supplémentaires pour pallier les manques.

Cependant, au fur et à mesure de l'évolution du navigateur, celui-ci devient de plus en plus conforme aux standards et les anciens hacks utilisés deviennent obsolètes. Ainsi, depuis l'arrivée d'IE7, beaucoup de hacks appliqués pour IE6 sont devenus inopérants car corrigés. Les concepteurs web ont dû reprendre un par un tous leurs hacks pour convenir à la nouvelle version.

IE8, encore à l'état de beta à l'heure où ces lignes sont écrites, semble apporter un très bon support de CSS2. On peut faire l'hypothèse que de nombreuses pages web s'afficheront dans IE8 tout aussi bien que dans Safari 3, Firefox 3 et Opera 9.x sans aucun recours à des hacks devenus obsolètes.

Pour remédier à ces problèmes, il existe une solution plus robuste et plus pérenne : les commentaires conditionnels. Il s'agit d'un mécanisme propre à Internet Explorer Windows depuis sa version 4, qui permet d'inclure dans une page HTML, de manière valide, du code qui ne sera lu et interprété que par IE, ou par l'une ou l'autre de ses versions.

Les commentaires conditionnels se présentent comme des instructions dotées d'une condition (`if`) et qui se placent en général dans l'en-tête du document (X)HTML (au sein de l'élément `<head>`).

La syntaxe la plus simple est la suivante :

HTML

```
<!--[if IE]>
ici votre code HTML réservé à IE
<![endif]-->
```

L'intérêt est de pouvoir cibler quelles versions d'Internet Explorer devront suivre ces commentaires conditionnels :

HTML

```
<!--[if gte IE 5]> pour réserver le contenu à toutes les versions
supérieures à IE 5.0 <![endif]-->
<!--[if IE 5.0]> pour IE 5.0 uniquement <![endif]-->
<!--[if IE 5.5000]> pour IE 5.5 <![endif]-->
<!--[if IE 6]> pour IE 6.0 <![endif]-->
<!--[if gte IE 5.5000]> pour IE5.5, IE6.0 et IE7.0 <![endif]-->
<!--[if lt IE 6]> pour IE5.0 et IE5.5 <![endif]-->
<!--[if lte IE 6]> pour IE5.0, IE5.5 et IE6.0 mais pas IE7.0<![endif]-->
<!--[if IE 7]> pour IE 7.0 <![endif]-->
<!--[if lte IE 7]> pour IE jusqu'à la version 7. mais pas les futures
versions d'IE (8, ...)<![endif]-->
```

Voici par exemple comment appliquer la règle `zoom : 1` à la classe `.donnelayout` uniquement sur IE6 :

HTML

```
<!--[if IE 6]>
<style>
.donnelayout { zoom: 1; }
</style>
<![endif]-->
```

ou

HTML

```
<!--[if IE 6]>
<link rel="stylesheet" href="styles_ie.css" type="text/css" />
<![endif]-->
```

> **RÉFÉRENCE Les commentaires conditionnels**
>
> Voici quelques ressources de référence concernant les commentaires conditionnels et leur mise en oeuvre :
> - http://forum.alsacreations.com/faq/faq-53-Qu039est-ce-que-les-commentaires-conditionnels-.html
> - http://www.blog-and-blues.org/articles/Les_syntaxes_de_commentaires_conditionnels_pour_IE_Windows
> - http://msdn.microsoft.com/workshop/author/dhtml/overview/ccomment_ovw.asp (anglais)

Mise en page de base ou gabarit

Revenons à présent à notre projet de conception complète en XHTML/CSS.

Tout projet web professionnel commence par l'établissement d'un cahier des charges, qui mentionnera au moins les trois ensembles d'éléments indispensables à la concrétisation d'un site :

- aspects techniques (hébergement, nom de domaine, mises à jour, etc.) ;
- aspects fonctionnels (navigation, contenu, ergonomie du site, typographie, puces, etc.) ;
- aspects visuels (disposition des éléments, couleurs, illustrations, typographie, puces, etc.).

Cette dernière partie se penchera surtout sur les aspects fonctionnels et visuels. Avant tout, il faut ne rien oublier d'important.

Après la réflexion sur le contenu et sa disposition et avant de construire le gabarit, il convient de faire un bilan des points essentiels. La mise en page dépendra des réponses apportées à un certain nombre de questions ; ce moule accueillera ensuite naturellement son contenu. Avant de vous plonger dans la programmation HTML, prenez donc soin de clarifier les aspects suivants :

- Largeur adaptable ou fixée ? Dans le cas d'une largeur imposée, le document sera-t-il centré dans le navigateur ?
- Présence d'un chapeau de page systématique (header) ?
- Présence d'un pied de page systématique (footer) ?
- Combien de menus de navigation sont prévus ?
- Sur quels côtés les menus de navigation seront-ils affichés, et dans quelle direction (verticalement ou horizontalement) ?
- Malgré les risques posés en matière d'accessibilité et d'ergonomie, un menu déroulant est-il prévu ?

Présentation du projet professionnel

Jusqu'à la fin de l'ouvrage, nous construirons peu à peu une page web complète, écrite en XHTML et mise en forme grâce aux styles CSS. Le résultat final est présenté figure 15-1 ; nous y reviendrons régulièrement. Il est également repris à l'adresse http://www.alsacreations.com/livre, où il joue le rôle de vitrine du présent manuel.

Cette zone web remplira toutes les fonctions que l'on est en droit d'attendre d'un site d'accompagnement de livre, prolongeant le dialogue avec ses lecteurs. Il apportera des informations supplémentaires, proposera des extraits de l'ouvrage, ses codes et illustrations, maintiendra une liste d'errata, etc. N'hésitez donc pas à l'inclure dans vos signets !

Figure 15–1
Le projet terminé

Il s'agit d'une charte graphique légère et fraîche, disposant néanmoins ses éléments de manière simple et classique : logo et titre dans l'en-tête, menu de navigation à gauche, partie centrale de contenu et petit encart mentionnant les dernières nouveautés.

Les chapitres suivants se pencheront tour à tour sur la structuration de l'en-tête (header) ; sur celle des éléments de navigation ; sur le contenu général (titres, textes, encart), pour enchaîner sur les styles CSS employés dans ce projet.

Nous avons fait les choix suivants :

- Ce site web, de largeur variable, s'affichera dans toutes les résolutions d'écran à partir de 800 pixels par 600. Les zones de contenu et d'en-tête s'adapteront automatiquement à la largeur de la fenêtre du navigateur. Le menu sera de largeur fixe mais s'adaptera à la taille de police (ses dimensions étant précisées en `em`).
- L'en-tête reprendra l'identité graphique du site, le logo Alsacréations, ainsi que le titre général de l'ouvrage présenté. Un pied de page n'est pas nécessaire.
- Plusieurs menus de navigation sont prévus : un sommaire général vertical à gauche du site et un menu horizontal « rapide » dans l'en-tête, facilitant l'accès direct aux liens importants (retour à l'accueil, page de contacts, etc.).
- Nul besoin d'un menu déroulant, mais chaque menu réagira au passage du pointeur de la souris.

16

En-tête du document

La page web du projet débutera par un en-tête (header) sous la forme d'un bandeau graphique avec le titre du site, un sous-titre et une illustration. Il devra s'adapter à toutes les résolutions d'écran tout en restant accessible au plus grand nombre (sans oublier les non voyants). Quadrature du cercle ?

Découpe et préparation

Un astucieux décor

Le fond de l'en-tête (présenté figure 16-1) est une banale image de 800 pixels par 100, appliquée sans répétition en arrière-plan d'un bloc <div>. Une couleur de fond de raccord (qu'on peut cumuler en CSS avec une image de fond) assurera la bonne tenue de l'ensemble pour les résolutions supérieures.

Figure 16–1 Image de fond de l'en-tête

Contenu de l'en-tête

Le bandeau d'en-tête contiendra de plus les éléments suivants :

- « Alsacréations, le livre ». Ce titre de document, peu visible dans les environnements graphiques, représente une information essentielle pour les navigateurs incapables de restituer les images, comme les lecteurs d'écran.
- Un slogan rappelant le titre (provisoire) du livre, par exemple « Concevoir des sites web avec HTML et CSS ».
- Une image de grimoire (figure 16-2) surplombant l'arrière-plan général et collée à droite de son conteneur quelle que soit la résolution d'écran. Elle a un fond transparent destiné à s'adapter à l'arrière-plan du bandeau.

Figure 16–2
Le grimoire de fin d'en-tête

Réalisation pratique

Il est temps d'implémenter nos désirs en HTML et CSS. Dédaignant l'angoisse de la page blanche, créons un nouveau document XHTML et plongeons dans le code…

Structure du document

On travaillera dans un éditeur de texte. HTML-Kit (http://www.chami.com/html-kit/download/) est agréable, mais tous feront l'affaire. Même le fruste Notepad pour Windows pourra dépanner les designers temporairement dépourvus d'outil plus efficace. Un programme puissant capable de colorer syntaxiquement le code HTML mettra en évidence de nombreuses étourderies en différenciant clairement le texte des balises, c'est-à-dire le contenu, de sa structure HTML.

Nous l'avons vu dans les premiers chapitres, une page (X)HTML se compose d'un doctype suivi d'un élément racine (`<html>`). Ce dernier se divise en deux fils : `<head>` (renfermant l'élément `<meta>` qui rassemble toutes les méta-informations du document) et `<body>`, racine du contenu. Nous prendrons pour canevas la structure type suivante :

```
<!DOCTYPE html PUBLIC "-//W3C//DTD XHTML 1.0 Strict//EN"
  "http://www.w3.org/TR/xhtml1/DTD/xhtml1-strict.dtd">
<html xmlns="http://www.w3.org/1999/xhtml" xml:lang="fr" lang="fr">
<head>
```

```
<title>Alsacréations, le livre</title>
<meta http-equiv="Content-Type"
      content="text/html; charset=iso-8859-15" />
<link rel="stylesheet" type="text/css" href="styles.css"
      media="screen" />
</head>
<body>
</body>
</html>
```

Certains éléments y sont déjà renseignés : `<title>` comporte le texte « Alsacréations, le livre » ; l'élément `<link>` important la feuille de styles externe `styles.css`. Nous nous pencherons un peu plus tard sur la mise en page et l'habillage graphique et créerons alors ce fichier.

Structure de l'en-tête

Les divers éléments du bandeau supérieur seront rassemblés dans un conteneur. L'élément `<div>` est tout indiqué ; attribuons-lui l'identifiant unique `header`. Cette étiquette facilitera la création d'un lien vers le haut de page :

```
<body>
<div id="header">
</div>
</body>
```

Passons au contenu, et plaçons ses éléments dans un ordre encore compréhensible en l'absence de mise en page CSS : le grimoire du bandeau, le titre principal `<h1>`, le paragraphe de slogan.

```
<div id="header">
<img src="livre.png" alt="livre illustratif" />
<h1>Alsacréations, le livre</h1>
<p>Concevoir des sites web modernes avec HTML et CSS</p>
</div>
```

MÉTHODE Sélectionner en utilisant l'arborescence

On pourra sélectionner tous les éléments de ce bloc de par leur type et leur position hiérarchique ; inutile donc de leur donner à chacun une classe ou un identifiant. Par exemple, l'élément `<p>` du bloc `header` sera désigné en CSS par le sélecteur suivant :

```
#header p
```

Le bandeau a désormais l'allure de la figure 16-3.

Figure 16–3
En-tête sans mise en forme

Mise en forme CSS

Des styles permettront d'obtenir l'habillage graphique souhaité. Créons le fichier `styles.css`, feuille de styles globale du site web. Nous y rassemblerons toutes les déclarations de mise en forme.

Une première règle, portant sur l'élément `<body>`, concernera toutes les pages du document. Les styles suivants suppriment les marges, optent pour un fond blanc et définissent la famille et la taille de police par défaut :

```
body {
margin: 0;
padding: 0;
background: white;
color: black;
font-size: 80%;
font-family: "Bitstream Vera Sans", Verdana, Arial, Helvetica, serif;
}
```

Style du conteneur général

Pour affubler le bloc `<div id="header">` de l'image d'arrière-plan présentée figure 16-1, on y précisera la propriété raccourcie `background` définissant couleur de fond, image de fond, sa position et son mode de répétition. Il aura la même hauteur que l'image (`100px`) et en tant que bloc, occupera par défaut toute la largeur disponible.

```
#header {
height: 100px;
background: #97C05F url(banniere.jpg) top left no-repeat;
}
```

Style de l'image décorative

Le grimoire symbolisant le manuel prendra place à droite du bandeau, quelle que soit la dimension de la fenêtre. Deux méthodes pertinentes sont possibles :

- Positionner absolument, avec les propriétés `right` et `top`, la balise `<img>` située dans l'élément d'identifiant `header`.
- Positionner cet élément `<img>` en flottant avec la propriété `float`, l'instruction `margin` décalant l'image où souhaité.

La seconde, plus proche du flux, aura notre préférence, et le document restera compréhensible en l'absence de styles :

```
#header img {
  float: right;
  margin: 5px 5px 0 0;
}
```

Style du titre général

Le titre « Alsacréations, le livre » ne doit être pris en compte que par les navigateurs incapables de restituer les graphiques, car l'image de fond propose déjà le titre « Alsacréations ».

Des diverses méthodes étudiées pour cacher du contenu aux navigateurs graphiques sans trop gêner les autres, nous retiendrons ici la déclaration `text-indent: -5000px`. Rappelons qu'elle engendre un retrait à gauche « poussant » le titre hors de la zone de vision.

Tous les éléments de type bloc, à l'exception de `<div>`, possèdent par défaut des marges internes et/ou externes différentes d'une navigateur à l'autre. C'est notamment le cas de `<h1>`. Laissé en l'état, il induirait des décalages dépendant du navigateur. Supprimons toutes ses marges ; annulons aussi la hauteur de ligne (`line-height`) pour éviter tout décalage avec l'élément `<p>` suivant.

```
#header h1 {
  text-indent: -5000px;
  margin:0;
  line-height: 0;
}
```

Style du slogan

Un paragraphe placé comme les autres dans le flux, positionné grâce aux marges, avec une police blanche et grasse de `1.1em`, donc un peu plus grande que la taille par défaut de l'élément `body`, renfermera le slogan.

Ce bloc sera placé par rapport au dernier élément du flux (le titre `<h1>`), à 45 pixels du haut et 200 pixels du côté gauche. Ceci ne prend pas en compte son décalage provoqué par `text-indent`. Rappelons l'interprétation du raccourci `margin` : les quatre côtés pris dans le sens horaire en partant du haut.

```
#header p {
  margin: 45px 0 0 200px;
  font-weight: bold;
  color: white;
  font-size: 1.1em;
}
```

Cette première étape aboutit ainsi sur l'ébauche de la figure 16-4 : un haut de page avec bandeau d'arrière-plan et divers éléments.

Figure 16–4
En-tête finalisé

Tous les éléments suivant le flux courant, ce document reste lisible même sans mise en forme CSS (ce dont vous vous assurerez en supprimant la ligne de code mentionnant la balise `<link>`). On garantit ainsi un accès à tous au site web, qu'on ne réserve pas aux seuls navigateurs graphiques.

Après une réflexion sur les différents moyens de navigation, nous mettrons en place les deux menus.

17

Concevoir les éléments de navigation

Clés de voûte d'un site web, le menu et autres moyens de navigation aideront vos visiteurs à trouver rapidement l'information qu'ils recherchent. S'ils ne trouvent pas leur ergonomie cohérente et claire, leur frustration les dissuadera de revenir.

Les moyens de navigation

Considérez d'un œil critique les sites de vos signets favoris. Chacun est articulé différemment, de par les systèmes de navigation qu'il propose. Certains préfèrent des menus horizontaux ou verticaux ; d'autres ajoutent des outils (champ de recherche, plan du site). Multiplier ainsi les angles d'attaque dote un site d'atouts supplémentaires, car chaque utilisateur appréhende les situations différemment.

Penchons-nous sur les techniques qui faciliteront la vie de vos hôtes.

Le menu général

Sommaire global menant à toutes les sections du site, c'est le « menu de navigation ». On le trouve presque partout et sous toutes les formes : textuelle ou graphique avec images, puces ou onglets ; affiché verticalement ou horizontalement, etc.

Le plan du site

Organigramme complet, il décrit en une page la structure générale du site, souvent sous une forme arborescente. Il est particulièrement indiqué pour les sites riches en thèmes et en pages ainsi qu'en complément de termes obscurs ou peu parlants dans le sommaire général.

Un moteur de recherche

C'est un moyen de navigation essentiel dans un site riche en contenus (boutique en ligne, site d'information, etc.) Libéré des contraintes de navigation imposées par les liens, menus et sous-menus, le visiteur mentionne directement les mots-clés qui l'intéressent. Il gagne ainsi un temps précieux.

Les accès rapides

Les liens d'accès rapide sont des raccourcis vers quelques pages jugées importantes : accueil, contacts, etc. Ils sont souvent mis en évidence en haut de document. Ce sont des points de repère globaux pour le site.

Les liens d'évitement

Raccourcis ciblant les handicapés, notamment les non-voyants, ils mènent dès le chargement de la page à la partie recherchée (contenu, menu général, moteur de recherche, etc.). Les lecteurs d'écran et outils similaires retranscrivent le contenu au fil du flux du document. Les liens d'évitement, placés en début de page de façon visible, épargneront au visiteur les parties qui l'intéressent moins. Ce sont des points de repère propres à une page web donnée.

Un fil d'Ariane

Cet historique de navigation rappelle en permanence la position actuelle sur le site en ouvrant un accès direct aux autres pages déjà visitées. L'utilisateur évite ainsi des manipulations longues ou fastidieuses. Semer de tels petits cailloux blancs servira plus particulièrement dans les dédales grouillant de thèmes.

Une Foire aux Questions (FAQ)

La Foire aux Questions (Frequently Asked Questions) recense (ou anticipe) les questions les plus fréquentes et les transforme en liens vers la page de leur réponse.

Cet outil complète le moteur de recherche : les questions posées par les visiteurs peu expérimentés, classées par thème, y reçoivent des réponses détaillées et adaptées. Excellente introduction à un nouveau site, il prépare à l'utilisation du champ de recherche, au potentiel bien plus vaste.

Le retour en haut de page

Il est pratique de rythmer les pages longues et fournies des sites de cours et autres documentations par des repères ramenant en haut de document. C'est particulièrement utile pour butiner des parties choisies d'un texte conséquent, préfacé par une table des matières (comme une FAQ).

Le retour vers le haut de page prend la forme d'un lien hypertexte vers l'élément parent du document, `<body>`. Dans les versions strictes de HTML et XHTML, on remplacera l'obsolète propriété `name` par un identifiant unique appliqué à la balise visée.

Exemple :

HTML

```
<body id="haut">
...
<a href="#haut">retour en haut de page</a>
```

Pour cet usage particulier, la plupart des navigateurs (mais pas Opera) proposent la formule plus concise # :

```
<a href="#">retour en haut de page</a>
```

Les liens internes, les ancres

Cette technique est recommandée à partir d'une taille critique de contenu correspondant à trois écrans de résolution 1024 par 768 pixels (voir le référentiel ADAE sur le site BrailleNet : http://braillenet.org). Des liens internes à la page, ou « ancres », sont alors d'un grand confort : ils permettent d'atteindre directement les différents titres de sections ou des paragraphes précis.

Cette méthode généralise l'idée précédente car des liens internes pourront cibler n'importe quel élément HTML, en particulier les intertitres `<h1>`, `<h2>`, etc.

HTML

```
<a href="#proprietes">aller à la liste des propriétés CSS</a>
…
<h2 id="proprietes">Liste des propriétés CSS</h2>
<p>Lorem ipsum dolor sit amet, …</p>
```

Un menu thématique

Ce système de navigation très innovant et assez peu répandu améliore les présentations par thèmes en permettant de consulter successivement des articles apparentés, sans manipulation fastidieuse intermédiaire. Il consiste à donner sur chaque page une liste de liens menant vers des documents annexes ou connexes.

Prenons l'exemple d'un site dédié à l'informatique. Le premier document renvoyé par une recherche portant sur les DVD réinscriptibles ne satisfait pas le visiteur. Un menu thématique pointant vers les autres articles traitant de DVD (indépendamment de leur position dans l'organigramme du site) lui évitera de recommencer sa recherche.

Remerciements

Cette première partie est largement inspirée des remarques et idées de Dominique, modérateur actif des forums World-Informatique et Alsacréations, que je tenais à remercier ici.

- http://forums.world-informatique.com/
- http://forum.alsacreations.com

Réalisation pratique

Le site web projeté comporte :

- des liens d'accès direct dans un menu horizontal pour revenir à l'accueil, contacter l'auteur, et se rendre à l'espace privé ;
- un menu général, vertical, placé à gauche ;
- un formulaire de recherche incorporé sous le menu général.

Comment concevoir ces divers éléments de navigation ?

Le menu horizontal

Le menu horizontal d'accès rapide, situé directement sous le bandeau d'en-tête, prend la forme d'une ligne de liens blancs sur fond noir (figure 17-1).

Figure 17–1
Le menu rapide horizontal

Le chapitre dédié aux menus recommande de structurer ceux-ci sous forme d'une liste non ordonnée. Faisons suivre le bloc `header` d'un bloc de liste (`<ul>`) intitulé `menuhaut` :

```
<div id="header">
  <img src="livre.png" alt="livre illustratif" />
  <h1>Alsacréations, le livre</h1>
  <p>Concevoir des sites web modernes avec HTML et CSS</p>
</div>

<!-- Menu d'accès rapide -->
<ul id="menuhaut">
  <li><a href="index.html" accesskey="1">Retour à l'accueil</a> - </li>
  <li><a href="contact.html">Contact</a> - </li>
  <li><a href="securise.html">Espace privé</a></li>
</ul>
```

Comme en témoigne la figure 17-2, ce menu est encore assez rudimentaire, mais des styles CSS le mettront en forme.

Figure 17–2
Le menu rapide sans mise en forme

Le conteneur de liste (`<ul>`) portera des marges, un arrière-plan noir, et un texte blanc aligné sur la droite. En outre, les éléments de liste n'arboreront pas de puce :

```
#menuhaut {
  margin: 0;
  padding: 0.1em 0.5em 0.1em 0;
  list-style-type: none;
  background-color: black;
  color: white;
  text-align: right;
}
```

Ces mêmes éléments de liste prendront place à la suite les uns des autres à la manière d'éléments en ligne :

```
#menuhaut li {
  display: inline;
}
```

Ils seront blancs et soulignés uniquement lors du survol par le pointeur de la souris :

```
#menuhaut a {
  color: white;
  text-decoration: none;
}
#menuhaut a:hover {
  text-decoration: underline;
}
```

Le résultat ainsi obtenu satisfait nos exigences.

Le menu vertical

C'est un sommaire général décoré par un arrière-plan graphique (figure 17-3).

Opter pour des dimensions exprimées en `em` modifiera automatiquement la taille du menu à chaque changement de taille du texte (opéré, dans certaines limites, par l'utilisateur via les préférences de son navigateur). L'image d'arrière-plan débordera donc de l'espace prévu par défaut (figure 17-4).

Figure 17–3
Le menu général

Figure 17–4
L'image d'arrière-plan

Enfin, des effets de couleurs et une infobulle descriptive accompagneront le survol des liens (figure 17-5).

Figure 17–5
Comportement lors du survol d'un lien

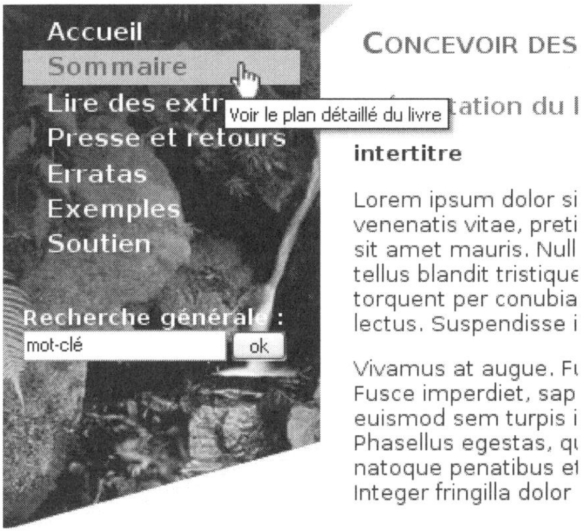

Le menu général regroupe les liens du sommaire et le formulaire de recherche. C'est donc un conteneur neutre <div> qui englobera ces deux objets. Focalisons-nous dans un premier temps sur le menu de navigation général :

```
<div id="menu">
  <!-- Menu de navigation général -->
  <ul>
  <li><a href="index.html" accesskey="1">Accueil</a></li>
  <li><a href="somm.php" title="Voir le plan détaillé du livre">
     Sommaire</a></li>
  <li><a href="extraits.php" title="Quelques parties de l'ouvrage">
     Lire des extraits</a></li>
  <li><a href="presse.php"
        title="Médias et sites qui mentionnent ce livre">
     Presse et retours</a></li>
  <li><a href="errata.php"
        title="Erreurs et corrections apportées">
     Errata</a></li>
  <li><a href="exemples.php" title="Codes CSS d'exemple du livre">
     Exemples</a></li>
  <li><a href="bannieres.php"
        title="Soutenez et faites connaître ce livre">
     Soutien</a></li>
  </ul>

  <!-- Formulaire de recherche -->

</div>
```

Ce premier jet est encore assez pauvre graphiquement ; enrichissons-le. Le conteneur <div id="menu"> doit pouvoir s'adapter à la taille de police choisie, afficher un arrière-plan graphique, et se placer à gauche directement sous le menu horizontal :

```
#menu {
  float: left;
  width: 15em;
  padding: 0.5em 0 8em 0;
  margin: 0px;
  background: #336600 url(fondmenu.jpg) bottom left no-repeat;
}
```

Le bloc de menu <ul> ne doit arborer ni puces ni marges internes (padding). On le dote en revanche de marges latérales d'épaisseur 1em de chaque côté :

```
#menu ul {
  list-style-type: none;
  padding: 0;
  margin: 0 1em;
}
```

La mise en forme par défaut des éléments de liste `<li>` convient, mais leurs liens doivent être dimensionnés pour apparaître sous forme de boutons. On leur applique par conséquent la propriété `display: block` avec hauteur fixée et hauteur de ligne centrant le texte verticalement. Une couleur de fond distinguera les liens survolés par le pointeur de la souris :

```
#menu li a {
  display: block;
  text-decoration: none;
  height: 1.4em;
  line-height: 1.4em; /* pour centrer verticalement le texte
                         dans le bouton de lien */
  color: white;
  font-weight: bold;
  font-size: 120%;
  text-indent: 1em;
}
#menu li a:hover {
  background: #cccc33;
  color: #336600;
}
```

Un bon formulaire de recherche assistera ce sommaire général.

Le formulaire de recherche

Il est placé dans le bloc `menu`, juste sous le menu général :

```
  <!-- Formulaire de recherche -->
  <p>Recherche générale:</p>
  <form action="recherche.php" method="get">
  <div>
    <input type="text" name="recherche" class="champ"
           value="mot-clé" />
    <input type="submit" value=" ok " />
  </div>
  </form>
```

Il comprend les éléments en ligne `<form>`, son champ `<input>` de type texte, et un champ de validation de type `submit`. Un élément `<form>` ne pouvant pas contenir directement d'autres éléments en ligne, nous avons regroupé les balises `<input>` dans un bloc `<div>`. La mise en forme se limite à la gestion des espaces par défaut sur `<p>` et `<form>` et à la définition d'un style de police pour le paragraphe :

```
#menu p {
margin: 1.5em 0 0 1em;
font-weight: bold;
color: white;
}
#menu form {
margin:0 0 0 1em;
}
```

Fixer la largeur du champ de texte évitera tout décalage et uniformisera l'affichage sur tous les navigateurs :

```
#menu form .champ {
width: 8em;
}
```

Ceci conclut la structuration et mise en page du formulaire.

> **ALLER PLUS LOIN Sites web dynamiques**
>
> Nous passons discrètement sous silence la programmation du moteur de recherche à proprement parler, invoqué dans cet exemple par le script PHP `recherche.php` – elle sort du cadre de cet ouvrage. De nombreux sites web expliquent PHP et l'envoi de formulaires, par exemple Salemioche.net à l'adresse :
>
> ▸ http://www.salemioche.net/script-php-1.php
>
> 🕮 Chaleat et al, *PHP/MySQL et JavaScript*, Eyrolles 2005

Tous ces éléments de navigation mis en place, passons à l'intégration du contenu dans la page.

18

Insérer le contenu du document

Le site bien habillé, ses menus mis en place et décorés, tout le cérémonial est prêt pour accueillir la raison d'être de tout projet web digne de ce nom : le contenu.

Structure générale du contenu

Le bloc de contenu général présente différents éléments distincts, dont la figure 18-1 donne un aperçu global de l'organisation :

- un titre principal et un sous-titre ;
- un encart affichant une liste d'événements récents ;
- le contenu à proprement parler.

> **CONCEPTION DE MAQUETTE « lorem ipsum » et les textes de remplissage**
>
> Ne vous fiez pas à ce texte provisoire, le site ne sera pas développé en latin ! Ce texte de remplissage, appelé « lorem ipsum », est un contenu type souvent utilisé lors de la création de maquettes de sites web pour donner un aperçu du rendu final de la page.
>
> Le site Lipsum propose ce poème à l'adresse : http://lipsum.com/

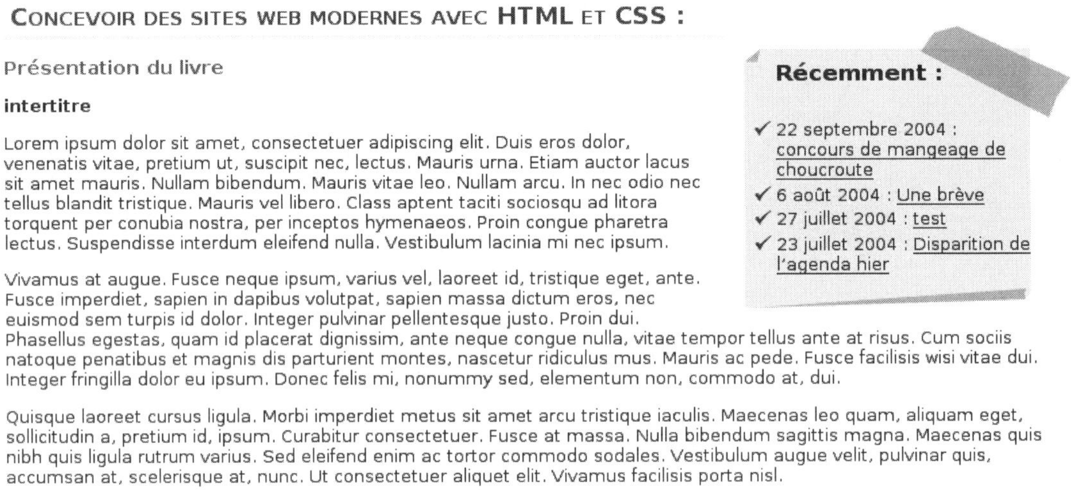

Figure 18–1
Organisation du contenu général

Le bloc de contenu global se place dans le code à la suite du bloc de menu :

```
<div id="menu">
  ...
  </div>

<!-- Contenu général -->
<div id="global">
  ...
</div>
```

Le bloc de menu étant positionné en flottant, le contenu l'épouse en s'écoulant tout autour. Pour éviter qu'à terme il occupe aussi l'espace situé sous le menu (large de `15em`), nous décalerons sa marge gauche de `15.5em` vers la droite :

```
#global {
margin-left: 15.5em;
}
```

Titres et sous-titres

Les éléments <h1>, <h2>, etc. représenteront, comme c'est l'usage, les niveaux hiérarchiques du document. Il est rapide de structurer le document créé en le dotant d'un titre et d'un sous-titre :

```
<div id="global">
  <h1>Concevoir des sites web modernes avec HTML et CSS</h1>
  <h2>Présentation du livre</h2>
</div>
```

Le créateur imaginatif pourra ensuite appliquer à ces éléments les styles recherchés. En ce qui nous concerne, la figure 18-1 est le résultat des règles suivantes :

```
#global h1 {
  font-weight: bold;
  font-size: 150%;
  padding-bottom: 0.2em;
  border-bottom: 3px solid #ffff99;
  font-variant: small-caps;
  text-indent: 5px;
  color: #250;
}
#global h2 {
  margin-top: 1em;
  margin-bottom: 1em;
  font-size: 110%;
  font-weight: bold;
  color: #282;
}
```

Encart des événements récents

Il n'a pu échapper à votre perspicacité que l'encart relatant les derniers événements est un cadre graphique de largeur fixe et de hauteur variable. C'est une bonne occasion de réviser cette leçon : un tel encart implique l'imbrication de deux blocs <div>. Il comprendra un titre de troisième niveau (<h3>) et une liste d'événements représentée par les éléments <ul> et <li>.

```
<!-- Contenu général -->
<div id="global">
  <h1>Concevoir des sites web avec HTML et CSS</h1>
  <h2>Présentation du livre</h2>

  <!-- Encart -->
  <div id="encart">
  <h3>Récemment:</h3>
    <div id="bloccadre">
    <ul>
      <li>Date: <a href="lien1.html">événement 1</a></li>
      <li>Date: <a href="lien2.html">événement 2</a></li>
      <li>Date: <a href="lien3.html">événement 3</a></li>
      <li>Date: <a href="lien4.html">événement 4</a></li>
      <li>Date: <a href="lien5.html">événement 5</a></li>
    </ul>
    </div>
  </div>
```

À nouveau, il s'agit avant tout de régler en CSS les diverses marges internes et externes. Pour le reste, reportez-vous au chapitre 14, traitant des encadrements graphiques :

```
/* Encart */
#encart {
  float: right;
  width: 250px;
  margin: 0 5px 5px 5px;
  padding-top: 30px;
  background: url(posthaut.png) left top no-repeat;
}
#encart h3 {
  font-size: 130%;
  margin: 0 0 0 40px;
}
#bloccadre {
  background: url(postbas.png) left bottom no-repeat;
  padding: 0 0 25px 40px;
}
#bloccadre ul {
  margin: 1em 0 0 0;
  padding:0;
}
```

```
#bloccadre li {
  margin: 0;
  list-style-image: url(postpuce.png);
}
#bloccadre li a {
  color: black;
  text-decoration: none;
}
#bloccadre li a:hover {
  text-decoration: underline;
}
```

Ce cadre graphique utilise les images `posthaut.png` (figure 18-2), `postbas.png` (figure 18-3), et la puce `postpuce.png` (figure 18-4).

Figure 18–2
Partie haute de l'encart

Figure 18–3
Partie basse de l'encart

Figure 18–4
Puce pour les éléments
de l'encart

Contenu textuel

Texte et illustrations internes suivent simplement l'encart dans le code HTML. Nul besoin de les englober dans un bloc quelconque ; ils se trouvent déjà dans le `<div>` d'identifiant `global` :

```
    <div id="encart">
    …
    </div>
<p>Lorem ipsum dolor sit amet,etc.</p>
…
</div> <!-- Fin du bloc « global » -->
```

Ce contenu ne nécessite aucune mise en forme particulière : sa présence dans le bloc `global` le positionne et les déclarations générales portant sur le corps du document (<body>), héritées, définissent sa police.

Bilan sur les codes utilisés

Tout au long de ce projet, nous avons su séparer totalement le contenu de la mise en forme dans le document. Le code XHTML rassemble structure et contenu ; habillage et design sont regroupés dans un fichier CSS externe. Voici la synthèse des deux parties de ce projet :

Fichier index.html

```
<!DOCTYPE html PUBLIC "-//W3C//DTD XHTML 1.0 Strict//EN"
  "http://www.w3.org/TR/xhtml1/DTD/xhtml1-strict.dtd">
<html xmlns="http://www.w3.org/1999/xhtml" xml:lang="fr" lang="fr">

<head>
<title>Alsacréations, le livre</title>
<meta http-equiv="Content-Type"
      content="text/html; charset=iso-8859-15" />
<link rel="stylesheet" type="text/css" href="styles.css"
      media="screen" />
</head>

<body>
```

```
<!-- En-tête -->
<div id="header">
  <img src="livre.png" alt="livre illustratif" />
  <h1>Alsacréations, le livre</h1>
  <p>Concevoir des sites web avec HTML et CSS</p>
</div>

<!-- Menu accès rapide -->
<ul id="menuhaut">
  <li><a href="index.html" accesskey="1">Retour à l'accueil</a> - </li>
  <li><a href="contact.html">Contact</a> - </li>
  <li><a href="securise.html">Espace privé</a></li>
</ul>
<div id="menu">


  <!-- Menu de navigation général -->
  <ul>
  <li><a href="index.html" accesskey="1">Accueil</a></li>
  <li><a href="somm.php3" title="Voir le plan détaillé du livre">
      Sommaire</a></li>
  <li><a href="extraits.php3" title="Quelques parties de l'ouvrage">
      Lire des extraits</a></li>
  <li><a href="apresse.php3"
         title="Médias et sites qui mentionnent ce livre">
      Presse et retours</a></li>
  <li><a href="errata.php3" title="Erreurs et corrections apportées">
      Errata</a></li>
  <li><a href="exemples.php3" title="Codes CSS d'exemple du livre">
      Exemples</a></li>
  <li><a href="bannieres.php3"
         title="Soutenez et faites connaître ce livre">
      Soutien</a></li>
  </ul>


  <!-- Formulaire de recherche -->
  <p>Recherche générale:</p>
  <form action="recherche.php3" method="get">
  <div>
    <input type="text" name="recherche" class="champ"
           value="mot-clé" />
    <input type="submit" value=" ok " />
  </div>
  </form>
</div>
```

```
<!-- Contenu général -->
<div id="global">
  <h1>Concevoir des sites web modernes avec HTML et CSS</h1>
  <h2>Présentation du livre</h2>

  <!-- Encart -->
  <div id="encart">
  <h3>Récemment:</h3>
    <div id="bloccadre">
    <ul>
      <li>Date: <a href="lien1.html">événement 1</a></li>
      <li>Date: <a href="lien2.html">événement 2</a></li>
      <li>Date: <a href="lien3.html">événement 3</a></li>
      <li>Date: <a href="lien4.html">événement 4</a></li>
      <li>Date: <a href="lien5.html">événement 5</a></li>
    </ul>
    </div>
  </div>
  <p>Lorem ipsum dolor sit amet, consectetuer adipiscing elit. Duis
eros dolor, venenatis vitae, pretium ut, suscipit nec, lectus. Mauris
urna. Etiam auctor lacus sit amet mauris. Nullam bibendum. Mauris vitae
leo. Nullam arcu. In nec odio nec tellus blandit tristique. Mauris vel
libero. Class aptent taciti sociosqu ad litora torquent per conubia
nostra, per inceptos hymenaeos. Proin congue pharetra lectus.
Suspendisse interdum eleifend nulla. Vestibulum lacinia mi nec ipsum…
  </p>
  </div>
</body>
</html>
```

Fichier styles.css

```
/* Mise en page globale */
body {
margin: 0;
padding: 0;
background: white;
color: black;
font-size: 80%;
font-family: "Bitstream Vera Sans", Verdana, Arial, Helvetica, serif;
}
```

```
/* En-tête */
#header {
height: 100px;
background: #97C05F url(banniere.jpg) top left no-repeat;
}
#header img {
  float: right;
  margin: 5px 5px 0 0;
}
#header h1 {
  text-indent: -5000px;
  margin:0;
  line-height: 0;
}
#header p {
  margin: 45px 0 0 200px;
  font-weight: bold;
  color: white;
  font-size: 1.1em;
}


/* Menu horizontal */
#menuhaut {
  margin: 0;
  padding: 0.1em 0.5em 0.1em 0;
  list-style-type: none;
  background-color: black;
  color: white;
  text-align: right;
}
#menuhaut li {
  display: inline;
}
#menuhaut a {
  color: white;
  text-decoration: none;
}
#menuhaut a:hover {
  text-decoration: underline;
}
```

```
/* Menu vertical */
#menu {
  float: left;
  width: 15em;
  padding: 0.5em 0 8em 0;
  margin: 0px;
  background: #336600 url(fondmenu.jpg) bottom left no-repeat;
}
#menu ul {
  list-style-type: none;
  padding: 0;
  margin: 0 1em 0 1em;
}
#menu li a {
  display: block;
  text-decoration: none;
  height: 1.4em;
  line-height: 1.4em;
  color: white;
  font-weight: bold;
  font-size: 120%;
  text-indent: 1em;
}
#menu li a:hover {
  background: #cccc33;
  color: #336600;
}

/* Formulaire */
#menu p {
margin: 1.5em 0 0 1em;
font-weight: bold;
color: white;
}
#menu form {
margin:0 0 0 1em;
}
#menu form .champ {
width: 8em;
}
```

```
/* Contenu global */
#global {
margin-left: 15.5em;
}
#global h1 {
  font-weight: bold;
  font-size: 150%;
  padding-bottom: 0.2em;
  border-bottom: 3px solid #ffff99;
  font-variant: small-caps;
  text-indent: 5px;
  color: #225500;
}
#global h2 {
  margin-top: 1em;
  margin-bottom: 1em;
  font-size: 110%;
  font-weight: bold;
  color: #228822;
}


/* Encart */
#encart {
  float: right;
  width: 250px;
  margin: 0 5px 5px 5px;
  padding-top: 30px;
  background: url(posthaut.png) left top no-repeat;
}
#encart h3 {
  font-size: 130%;
  margin: 0 0 0 40px;
}
#bloccadre {
  background: url(postbas.png) left bottom no-repeat;
  padding: 0 0 25px 40px;
}
#bloccadre ul {
  margin: 1em 0 0 0;
  padding:0;
}
```

```
#bloccadre li {
  margin: 0;
  list-style-image: url(postpuce.png);
}
#bloccadre li a {
  color: black;
  text-decoration: none;
}
#bloccadre li a:hover {
  text-decoration: underline;
}
```

À RETENIR Site web du livre

Ces deux fichiers, présentés ici à titre indicatif, se trouvent sur le site web de présentation du livre :

- http://www.alsacreations.com/livre/
- http://editions-eyrolles.com

19

Aller plus loin avec les CSS

Ce projet mené à bien, explorons plus avant les styles CSS pour mieux apprécier les avantages qu'ils confèrent.

Insérer du contenu dynamiquement

Une bonne utilisation des styles CSS sépare entièrement la présentation et le contenu. On peut dès lors concevoir des sites web entièrement dynamiques, au contenu généré via une base de données. Décrivons ces trois éléments :

- Un gabarit en HTML limité aux éléments vides de contenus (balises de menu, de titres, de contenu général, etc.).
- Une base de données stockant les contenus. On l'exploitera en formulant des requêtes exprimées dans son langage d'interrogation (généralement SQL), à travers un langage de génération de pages web comme PHP ou ASP. Cette technique extraira les données recherchées en les triant et ordonnant dans la page de gabarit.
- Des feuilles de styles CSS habilleront l'ensemble et en assureront la présentation sur différents médias, comme un écran ou une imprimante.

Des langages de programmation aussi complexes que PHP et SQL sortent évidemment du cadre de cet ouvrage ; on trouve pléthore de livres sur ces sujets.

L'idée de fonder un site dynamique sur une base de données est excellente dans un cadre professionnel. La compartimentation fonctionnelle stricte facilitera énormément la tâche du webmaster, notamment lors des mises à jour.

Proposer des styles alternatifs

Séparer la structure de la mise en page permet d'intervenir de manière très souple sur la charte graphique, sans aucun impact sur le contenu. Aucun site web n'illustre ni n'exploite plus spectaculairement cette idée que CSS ZenGarden, modèle du genre. On peut d'un clic y choisir un habillage CSS parmi plusieurs centaines… le texte restant inchangé.

▸ http://www.csszengarden.com/tr/francais

Dans la pratique, les nombreux sites qui proposent plusieurs mises en page CSS le font pour des raisons publicitaires (changement de couleur du site, décor de Noël) ou à des fins d'accessibilité (fort contraste, grandes polices). Ces techniques de choix de styles alternatifs s'appellent styleswitcher. Toutes reposent sur un langage de programmation tel que JavaScript ou PHP, capable de stocker les choix de l'utilisateur.

L'exposé de ces techniques suppose la connaissance de ces langages. Les prérequis seraient trop longs à exposer ici, mais le Web regorge de tels didacticiels, que vous trouverez rapidement sur tout moteur de recherche. En voici quelques-uns :

Tableau 19–1 Quelques didacticiels sur les styles alternatifs

Site	URL
Styleswitcher avec JavaScript (en anglais)	http://www.alistapart.com/articles/alternate/
Styleswitcher avec PHP (en anglais)	http://www.alistapart.com/articles/phpswitch/
Styleswitcher avec JavaScript (en français)	http://batraciens.net/css-astuces/skins-changement.htm
Styleswitcher avec PHP (en français)	http://css.alsacreations.com/Tutoriels-PHP/style-switcher-php

Proposer une version imprimable

Jusqu'ici, nous nous sommes focalisés sur le rendu sur écran d'ordinateur, mais les CSS sont très riches, et capables de traiter de nombreux médias : `screen` (écran), `print` (imprimante), `aural` (synthétiseur vocal), `braille` (appareils braille), `handheld` (assistants numériques à petit écran), `projection` (présentations projetées), `tv` (téléviseurs), etc. Cette liste est consignée à l'adresse :

- http://www.yoyodesign.org/doc/w3c/css2/media.html.

Il serait dommage de conclure ce livre sans avoir évoqué le papier. Ce que produit une imprimante diffère souvent de ce que l'on peut observer sur le moniteur : il manque parfois des parties entières, alors que d'autres portions visibles à l'écran sont reprises mais inutiles (publicités, parties graphiques).

Il est pourtant très simple de préparer spécialement un document pour l'impression. Une feuille de styles spécialisée, `imprimante.css`, s'en acquittera. On l'intègre en l'associant, dans la balise `<link>`, au média `print` :

```
<link rel="stylesheet" type="text/css" href="imprimante.css"
media="print" />
```

Le document suivant prévoit son rendu sur écran et sa sortie imprimante :

```
<!DOCTYPE html PUBLIC "-//W3C//DTD XHTML 1.0 Strict//EN"
  "http://www.w3.org/TR/xhtml1/DTD/xhtml1-strict.dtd">
<html xmlns="http://www.w3.org/1999/xhtml" xml:lang="fr" lang="fr">
<head>
<title>titre évocateur</title>
<meta http-equiv="Content-Type"
      content="text/html; charset=iso-8859-1" />
<link rel="stylesheet" type="text/css"
      href="styles.css" media="screen" />
<link rel="stylesheet" type="text/css"
      href="imprimante.css" media="print" />
</head>

<body>
<h1>Titre principal de ma page</h1>
<p class="noprint">Ce paragraphe ne doit pas être imprimé, mais il est
visible à l'écran</p>
<div class="noprint">Comme le paragraphe précédent, ce bloc (et tout ce
qu'il contient) ne doit apparaître qu'à l'écran</div>
</body>
</html>
```

On produit le rendu d'impression en appliquant une règle CSS de la feuille `imprimante.css` :

```
Fichier imprimante.css
.noprint {
display: none;
}
```

Alors que tous les éléments apparaîtront à l'écran (titre `<h1>`, paragraphe `<p>` et conteneur `<div>`), les éléments de classe `noprint` ne laisseront aucune trace à l'impression. Par conséquent, la feuille de papier ne recevra que le titre de la page !

Nous vous laissons imaginer les possibilités : afficher une page en portrait ou en paysage, supprimer des marges, adapter une page à la taille du papier, gérer les sauts de pages, etc.

Retenez cependant qu'à l'heure actuelle, peu de navigateurs exploitent totalement les propriétés CSS du média `print`. Opera est très en avance sur ses camarades, mais pour contenter la majorité de vos visiteurs, il vous faudra vous restreindre aux propriétés les plus basiques.

Internet Explorer 7 et les CSS

La dernière version du navigateur de Microsoft a été rendue publique à la fin de l'année 2006 et remplace peu à peu IE6 (à condition que le système d'exploitation de l'utilisateur soit au moins égal à Windows XP).

Disons-le tout net : IE7 a fait de bons progrès en matière de conformité aux standards et d'implémentation des CSS. De plus, il corrige un certain nombre de bogues de son prédécesseur et facilite ainsi la vie aux concepteurs web.

Même si IE7 reste encore en retrait par rapport à des navigateurs plus réactifs que lui (Opera, Firefox et Safari notamment), la liste des fonctionnalités désormais proposées est plutôt encourageante :

- De nombreux bogues spécifiques à IE6 et ses prédécesseurs (« peek-a-boo », « guillotine », « 3-pixel-jog »...) ont été corrigés.
- Le pseudo-élément `:hover` s'applique à présent à tous les éléments et n'est plus limité aux seuls liens `<a>`.
- Les propriétés `min-width`, `max-width`, `min-height` et `max-height` sont désormais prises en charge.

- La valeur `fixed` est à présent reconnue pour la propriété `position`, ce qui ouvre de nouvelles perspectives de positionnements.
- De nouveaux sélecteurs et pseudo-classes sont reconnus : `first-child` (premier enfant), sélecteur adjacent, sélecteur d'attribut, sélecteur d'enfant.
- Le prologue XML ne fait plus passer IE en mode « quirks » (revoir le chapitre 7 concernant le modèle de boîte Microsoft).
- Les bordures de `1 px dotted` ne sont plus rendues en tirets (revoir le chapitre 6 concernant les bordures).
- Le canal alpha (transparence) des fichiers PNG est reconnu. Il ne s'agit pas véritablement d'une avancée en CSS, mais ce sera bien utile aux concepteurs web.

Cette liste, longtemps attendue, est une aubaine pour les concepteurs web soucieux de la compatibilité des navigateurs et actuellement encore contraints de se restreindre à une version IE6 vieillissante.

Signalons toutefois quelques lacunes importantes qui ne sont toujours pas résolues dans IE7 :

- Plusieurs propriétés CSS2 ne sont pas implémentées : `border-spacing`, `opacity`, `content`, `text-shadow`.
- Différents sélecteurs ou pseudo-éléments CSS2 ne sont toujours pas reconnus : `:after`, `:before`, `:lang`, `:focus` et `:active` sur des éléments autres que les liens <a>.
- Les valeurs `table` et `table-cell` ne sont toujours pas reconnues pour la propriété `display`.

Internet Explorer 8 et les CSS

Encore en version « beta 2 », donc malléable, la dernière version d'Internet Explorer est actuellement proposée en téléchargement sur le site de Microsoft.

Selon l'éditeur, cette nouvelle mouture porte essentiellement sur quatre grands axes : l'amélioration des performances par rapport à IE7, une sécurité optimisée, l'apparition de nouvelles fonctions en termes de protection et de respect des données privées, et un meilleur support des standards du Web.

Parmi les améliorations notables prévues, retenons :

- la suppression de la fonctionnalité « Haslayout » et la correction de bogues spécifiques à IE7 (notamment dans le positionnement flottant) ;
- la reconnaissance des pseudo-éléments `:before` et `:after`, ainsi que de la pseudo-classe `:focus` ;

- l'ajout de la propriété CSS `outline`, permettant d'ajouter une bordure sans affecter la taille de l'élément ;
- la prise en compte des valeurs `table` et `table-cell` de la propriété CSS `display` ;
- la reconnaissance des propriétés du média impression `page-break-inside`, `widows`, et `orphans` ;

Mozilla Firefox 3 et les CSS

Firefox 3 est sorti le 17 juin 2008 et apporte son lot de corrections et de nouveautés :

- l'implémentation des valeurs `inline-block` et `inline-table` de la propriété CSS `display` ;
- la césure en HTML (`` *soft hyphen*) est à présent possible ;
- la reconnaissance correcte des valeurs négatives de la propriété CSS `z-index` ;
- la correction de plusieurs bogues dans le support de certaines propriétés ou valeurs.

Google Chrome et les CSS

L'extraterrestre de l'année 2008 : Google propose son propre navigateur web basé sur le moteur de rendu WebKit (utilisé également par Safari).

Ce nouveau venu est non seulement très rapide mais également performant en termes de support des CSS2 voire des CSS3, comme le montre le tableau récapitulatif à l'adresse http://www.evotech.net/blog/2008/09/google-chrome-browser-css-selector-support/

Safari, Opéra et les autres ?

La plupart des navigateurs dits « alternatifs » sont très regardants quant à la conformité aux standards du Web et à l'implémentation des propriétés CSS même avant leur version finale. Basés sur les moteurs de rendus K-HTML ou WebKit, Safari, Opera, Konqueror et consorts passent généralement le test « Acid2 » sans encombre.

Ce test graphique permet de visualiser le degré de conformité d'un navigateur : plus l'émoticone s'affiche correctement, plus le navigateur est respectueux des standards.

Plus d'information sur l'Acid Test dans Wikipédia : http://fr.wikipedia.org/wiki/Acid2

Conclusion

Ce manuel ne constitue qu'une introduction au monde des styles CSS et à leur univers, les standards du W3C.

Il accompagnera vos premiers pas dans la conception de sites web propres, compatibles et accessibles. Il vous aidera aussi à percevoir le Web comme le média qu'il devrait être : un outil au service de tous, sans distinction de capacités, de culture ou d'outil de consultation.

Nous avons longuement évoqué ensemble l'habillage d'un document et le positionnement des éléments de contenu. Bien des domaines restent à découvrir ou à développer ; ainsi, l'accessibilité aux handicaps n'en est encore qu'à ses débuts.

Dans l'attente d'ouvrages plus spécifiques, explorez attentivement les ressources données en annexe. Elles vous accompagneront là où nous vous laissons et vous feront découvrir de nouveaux aspects des possibilités de CSS.

Nous avons souvent déploré les limitations des navigateurs, gênant la bonne exploitation de bien des fonctionnalités CSS. Gageons que leurs versions successives corrigeront peu à peu toutes ces carences et que l'utopie d'une prise en charge complète et correcte de CSS approche rapidement.

CSS souffre du mal des technologies trop en avance sur leur temps (en l'occurrence, sur les navigateurs) : alors que le W3C débat déjà d'un brouillon très prometteur d'une troisième version de la norme, les navigateurs actuels peinent encore à prendre en charge CSS 2.

N'oubliez pas que l'emploi des styles CSS n'est qu'une partie d'un tout : à quoi bon rechercher les avantages de CSS et de la séparation entre contenu et mise en forme si c'est pour ignorer d'autres principes fondamentaux des bonnes pratiques : propreté du code, sémantique et bon usage des balises, intuitivité de la navigation, conception aux normes.

En somme, développer un site web respectant les normes et les bonnes pratiques n'a rien d'obligatoire ; c'est seulement essentiel.

ANNEXES

Sites et ressources

A

Liste des propriétés CSS

Voici la liste des propriétés CSS telles que décrites dans les documents de la norme CSS 2 (http://www.w3.org/TR/1998/REC-CSS2-19980512/propidx.html). Ceci incorpore donc notamment les propriétés déjà présentes en CSS 1.

Tableau A–1 Index des propriétés CSS

Nom de la propriété	Valeurs	Explications
`azimuth`	`angle`, `left-side`, `far-left`, `left`, `center-left`, `center`, `center-right`, `right`, `far-right`, `right-side`, `behind`, `leftwards`, `rightwards`, `inherit`	Détermine la direction d'origine du son en média `aural`. Les navigateurs actuels ne gérant pas encore les restitutions vocales, on utilise pour cela des logiciels spécialisés. La plupart ne prennent pas encore en charge CSS.
`background`	Raccourci pour `background-color`, `background-image`, `background-repeat`, `background-attachment`, `background-position`.	
`background-attachment`	`scroll`, `fixed`, `inherit`	Fige une image d'arrière-plan insérée avec `background-image`. Celle-ci ne défile plus avec le contenu de l'élément auquel elle est appliquée.
`background-color`	couleur, `transparent`, `inherit`	Définit la couleur de fond d'un élément.

Tableau A–1 Index des propriétés CSS (suite)

Nom de la propriété	Valeurs	Explications
background-image	URL, none, inherit	Affiche une image d'arrière-plan pour l'élément (ou la page dans le cas de la balise body). Par défaut, l'image sera répétée en damier (ou papier peint) à partir du coin supérieur gauche de l'élément.
background-position	pourcentage, longueur, top, center, bottom, left, right, inherit	Positionne une image d'arrière-plan définie avec background-image. Propriété généralement utilisée en l'absence de répétition (background-repeat).
background-repeat	repeat, repeat-x, repeat-y, no-repeat, inherit	Limite et contrôle la répétition d'une image d'arrière-plan définie par background-image.
border	Raccourci pour border-width, border-style, border-color	
border-collapse	collapse, separate, inherit	Détermine si dans un tableau les bordures des éléments adjacents (cellule, groupe de cellules ou de colonnes) doivent être affichées séparément ou fusionnées.
border-color	couleur, transparent, inherit	Définit la couleur de bordure d'un élément. Elle ne sera appliquée qu'en accompagnement d'un type et d'une épaisseur de bordure (border-style, border-width).
border-spacing	longueur, inherit	Détermine l'espacement entre les cellules (sans bordures ni marges).
border-style	style, inherit	Définit le type des bordures d'un élément. Il ne sera appliqué qu'en accompagnement d'une épaisseur de bordure (border-style).
border-top, border-right, border-bottom, border-left	Raccourci pour border-top-width, border-top-style, border-top-color, etc.	
border-width	longueur, inherit	Définit l'épaisseur des bordures d'un élément. Elle ne sera appliquée qu'en accompagnement d'un style de bordure (border-style).

Tableau A–1 Index des propriétés CSS (suite)

Nom de la propriété	Valeurs	Explications
`bottom`	longueur, pourcentage, `auto`, `inherit`	Détermine la distance entre le bas de l'élément et le bas de son éventuel conteneur, à défaut la page. Ne s'applique qu'aux éléments positionnés.
`caption-side`	`top`, `bottom`, `left`, `right`, `inherit`	Spécifie la hauteur maximale d'un élément de contenu (sans bordures ni marges), dans le média `print`.
`clear`	`none`, `left`, `right`, `both`, `inherit`	Détermine si un élément peut se trouver sur la même bande horizontale qu'un élément flottant.
`clip`	forme, `auto`, `inherit`	Définit la zone visible d'un élément. Reprend par défaut les dimensions de l'élément parent.
`content`	chaîne, URL, compteur, `attr(x)`, `open-quote`, `close-quote`, `inherit`	S'applique aux pseudo-éléments `:before` et `:after` pour générer un contenu dans un document.
`counter-increment`	identifiant, entier, `none`, `inherit`	Accepte un ou plusieurs identifiants de compteurs et les incrémente d'une unité par défaut. On peut préciser un autre incrément, y compris des entiers négatifs ou nuls.
`counter-reset`	identifiant, entier, `none`, `inherit`	Accepte un ou plusieurs identifiants de compteurs et leur associe une valeur de réinitialisation (par défaut 0).
`cue`	Raccourci pour `cue-before`, `cue-after`	
`cue-after`	URL, `none`, `inherit`	Définit un son à jouer après lecture de l'élément dans la sortie vocale sur des systèmes audio (média `aural`). On précisera le chemin d'accès, absolu ou relatif, menant au fichier son. Les formats de son reconnus sont `.wav`, `.au` et `.ai`. Les navigateurs actuels ne gérant pas encore les restitutions vocales, on utilise pour cela des logiciels spécialisés. La plupart ne prennent pas encore en charge CSS.

Tableau A–1 Index des propriétés CSS (suite)

Nom de la propriété	Valeurs	Explications
`cue-before`	URL, `none`, `inherit`	Définit un son à jouer avant lecture de l'élément dans la sortie vocale sur des systèmes audio (média `aural`). On précisera le chemin d'accès, absolu ou relatif, menant au fichier son. Les formats de son reconnus sont `.wav`, `.au` et `.ai`. Les navigateurs actuels ne gérant pas encore les restitutions vocales, on utilise pour cela des logiciels spécialisés. La plupart ne prennent pas encore en charge CSS.
`cursor`	URL, `auto`, `crosshair`, `default`, `pointer`, `move`, `e-resize`, `ne-resize`, `nw-resize`, `n-resize`, `se-resize`, `sw-resize`, `s-resize`, `w-resize`, `text`, `wait`, `help`, `inherit`	Spécifie le type de pointeur de souris qui remplacera la flèche, pointeur par défaut.
`direction`	`ltr`, `rtl`, `inherit`	Définit la direction d'écriture, de gauche à droite (`ltr`, left to right) ou de droite à gauche (`rtl`, right to left). Utile pour des langues comme l'arabe ou l'hébreu.
`display`	`inline`, `block`, `list-item`, `run-in`, `compact`, `marker`, `table`, `inline-table`, `table-row-group`, `table-header-group`, `table-footer-group`, `table-row`, `table-column-group`, `table-column`, `table-cell`, `table-caption`, `none`, `inherit`	Contrôle l'affichage des éléments dans la page.
`elevation`	angle, `below`, `level`, `above`, `higher`, `lower`, `inherit`	Précise la direction d'origine du son (haut ou bas) dans la sortie vocale sur des systèmes audio (média `aural`) capables de son stéréophonique ou surround. Les navigateurs actuels ne gérant pas encore les restitutions vocales, on utilise pour cela des logiciels spécialisés. La plupart ne prennent pas encore en charge CSS.
`empty-cells`	`show`, `hide`, `inherit`	Contrôle le rendu de l'arrière-plan des cellules vides et de leurs bordures. Concerne les cellules sans contenu visible ou masquées (`hide`). Un contenu invisible ne comporte que des caractères ASCII « blancs » : retour chariot (0d), nouvelle ligne (0a), tabulation (09), espace (20).

Tableau A–1 Index des propriétés CSS (suite)

Nom de la propriété	Valeurs	Explications
`float`	`left`, `right`, `none`, `inherit`	Spécifie de quel côté du conteneur l'élément doit s'aligner.
`font`	Raccourci pour `font-style`, `font-variant`, `font-weight`, `font-size`, `line-height`, `font-family`	
`font-family`	nom, générique, `inherit`	Définit la famille de polices à utiliser pour les textes. Se présente sous forme d'une liste de noms classés par ordre de préférence et séparés par des virgules.
`font-size`	taille, pourcentage	Définit la taille de police d'un élément. On distingue les tailles absolues et les tailles relatives, calculées en fonction de la taille de l'élément parent.
`font-size-adjust`	nombre, `none`, `inherit`	Un critère important de lisibilité des polices de caractères dans les petites tailles, c'est le rapport du `ex` (hauteur du « x ») sur la taille de la fonte. Cette propriété adapte la taille des polices de caractères de remplacement pour que le `ex` effectif soit le même que si la fonte demandée avait été disponible.
`font-stretch`	`normal`, `wider`, `narrower`, `ultra-condensed`, `extra-condensed`, `condensed`, `semi-condensed`, `semi-expanded`, `expanded`, `extra-expanded`, `ultra-expanded`, `inherit`	Sélectionne le dessin normal, comprimé ou élargi dans une famille de polices.
`font-style`	`normal`, `italic`, `oblique`, `inherit`	Définit l'orientation de la police d'un élément. Si les familles de polices définies par `font-family` comportent un style italique ou oblique, ils seront utilisés. Le cas échéant, le navigateur forcera l'inclinaison du caractère.
`font-variant`	`normal`, `small-caps`, `inherit`	Affiche la police d'un élément en petites majuscules.
`font-weight`	`normal`, `bold`, `bolder`, `lighter`, nombre, `inherit`	Définit la graisse de police d'un élément.

Tableau A–1 Index des propriétés CSS (suite)

Nom de la propriété	Valeurs	Explications
`height`	longueur, pourcentage, `auto`	Spécifie la hauteur d'un élément de contenu. S'applique aussi aux éléments redimensionnables tels que <`img`>, <`input`>, <`textarea`> ou <`object`> (mais ne peut s'appliquer à des éléments non redimensionnables). Les valeurs doivent toujours être positives.
`left`	longueur, pourcentage, `auto`	Détermine la distance entre la gauche de l'élément et la gauche de son éventuel conteneur, à défaut la page. Ne s'applique qu'aux éléments positionnés.
`letter-spacing`	`normal`, longueur, `inherit`	Définit l'espace entre les caractères d'un texte. Dans le cas d'un texte justifié, la valeur `normal` autorise le navigateur à modifier l'interlettrage.
`line-height`	`normal`, nombre, longueur, pourcentage, `inherit`	Définit l'interlignage dans un bloc de texte. La valeur `normal` correspond à l'interlignage de base calculé par le navigateur en fonction de la taille de police utilisée. Les valeurs données peuvent être négatives.
`list-style`	Raccourci pour `list-style-type`, `list-style-image`, `list-style-position`	
`list-style-image`	URL, none, `inherit`	Définit l'image de la puce, ce qui permet de personnaliser les listes. L'URL de l'image peut comporter un chemin relatif ou absolu.
`list-style-position`	`inside`, `outside`, `inherit`	Détermine le retrait de la puce, c'est-à-dire son incrustation par rapport au bloc <`ul`> ou <`ol`>.
`list-style-type`	`disc`, `circle`, `square`, `decimal`, `decimal-leading-zero`, `lower-roman`, `upper-roman`, `lower-greek`, `lower-alpha`, `lower-latin`, `upper-latin`, `upper-alpha`, `hebrew`, `armenian`, `georgian`, `cjk-ideographic`, `hiragana`, `katakan`, `hiragana-iroha`, `katagana-iroha`, none, `inherit`	Définit le style (ou apparence) de la puce. S'applique uniquement en l'absence de `list-style-image` ou si cette propriété a la valeur none.
`margin`	Raccourci pour `margin-top`, `margin-right`, `margin-bottom`, `margin-left`	

Tableau A–1 Index des propriétés CSS (suite)

Nom de la propriété	Valeurs	Explications
`margin-top`, `margin-right`, `margin-bottom`, `margin-left`	largeur, `inherit`	Définit les marges externes d'un élément.
`marker-offset`	longueur, `auto`, `inherit`	Spécifie la distance entre les bordures les plus proches d'une boîte de marqueur et la boîte principale qui lui est associée.
`marks`	`crop`, `cross`, `none`, `inherit`	Hirondelles (repères imprimés sur la page pour en faciliter la coupe) pour le média `print`.
`max-height`	longueur, pourcentage, `none`, `inherit`	Spécifie la hauteur maximale d'un élément de contenu (sans bordures ni marges). S'applique aussi aux éléments redimensionnables tels que `<img>`, `<input>`, `<textarea>` ou `<object>` (mais ne peut s'appliquer à des éléments non redimensionnables). Les valeurs doivent toujours être positives.
`max-width`	longueur, pourcentage, `none`, `inherit`	Spécifie la largeur maximale d'un élément de contenu (sauf tableau et sans bordures ni marges). S'applique aussi aux éléments redimensionnables tels que `<img>`, `<input>`, `<textarea>` ou `<object>` (mais ne peut s'appliquer à des éléments non redimensionnables). Les valeurs doivent toujours être positives.
`min-height`	longueur, pourcentage, `inherit`	Spécifie la hauteur minimale d'un élément de contenu (sans bordures ni marges). S'applique aussi aux éléments redimensionnables tels que `<img>`, `<input>`, `<textarea>` ou `<object>` (mais ne peut s'appliquer à des éléments non redimensionnables). Les valeurs doivent toujours être positives.
`min-width`	longueur, pourcentage, `inherit`	Spécifie la largeur minimale d'un élément de contenu (sauf tableau et sans bordures ni marges). S'applique aussi aux éléments redimensionnables tels que `<img>`, `<input>`, `<textarea>` ou `<object>` (mais ne peut s'appliquer à des éléments non redimensionnables). Les valeurs doivent toujours être positives.

Tableau A–1 Index des propriétés CSS (suite)

Nom de la propriété	Valeurs	Explications
orphans	entier, inherit	Évite les orphelines (lignes isolées sur leur page car elles ne tenaient pas sur la page précédente) en définissant un nombre minimum de lignes par page imprimée. Ceci concerne le média print.
outline	Raccourci pour outline-color, outline-style, outline-width	
outline-color	couleur, invert, inherit	Définit la couleur de contour d'un élément, qui ne s'applique qu'en présence d'un type de contour (outline-style) ou d'une épaisseur de contour (outline-width). Contrairement aux bordures, les contours peuvent adopter une forme non rectangulaire et n'occupent pas d'espace.
outline-style	style, inherit	Définit le style de contour d'un élément, qui ne s'applique qu'en présence d'une épaisseur de contour (outline-width). Contrairement aux bordures, les contours peuvent adopter une forme non rectangulaire et n'occupent pas d'espace. Les contours concernent toujours les quatre côtés de leur élément. Aucun navigateur ne les reconnaît encore.
outline-width	épaisseur, inherit	Définit l'épaisseur du contour d'un élément, qui ne s'applique qu'en présence d'un style de contour (outline-style). Contrairement aux bordures, les contours peuvent adopter une forme non rectangulaire et n'occupent pas d'espace. Dans le style double, l'épaisseur de contour correspond à celle des deux traits et de l'espace qui les sépare. Les contours concernent toujours les quatre côtés de leur élément. Aucun navigateur ne les reconnaît encore.
overflow	visible, hidden, scroll, auto, inherit	Spécifie si le contenu d'un élément de type bloc doit être rogné quand il dépasse de l'élément parent.
padding	Raccourci pour padding-top, padding-right, padding-bottom, padding-left	

Tableau A–1 Index des propriétés CSS (suite)

Nom de la propriété	Valeurs	Explications
`padding-top`, `padding-right`, `padding-bottom`, `padding-left`	espacement, `inherit`	Définit les marges internes d'un élément.
`page`	identifiant, `auto`	Définit une mise en page en vue d'une éventuelle impression (média `print`).
`page-break-after`	`auto`, `always`, `avoid`, `left`, `right`, `inherit`	Impose un saut de page après l'élément (média `print`).
`page-break-before`	`auto`, `always`, `avoid`, `left`, `right`, `inherit`	Impose un saut de page avant l'élément. Ceci concerne le média `print`.
`page-break-inside`	`avoid`, `auto`, `inherit`	Indique à quels endroits de l'élément un saut de page peut se produire (média `print`).
`pause`	durée, pourcentage, `inherit`	Définit un temps de pause avant et après lecture de l'élément dans la sortie vocale sur des systèmes audio (média `aural`). Les navigateurs actuels ne gérant pas encore les restitutions vocales, on utilise pour cela des logiciels spécialisés. La plupart ne prennent pas encore en charge CSS.
`pause-after`	durée, pourcentage, `inherit`	Définit un temps de pause après lecture de l'élément dans la sortie vocale sur des systèmes audio (média `aural`). Les navigateurs actuels ne gérant pas encore les restitutions vocales, on utilise pour cela des logiciels spécialisés. La plupart ne prennent pas encore en charge CSS.
`pause-before`	durée, pourcentage, `inherit`	Définit un temps de pause avant lecture de l'élément dans la sortie vocale sur des systèmes audio (média `aural`). Les navigateurs actuels ne gérant pas encore les restitutions vocales, on utilise pour cela des logiciels spécialisés. La plupart ne prennent pas encore en charge CSS.
`pitch`	fréquence, `x-low`, `low`, `medium`, `high`, `x-high`, `inherit`	Définit le timbre de la voix de lecture dans la sortie vocale sur des systèmes audio (média `aural`). La propriété `voice-family` définit le type de voix, dont dépend le timbre : une voix d'homme a une fréquence de base de 120 Hz ; une femme parle à 210 Hz.

Tableau A–1 Index des propriétés CSS (suite)

Nom de la propriété	Valeurs	Explications
`pitch` (suite)		Les navigateurs actuels ne gérant pas encore les restitutions vocales, on utilise pour cela des logiciels spécialisés. La plupart ne prennent pas encore en charge CSS.
`pitch-range`	nombre, `inherit`	Définit la gamme de fréquences de la voix de lecture dans la sortie vocale sur des systèmes audio (média `aural`). Les navigateurs actuels ne gérant pas encore les restitutions vocales, on utilise pour cela des logiciels spécialisés. La plupart ne prennent pas encore en charge CSS.
`play-during`	URL, `mix`, `repeat`, `auto`, `none`, `inherit`	Semblable aux propriétés `cue-before` et `cue-after`, cette propriété spécifie le son à jouer en arrière-plan lors de la lecture (média `aural`). Les navigateurs actuels ne gérant pas encore les restitutions vocales, on utilise pour cela des logiciels spécialisés. La plupart ne prennent pas encore en charge CSS.
`position`	`static`, `relative`, `absolute`, `fixed`, `inherit`	Détermine l'emplacement de l'élément. La valeur `absolute` permet un positionnement fin avec `top`, `left`, `right` et `bottom`.
`quotes`	chaîne, `none`, `inherit`	Spécifie des guillemets, quel que soit le nombre de citations imbriquées.
`richness`	nombre, `inherit`	Définit la portée de la voix de lecture dans la sortie vocale sur des systèmes audio (média `aural`). Une valeur élevée produit une voix de stentor ; une valeur faible met en place une voix douce. Les navigateurs actuels ne gérant pas encore les restitutions vocales, on utilise pour cela des logiciels spécialisés. La plupart ne prennent pas encore en charge CSS.
`right`	longueur, pourcentage, `auto`, `inherit`	Détermine la distance entre la droite de l'élément et la droite de son éventuel conteneur, à défaut la page. Ne s'applique qu'aux éléments positionnés.
`size`	longueur, `auto`, `portrait`, `landscape`, `inherit`	Définit la taille et l'orientation (portrait ou paysage) de la page imprimée. La taille comprend dans l'ordre la largeur et la hauteur, séparées par un blanc. Ceci concerne le média `print`.

Tableau A–1 Index des propriétés CSS (suite)

Nom de la propriété	Valeurs	Explications
`speak`	`normal`, `none`, `spell-out`, `inherit`	Définit la prononciation dans la sortie vocale sur des systèmes audio (média `aural`). Les navigateurs actuels ne gérant pas encore les restitutions vocales, on utilise pour cela des logiciels spécialisés. La plupart ne prennent pas encore en charge CSS.
`speak-header`	`once`, `always`, `inherit`	Dans la sortie vocale sur des systèmes audio (média `aural`), indique quand énoncer les cellules d'en-tête (avant chaque cellule ou uniquement avant les cellules dont la cellule d'en-tête diffère de celle de la cellule précédente). Les navigateurs actuels ne gérant pas encore les restitutions vocales, on utilise pour cela des logiciels spécialisés. La plupart ne prennent pas encore en charge CSS.
`speak-numeral`	`digits`, `continuous`, `inherit`	Dans la sortie vocale sur des systèmes audio (média `aural`), indique comment lire les nombres (ex : « 12 »), chiffre à chiffre (« un-deux ») ou globalement (« douze »). Les navigateurs actuels ne gérant pas encore les restitutions vocales, on utilise pour cela des logiciels spécialisés. La plupart ne prennent pas encore en charge CSS.
`speak-punctuation`	`code`, `none`, `inherit`	Dans la sortie vocale sur des systèmes audio (média `aural`), précise la manière de traiter les signes de ponctuation (ex : « , »). Ils peuvent être lus explicitement (« virgule ») ou interprétés sous forme de pause et d'intonations. Les navigateurs actuels ne gérant pas encore les restitutions vocales, on utilise pour cela des logiciels spécialisés. La plupart ne prennent pas encore en charge CSS.
`speech-rate`	nombre, `x-slow`, `slow`, `medium`, `fast`, `x-fast`, `faster`, `slower`, `inherit`	Définit la vitesse de lecture dans la sortie vocale sur des systèmes audio (média `aural`). Les navigateurs actuels ne gérant pas encore les restitutions vocales, on utilise pour cela des logiciels spécialisés. La plupart ne prennent pas encore en charge CSS.

Tableau A–1 Index des propriétés CSS (suite)

Nom de la propriété	Valeurs	Explications
`stress`	nombre, `inherit`	Définit l'emphase, l'ampleur et l'inflexion de la voix dans la sortie vocale sur des systèmes audio (média `aural`). Les navigateurs actuels ne gérant pas encore les restitutions vocales, on utilise pour cela des logiciels spécialisés. La plupart ne prennent pas encore en charge CSS.
`table-layout`	`auto`, `fixed`, `inherit`	Définit l'algorithme employé par le navigateur pour la disposition des cellules, des rangées et des colonnes du tableau.
`text-align`	`left`, `right`, `center`, `justify`, `chaîne`, `inherit`	Permet d'aligner le contenu d'un élément de type bloc.
`text-decoration`	`none`, `underline`, `overline`, `line-through`, `blink`, `inherit`	Modifie l'apparence d'un texte. On pourra préciser plusieurs décorations en les séparant par des blancs.
`text-indent`	longueur, pourcentage, `inherit`	Définit l'alinéa de la première ligne d'un texte. Si la valeur donnée est négative, le début du texte pourra sortir de la marge, voire de la zone de visualisation.
`text-shadow`	couleur, longueur, `none`	Définit des effets d'ombrage à appliquer au texte d'un élément. Les différentes valeurs, séparées par des blancs, seront appliquées dans l'ordre et pourront se recouvrir. Les effets d'ombrage ne recouvrent pas le texte ni ne modifient la taille de la boîte, mais peuvent s'étendre au-delà de ses limites.
`text-transform`	`capitalize`, `uppercase`, `lowercase`, `none`, `inherit`	Définit les effets de capitalisation d'un texte, indépendamment de celle du document source. La valeur `none` ne change rien et reprend celle du fichier HTML.
`top`	longueur, pourcentage, `auto`, `inherit`	Détermine la distance entre le haut de l'élément et le haut de son éventuel conteneur, à défaut la page. Ne s'applique qu'aux éléments positionnés.
`unicode-bidi`	`normal`, `embed`, `bidi-override`, `inherit`	Définit la direction d'écriture d'un texte.
`vertical-align`	`baseline`, `sub`, `super`, `top`, `text-top`, `middle`, `bottom`, `text-bottom`, pourcentage, longueur, `inherit`	Agit sur le positionnement vertical des enfants d'un élément en ligne, ou de type bloc générant des boîtes en ligne anonymes.

Tableau A–1 Index des propriétés CSS (suite)

Nom de la propriété	Valeurs	Explications
visibility	visible, hidden, collapse, inherit	Masque ou affiche l'élément. La valeur hidden réserve un espace vide de la taille qu'aurait l'élément s'il était représenté.
voice-family	voix spécifique, voix générique, inherit	Définit le type de voix dans la sortie vocale sur des systèmes audio (média aural). C'est une notion comparable à celle de police pour un texte. On pourra opter pour des termes génériques (male, female, child signifiant respectivement « homme », « femme », « enfant ») ou des termes spécifiques propres à chaque logiciel de retranscription sonore : comedians (comédiens), droid (voix robotisée), etc. Les navigateurs actuels ne gérant pas encore les restitutions vocales, on utilise pour cela des logiciels spécialisés. La plupart ne prennent pas encore en charge CSS.
volume	nombre, pourcentage, silent, x-soft, soft, medium, loud, x-loud, inherit	Définit le volume sonore sur la machine cliente dans la sortie vocale sur des systèmes audio (média aural). L'utilisateur paramètre les valeurs minimales et maximales sur son ordinateur. Les navigateurs actuels ne gérant pas encore les restitutions vocales, on utilise pour cela des logiciels spécialisés. La plupart ne prennent pas encore en charge CSS.
white-space	normal, pre, nowrap, inherit	Gère l'affichage des blancs et la césure dans un élément.
widows	entier, inherit	Évite les veuves en précisant un nombre de lignes avant le saut de page. Ceci concerne le média print.
width	longueur, pourcentage, auto, inherit	Détermine la largeur d'un élément.
word-spacing	normal, longueur, inherit	Définit l'espace entre les mots d'un texte. Dans le cas d'un texte justifié, la valeur normal autorise le navigateur à modifier l'espacement entre les mots.
z-index	auto, entier, inherit	Permet la superposition des éléments en définissant leur ordre d'empilement. Cette propriété ne s'applique qu'aux éléments positionnés.

B

Exemples de gabarits

Nous donnons ici quelques modèles classiques de mise en page à plusieurs colonnes, étirables ou de largeur fixe. Vous trouverez un large panel de gabarits sur le site Alsacréations à l'adresse http://www.alsacreations.com/gabarits

Gabarit à deux colonnes et de largeur fixe

Partie HTML

```
<body>
<h1>en-tête de page</h1>
<div id="global">
  <div id="blocmenu">
    <p>Bloc menu</p>
    <p>largeur fixe: 150px</p>
    <ul id="menu">
    <li><a href="#">lien1</a></li>
    <li><a href="#">lien2</a></li>
    <li><a href="#">lien3</a></li>
    <li><a href="#">lien4</a></li>
    <li><a href="#">lien5</a></li>
    </ul>
  </div>
  <div id="contenu">
    <p>Bloc contenu</p>
    <p>largeur fixe: 600px</p>
    <p>Lorem ipsum dolor sit amet, consectetuer adipiscing elit.
Aliquam cursus rhoncus magna. Vivamus rhoncus, tellus eget viverra
consectetuer, arcu libero hendrerit lacus, eget elementum wisi sapien
eget lectus. Fusce eget wisi. Quisque aliquet viverra quam. Aliquam
ante. Pellentesque venenatis purus sed dui. Sed augue. Suspendisse vel
sapien. Donec quam enim, venenatis vitae, dictum et, viverra dapibus,
dolor. Proin luctus mollis tellus. Suspendisse potenti. Mauris
scelerisque tristique ante.</p>
    <p>Quisque quam. Proin sit amet mi ut dui pellentesque aliquam.
Praesent wisi risus, pharetra in, pellentesque ut, tempus non, eros.
Duis iaculis eros at risus consectetuer posuere. Etiam sed ante quis
ipsum rutrum rutrum. Donec vestibulum dui at quam. Suspendisse
tristique. Duis nonummy sollicitudin lectus. Mauris odio magna, blandit
at, ultrices a, elementum eget, turpis. Cum sociis natoque penatibus et
magnis dis parturient montes, nascetur ridiculus mus. Donec sed tellus
sed felis consectetuer imperdiet. Vivamus mi urna, tristique quis,
fringilla pharetra, ornare sit amet, dui. Quisque wisi tortor, iaculis
sed, ornare ac, tempus quis, magna.</p>
</div>
<p id="pied">Pied de page</p>
</div>

</body>
```

Partie CSS

```
body {
margin:0;
padding:0;
}
p {
margin:0 0 1em 0;
}
h1 {
height: 50px;
width: 750px;
background-color: #4c4e00;
color: white;
margin:0;
}
#global {    /* c'est ici que nous spécifions
                la largeur générale du document */
width: 750px;
background-color:#666600;
}
#blocmenu {
float: left;
width: 150px;
background-color:#666600;
color: white;
}
#blocmenu p {
margin-left:1em;
}
#blocmenu ul {
margin:0 0 1em 0;
}
#blocmenu li {
list-style-type: none;
margin:0 0 0 1em;
}
#blocmenu li a {
color: white;
text-decoration: none;
}
#blocmenu li a:hover {
text-decoration: underline;
}
```

```
#contenu {
margin-left: 150px;
background-color: #eaeae9;
}
#contenu p {
margin: 0 0 0 1em;
}
#pied {
clear: both;
width: 750px;
background-color: #cccc00;
margin:0;
}
```

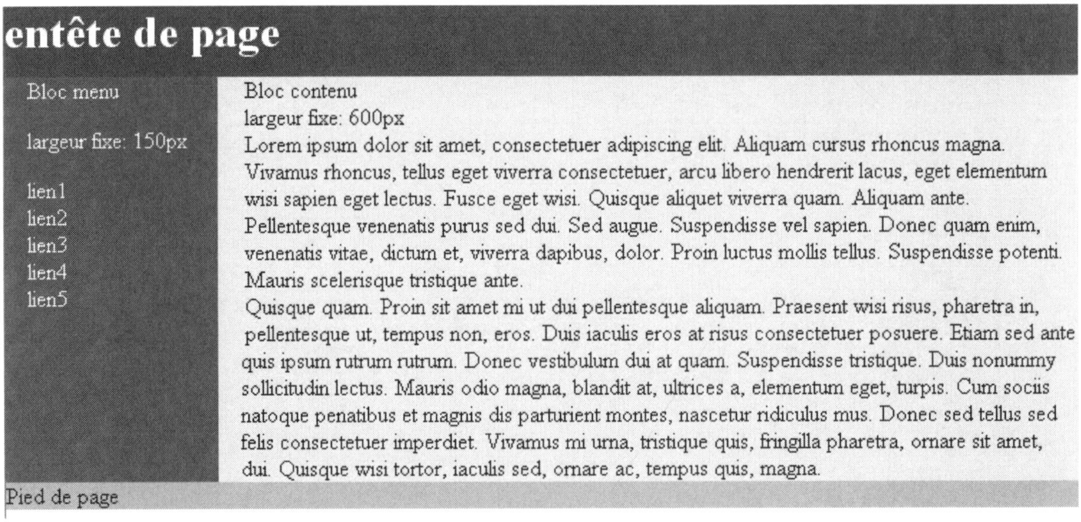

Figure B–1
Mise en page à deux colonnes en largeur fixe

Gabarit à deux colonnes et de largeur adaptable

Nous allons reprendre la structure HTML de l'exemple précédent. La seule différence portera sur le bloc `#global` qui, cette fois, ne sera pas limité en largeur et épousera donc toute la largeur qui lui est dévolue sur l'écran.

Partie HTML

```
Identique à celle de l'exemple précédent.
```

Partie CSS

```
body {
margin:0;
padding:0;
}
p {
margin:0 0 1em 0;
}
h1 {
height: 50px;
background-color: #4c4e00;
color: white;
margin:0;
}
#global {    /* pas de largeur définie donc la page
                va occuper toute la largeur */
background-color:#666600;
}
#blocmenu {
float: left;
width: 150px;
background-color:#666600;
color: white;
}
#blocmenu p {
margin-left:1em;
}
#blocmenu ul {
margin:0 0 1em 0;
}
#blocmenu li {
list-style-type: none;
margin:0 0 0 1em;
}
```

```
#blocmenu li a {
color: white;
text-decoration: none;
}
#blocmenu li a:hover {
text-decoration: underline;
}
#contenu {
margin-left: 150px;
background-color: #eaeae9;
}
#contenu p {
margin: 0 0 0 1em;
}
#pied {
clear: both;
background-color: #cccc00;
margin:0;
}
```

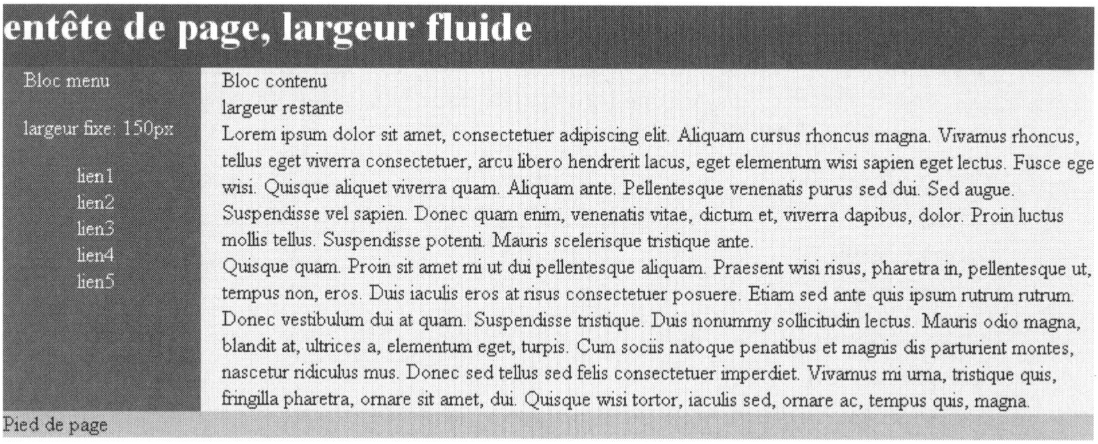

Figure B–2
Mise en page à deux colonnes en largeur fluide

Gabarit à trois colonnes et de largeur fixe

Partie HTML

```
<body>
<h1>en-tête de page</h1>
<div id="global">
  <div id="blocmenugauche">
    <p>Bloc menu</p>
    <p>largeur fixe: 150px</p>
    <ul id="menu">
    <li><a href="#">lien1</a></li>
    <li><a href="#">lien2</a></li>
    <li><a href="#">lien3</a></li>
    <li><a href="#">lien4</a></li>
    <li><a href="#">lien5</a></li>
    </ul>
  </div>

  <div id="blocmenudroite">
    <p>Bloc menu</p>
    <p>largeur fixe: 150px</p>
    <ul id="menu">
    <li><a href="#">lien1</a></li>
    <li><a href="#">lien2</a></li>
    <li><a href="#">lien3</a></li>
    <li><a href="#">lien4</a></li>
    <li><a href="#">lien5</a></li>
    </ul>
  </div>
  <div id="contenu">
    <p>Bloc contenu</p>
    <p>largeur restante</p>
    <p>Lorem ipsum dolor sit amet, consectetuer adipiscing elit.
Aliquam cursus rhoncus magna. Vivamus rhoncus, tellus eget viverra
consectetuer, arcu libero hendrerit lacus, eget elementum wisi sapien
eget lectus. Fusce eget wisi. Quisque aliquet viverra quam. Aliquam
ante. Pellentesque venenatis purus sed dui. Sed augue. Suspendisse vel
sapien. Donec quam enim, venenatis vitae, dictum et, viverra dapibus,
dolor. Proin luctus mollis tellus. Suspendisse potenti. Mauris
scelerisque tristique ante.</p>
```

```
    <p>Quisque quam. Proin sit amet mi ut dui pellentesque aliquam.
Praesent wisi risus, pharetra in, pellentesque ut, tempus non, eros.
Duis iaculis eros at risus consectetuer posuere. Etiam sed ante quis
ipsum rutrum rutrum. Donec vestibulum dui at quam. Suspendisse
tristique. Duis nonummy sollicitudin lectus. Mauris odio magna, blandit
at, ultrices a, elementum eget, turpis. Cum sociis natoque penatibus et
magnis dis parturient montes, nascetur ridiculus mus. Donec sed tellus
sed felis consectetuer imperdiet. Vivamus mi urna, tristique quis,
fringilla pharetra, ornare sit amet, dui. Quisque wisi tortor, iaculis
sed, ornare ac, tempus quis, magna.</p>
  </div>
  <p id="pied">Pied de page</p>
</div>

</body>
```

Partie CSS

```
body {
margin:0;
padding:0;
}
p {
margin:0 0 1em 0;
}
h1 {
height: 50px;
width: 750px;
background-color: #4c4e00;
color: white;
margin:0;
}
#global {
width: 750px;
background-color:#666600;
}
#blocmenugauche {
float: left;
width: 150px;
background-color:#666600;
color: white;
}
```

```
#blocmenudroite {
float: right;
width: 150px;
background-color:#666666;
color: white;
}
#blocmenugauche p, #blocmenudroite p {
margin-left:1em;
}
#blocmenugauche ul, #blocmenudroite ul {
margin:0 0 1em 0;
}
#blocmenugauche li, #blocmenudroite li {
list-style-type: none;
margin:0 0 0 1em;
}
#blocmenugauche li a, #blocmenudroite li a {
color: white;
text-decoration: none;
}
#blocmenugauche li a:hover, #blocmenudroite li a:hover {
text-decoration: underline;
}
#contenu {
margin-left: 150px;
margin-right: 150px;
background-color: #eaeae9;
}
#contenu p {
margin: 0 0 0 1em;
}
#pied {
clear: both;
width: 750px;
background-color: #cccc00;
margin:0;
}
```

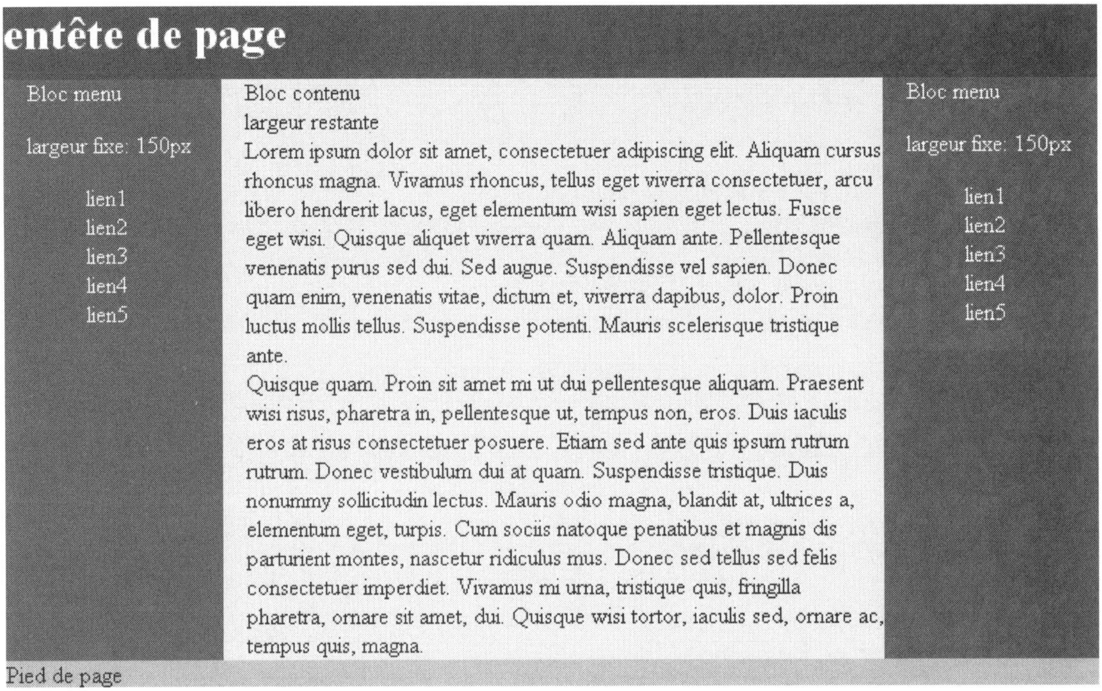

Figure B–3
Mise en page à trois colonnes en largeur fixe

C

Ressources sur le Web

Voici quelques références et sites communautaires dignes d'intérêt.

Sites en français

- Le forum d'Alsacréations (http://forum.alsacreations.com). Communauté discutant des standards : CSS, HTML et XHTML, XML et les nouveaux langages, etc.
- Openweb (http://openweb.eu.org). Référence en français dans le domaine des standards. Openweb est un collectif d'experts proposant de nombreuses ressources et divers didacticiels portant sur XHTML, CSS, ECMAScript, etc.
- Opquast (http://www.opquast.com). Projet récent et ambitieux de référentiel qualité pour les sites web, prenant en compte l'ergonomie, les fonctionnalités et l'accessibilité.
- La liste des propriétés CSS vue par Media-Box (http://wiki.media-box.net/documentation/css). Recueil de toutes les propriétés CSS 1 et CSS 2 : leur utilisation, leur application et leur prise en charge par les navigateurs.
- Le forum Dreamweaver de Media-Box (http://dream.media-box.net) porte mal son nom. En effet, son salon CSS est très bien fréquenté ; de nombreux membres expérimentés vous y attendent.

Figure C–1
Le forum Alsacreations.com

Figure C–2
Openweb.eu.org

- Forum GeckoZone (http://www.geckozone.org/forum/). Communauté dédiée aux logiciels libres construits autour de Gecko, moteur de rendu de Mozilla (Firefox, Thunderbird, Camino, NVU).

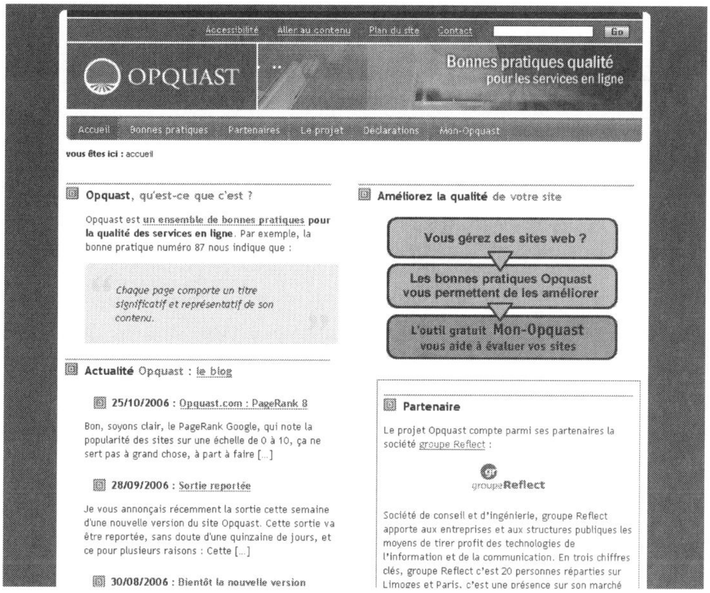

Figure C–3
Opquast.com

- Webmaster Hub (http://www.webmaster-hub.com). Forum très généraliste où certains salons, comme celui des CSS ou de l'accessibilité, s'avéreront d'une grande utilité.
- Salemioche.net (http://forum.salemioche.net), Freegaia.com (http://www.free-gaia.com/forums/), World Informatique (http://forums.world-informatique.com), Forum du Zéro (http://www.siteduzero.com/forums), WebRankInfo (http://www.webrankinfo.com/forums). Communautés dont les salons HTML et CSS sont très conviviaux.

Sites en anglais

- HTML Dog (http://www.htmldog.com). Site très fourni, proposant des cours et didacticiels sur HTML et CSS.
- W3C (http://www.w3c.org/). C'est l'organisme qui propose toutes les recommandations portant sur les normes de langage, d'accessibilité et d'internationalisation sur le Web. Le terme « recommandation » relève d'une fausse modestie : il s'agit bel et bien de standards.
- Le validateur (X)HTML du W3C (http://validator.w3.org).
- Le validateur CSS du W3C (http://jigsaw.w3.org/css-validator/).

- WebDesignGroup (http://htmlhelp.com). Communauté d'entraide pour les développeurs HTML et CSS.
- PositionIsEverything (http://positioniseverything.net/). Un site qui regroupe et corrige tous les bogues du navigateur Internet Explorer.

Blogs, carnets et magazines web

- Pompage (http://pompage.net). Magazine en ligne, un condensé de traductions en français d'articles internationaux. On y retrouve les points de vue des experts mondiaux qui comptent.

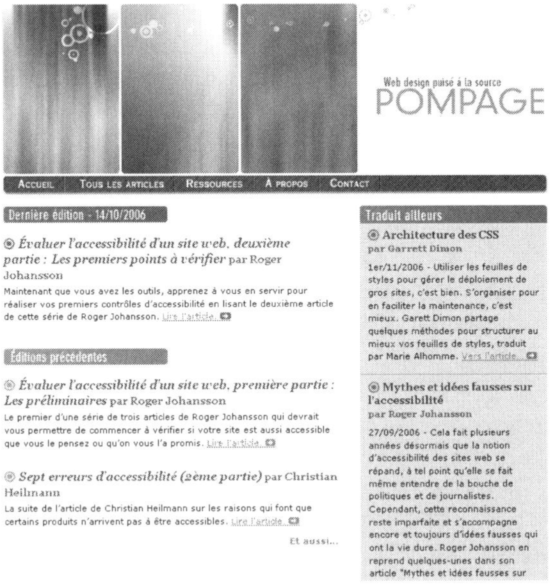

Figure C–4
Pompage.net

- Blog and Blues (http://www.blog-and-blues.org). Carnet personnel de Laurent Denis, membre d'Openweb et grand expert en matière de spécifications du W3C.
- Standblog (http://standblog.org). Blog de Tristan Nitot, président de Mozilla Europe, portant sur les standards du Web, le projet Mozilla, le navigateur Firefox et le client de courrier électronique Thunderbird.
- Tainted Words (http://tw.apinc.org). Journal de Steve Frécinaux, portant sur les standards et les logiciels libres.

Figure C–5
Blog-and-blues.org

Figure C–6
Standblog.org

- Jy[B]log (http://ljouanneau.com/blog/). Blog de Laurent Jouanneau, membre d'Openweb et précurseur de la technologie XUL.

- Daniel Glazman (http://www.glazman.org/weblog/). L'auteur est le créateur et développeur du logiciel libre NVU, éditeur HTML WYSIWYG aussi simple que conforme aux standards et duquel est issu KompoZer. Il est également co-chairman du groupe de travail CSS du W3C depuis début 2008 tout en développant un successeur à Nvu et KompoZer nommé BlueGriffon.
- Dew's blog (http://www.blup.fr/). Blog d'un développeur talentueux et tourmenté, aux billets souvent très différents des habituels récits de la blogosphère.

Galerie de sites en CSS

Voici quelques sites web qui rassemblent les sites réalisés en CSS et qui sont de bonnes sources d'inspiration pour les concepteurs web.

- http://www.csszengarden.com/tr/francais/

Figure C–7
CSS ZenGarden français

- http://cssvault.com
- http://unmatchedstyle.com
- http://www.stylegala.com
- http://www.webstandardsawards.com
- http://www.cssbeauty.com

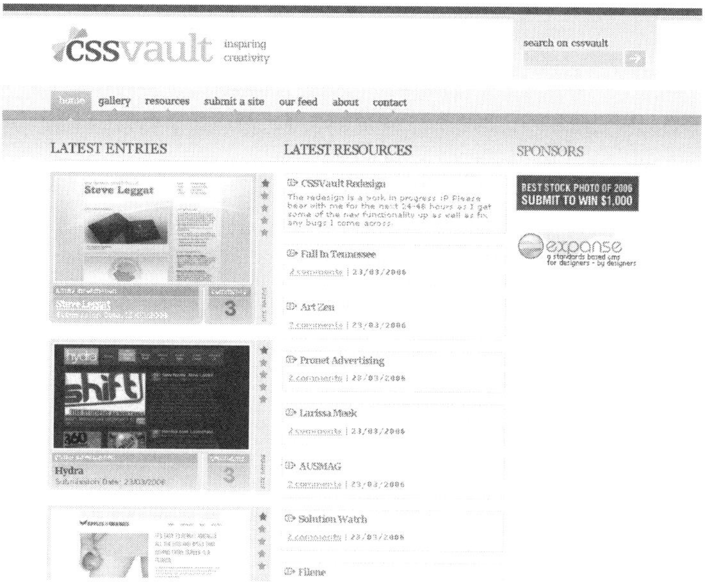

Figure C–8
CSS vault.com

- http://www.w3csites.com
- http://www.cssdrive.com
- http://www.webcreme.com
- http://www.css-website.com
- http://cssmania.com
- http://www.menthe-fresh.fr (nouveau site francophone qui pousse le concept jusqu'à proposer des analyses complètes des sites web indiqués).

D

Les sites professionnels conformes

Cette liste de sites web professionnels respectant les normes s'allongeant tous les jours, elle n'est pas exhaustive. On ne traite que de « conformité CSS », avec mises en page sans tableaux. Tous ces sites ne sont pas valides dans leur structure (HTML ou XHTML) ni accessibles aux handicaps.

Sites en français

- Alsacréations (http://www.alsacreations.com). Site de l'auteur, communauté de partage de connaissances dans le domaine de la conception web. Les didacticiels CSS se trouvent à l'adresse http://css.alsacreations.com.
- Alsacréations (http://www.alsacreations.fr). L'agence web alsacienne créée par l'auteur de cet ouvrage.
- Libération (http://www.liberation.fr). Le célèbre quotidien national.
- AFUL (http://www.aful.org). Association francophone des utilisateurs de Linux et des logiciels libres.

Figure D–1
alsacreations.com

Figure D–2
alsacreations.fr

- AOL (http://www.aol.fr). Site portail.
- BNF (http://www.bnf.fr). Bibliothèque Nationale de France (accessible).
- AFP (http://www.afp.com). Agence France Presse (HTML 4.0 strict).

Figure D–3
liberation.fr

- Renault (http://www.renault.com). Le constructeur automobile.
- Eyrolles (http://www.eyrolles.com). Éditions et librairie (XHTML 1.0 Strict).
- Lycos (http://www.lycos.fr). Lycos France.
- Cetelem (http://www.cetelem.fr). Crédits bancaires.
- Premier Ministre (http://www.premier-ministre.gouv.fr/fr/). Site du premier ministre français (XHTML 1.0 transitionnel).
- Yahoo ! (http://fr.yahoo.com/). Yahoo ! France.
- Skyblog (http://www.skyrock.com/blog/). La plate-forme de blog de la radio Skyrock.

Sites en anglais

- Amnesty International (http://www.amnestyusa.org). Amnesty International USA (XHTML 1.0 transitionnel).
- Chevrolet (http://www.chevrolet.com). Site de la marque automobile (XHTML 1.0 strict).
- MSN (http://www.msn.com) ; MSN Search (http://search.msn.com). Microsoft Network et son moteur de recherche.

Figure D–4
amnestyusa.org

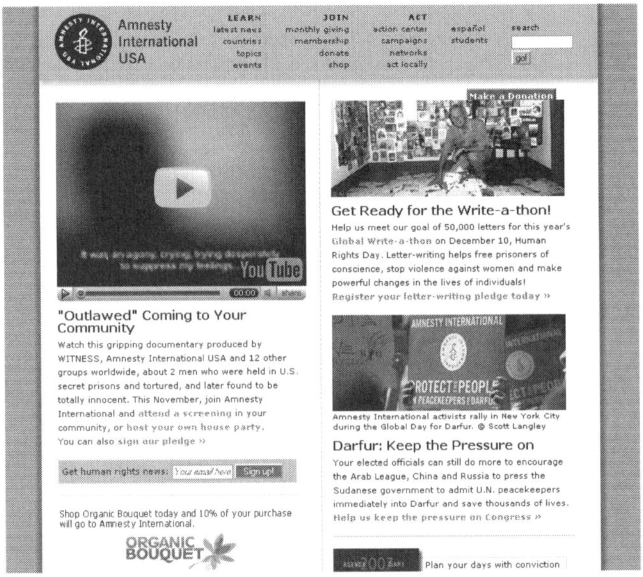

Figure D–5
chevrolet.com

- MP3 (http://www.mp3.com). Format audio de référence.
- One True Fit (http://www.onetruefit.com). La marque de vêtements Lee (XHTML 1.0 strict).

Figure D–6
msn.com

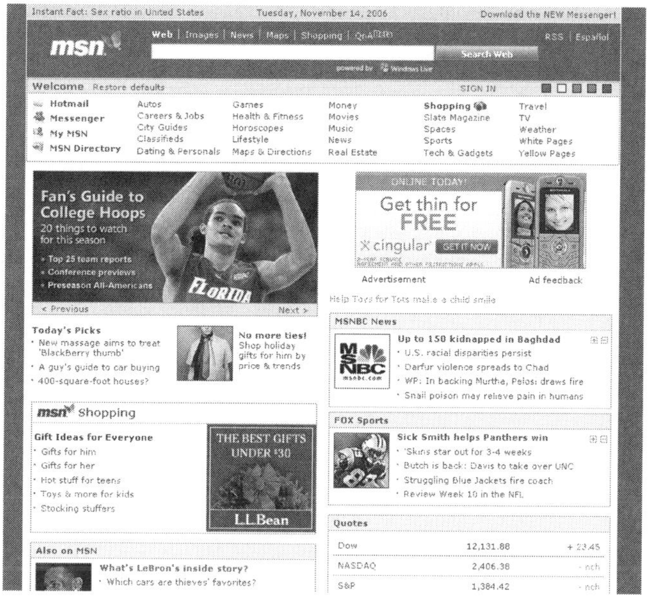

- Mercedes-Benz (http://www.mbusa.com). Site de la marque automobile.

> **RÉFÉRENCE Liste de sites**
>
> Vous trouverez une liste plus complète et mise à jour à l'adresse suivante :
>
> - http://forum.alsacreations.com/ad-14-27-Sites-web-professionnels-conformes.html

E

Bibliographie

Livres en français

- *Réussir son site web avec XHTML et CSS*, Mathieu Nebra, éditions Eyrolles, 306 pages.
- *Bien développer pour le Web 2.0*, Christophe Porteneuve, éditions Eyrolles, 600 pages.
- *Premiers pas en CSS et XHTML*, Francis Draillard, éditions Eyrolles, 306 pages.
- *CSS - Le guide complet*, Fabien Basmaison, Antoine Cailliau, Jean-Rémy Duboc, éditions Eyrolles, 550 pages.
- *Aide-mémoire CSS2*, Patrick Beuzit, Éditions Eyrolles, 222 pages.
- *Créer des sites web accessibles à tous*, Alexandre Afchain et Julien Lanceraux, Éditions Liaisons, 151 pages.
- *CSS, le Web avec du style*, John Maxwell, Éditions Compétence Micro, 90 pages.
- *CSS*, Eric Meyer, éditions O'Reilly, 119 pages.
- *Design web : utiliser les standards*, Jeffrey Zeldman, Éditions Eyrolles, 414 pages.
- *Le guide pratique du design graphique et numérique*, Bob et Maggie Gordon, Éditions Pyramyd, 224 pages.
- *HTML4 et CSS,* Patrick Beuzit, Éditions Eyrolles, 254 pages.

- *Webdesign volume 2 : améliorez vos sites par l'exemple*, Dimitri Culot, Éditions Eyrolles, 159 pages.
- *XHTML, guide de référence du langage*, Ian Graham, Éditions Eyrolles, 640 pages.

Livres en anglais

- *Creating cool websites with HTML, XHTML and CSS*, Dave Taylor, Wiley Publishing, 405 pages.
- *Designing CSS webpages*, Christopher Schmitz, New Riders Publishing, 384 pages.
- *Eric Meyer on CSS*, Eric Meyer, New Riders Publishing, 352 pages.
- *More Eric Meyer on CSS*, Eric Meyer, New Riders Publishing, 304 pages.
- *Web Standards solutions : the markup and style handbook*, Dan Cederholm, Friends of ED, 253 pages.

F

Compatibilité des navigateurs

Cette annexe présente une synthèse de la prise en charge des standards du Web par les navigateurs les plus répandus : Internet Explorer, Firefox (Netscape Navigator et Mozilla), et Opera. Les tableaux qui suivent portent sur les standards HTML, CSS, et DOM.

> Cette annexe est adaptée du document « Web Browser Standards Support » de David Hammond, repris ici avec son autorisation.
>
> ▸ http://nanobox.chipx86.com/browser_support.php

Interprétation des tableaux

Chaque ligne traite d'une fonctionnalité de la technologie étudiée. Les cases rapportent le degré de prise en charge de cette fonctionnalité par le navigateur considéré :

- « O » dénote une compatibilité complète ;
- « N » trahit une carence ou une impasse ;
- « P » représente une reconnaissance partielle ;
- « ? » marque les interrogations en suspens.

Un niveau de gris donne un aperçu rapide de la situation.

Apports de la version web

Dans la version web originale de ce document, la plupart des noms de fonctionnalités sont des liens vers les définitions officielles des standards qui leur correspondent.

D'autre part, certaines évaluations de compatibilité, et notamment les reconnaissances partielles « P », sont justifiées dans l'attribut `title` de la cellule de tableau correspondante. En général, on peut les faire apparaître en plaçant le pointeur de la souris sur la case.

Enfin, la version originale en ligne contient des tableaux détaillés qui ne sont pas repris dans cette annexe. Ils sont accessibles, pour les technologies HTML et DOM respectivement, aux adresses suivantes :

- http://nanobox.chipx86.com/browser_support_html.php
- http://nanobox.chipx86.com/browser_support_dom.php

Navigateurs étudiés

Cette étude porte sur trois navigateurs web :

- MSIE 6, Microsoft Internet Explorer pour Windows dans sa version 6. Signalons que Microsoft Internet Explorer pour Mac utilise un moteur de rendu qui n'a rien à voir avec celui de la version Windows.
- Firefox 1.0 rassemble Firefox 1.0, Netscape Navigator 8 et les versions 1.7 de Mozilla – tous utilisent en effet le même moteur de rendu. Les fonctionnalités propres à l'interface et non au moteur de rendu furent testées sur Firefox.
- Opera 8.

Version détaillée

Nous ne reprenons ici que les tableaux sous forme abrégée. Certains ont une version complète bien plus volumineuse et font apparaître des valeurs de pourcentages (estimant la proportion de compatibilité). Une prise en charge incomplète d'une fonctionnalité compte pour 50 %. Les fonctionnalités aux degrés de prise en charge inconnus n'entrent pas dans le calcul. Dans ce cas, le pourcentage est suivi du nombre de valeurs connues sur le nombre total de valeurs à évaluer (par exemple : 13/17), ce qui donne une idée de la fiabilité de la mesure. Le point d'interrogation « ? » apparaît dans les cellules où aucune mesure n'a pu être menée. Dans la version web originale du document, les noms de ces fonctionnalités sont des liens menant vers les sections correspondantes dans les tableaux complets.

Notation des fonctionnalités

Si le navigateur ne reconnaît pas une fonction ou admet ne pas encore la prendre en charge alors qu'il le devrait, il reçoit un « N » automatique. Les évaluations « O » correspondent aux fonctionnalités qui semblent bien prises en charge, sans bogue important. Les autres cas de figure produisent souvent un « P », généralement accompagné d'une justification (voir ci-dessus). Pour des raisons de cohérence, c'est aussi un « P » qui sanctionnera une fonctionnalité qui n'est jamais correctement réalisée dans les cas où le navigateur semble la reconnaître et tenter de l'interpréter.

D'autre part, nous ne notons « O » que toute fonctionnalité prise en charge de manière native ou par un plug-in réalisé par les auteurs du navigateur. Si le bon fonctionnement dépend d'un plug-in dont l'auteur n'est pas officiellement relié au projet, la note sera au mieux « P », même si ce plug-in est fourni par défaut. Si la fonctionnalité impose le recours à un plug-in alors que l'équipe de développement du navigateur n'en recommande aucun, elle sera notée « N ». Ces conventions nous permettent de nous concentrer sur l'évaluation des programmes à proprement parler. En effet, tous les navigateurs principaux proposent une collection de plug-ins réalisés par des tiers et améliorant les capacités standards du produit ; incorporer ces derniers dans l'étude était donc inadéquat et l'aurait faussée.

HTML

C'est le langage de base d'une page web. Il en relie le texte, les images, les scripts, et tout autre contenu. La plupart des navigateurs donnent accès au code HTML dans le menu « Visualisation », entrée « Source de la page » ou « Source ». (Ce tableau est ici donné dans sa forme résumée).

Spécification HTML	MSIE 6	Firefox 1.0	Opera 8
HTML 4.01			
a	85%	88%	94%
abbr	0%	100%	75%
acronym	100%	100%	75%
address	100%	100%	100%
area	81%	100%	88%
b	100%	100%	100%
base	100%	100%	100%
bdo	100%	100%	100%
big	100%	100%	100%
blockquote	100%	100%	100%

Spécification HTML	MSIE 6	Firefox 1.0	Opera 8
body	100%	100%	100%
br	100%	100%	100%
button	83%	100%	96%
caption	100%	100%	100%
cite	100%	100%	100%
code	100%	100%	100%
col	67%	58%	50%
colgroup	67%	58%	50%
dd	100%	100%	100%
del	100%	100%	100%
dfn	100%	100%	100%
div	100%	100%	100%
dl	100%	100%	100%
dt	100%	100%	100%
em	100%	100%	100%
fieldset	100%	100%	100%
form	100% – 11/12	100% – 11/12	100% – 11/12
frame	90%	80%	85%
frameset	100%	83%	83%
h1	100%	100%	100%
h2	100%	100%	100%
h3	100%	100%	100%
h4	100%	100%	100%
h5	100%	100%	100%
h6	100%	100%	100%
head	67%	67%	67%
html	100%	100%	100%
i	100%	100%	100%
iframe	92%	92%	96%
img	92%	100%	92%
input	89%	91%	78%
ins	100%	100%	100%
kbd	100%	100%	100%
label	75%	75%	100%
legend	100%	80%	80%
li	100%	100%	100%

Spécification HTML	MSIE 6	Firefox 1.0	Opera 8
link	73%	73%	73%
map	100%	100%	90%
meta	100%	100%	100%
noframes	0%	100%	88%
noscript	63%	75%	50%
object	46% – 13/17	73% – 13/17	69% – 13/17
ol	100%	100%	100%
optgroup	42%	92%	58%
option	44%	75%	56%
p	100%	100%	100%
param	?	?	?
pre	100%	100%	100%
q	90%	100%	100%
samp	100%	100%	100%
script	100%	80%	80%
select	88%	96%	83%
small	100%	100%	100%
span	100%	100%	100%
strong	100%	100%	100%
style	80%	80%	80%
sub	100%	100%	100%
sup	100%	100%	100%
table	91%	91%	95%
tbody	90%	90%	90%
td	86%	95%	91%
textarea	97%	100%	93%
tfoot	90%	90%	90%
th	86%	95%	91%
thead	90%	90%	90%
title	50%	50%	50%
tr	90%	90%	90%
tt	100%	100%	100%
ul	100%	100%	100%
var	100%	100%	100%
Attributs du noyau	100%	100%	100%
Événements	100%	100%	100%

Spécification HTML	MSIE 6	Firefox 1.0	Opera 8
Internationalisation (i18n)	100%	100%	100%
Alignement des cellules	25%	38%	38%
Révision XHTML 1.0			
HTML en XML	0%	100%	100%
Documents bien formés	100%	100%	100%
Types multimédia	33%	100%	100%
Fragments identifiés par id	100%	50%	100%
Révision XHTML 1.1			
rb	50%	50%	25%
rbc	0%	50%	25%
rp	25%	50%	25%
rt	100%	33%	17%
rtc	0%	50%	25%
ruby	100%	50%	25%

Légende

0%	1% - 25%	26% - 50%	51% - 75%	76% - 89%

CSS

C'est le langage permettant d'incorporer des éléments de présentation à une page web : couleurs, polices de caractères, images de fond, et mise en page.

Les propriétés vocales – comportant les unités Angle, Frequency (fréquence), et Time (durée) – sont des extensions facultatives à fins d'accessibilité.

Remarque : nous travaillons pour détailler davantage ce tableau.

Spécification CSS 2.1	MSIE 6	Firefox 1.0	Opera 8
Unités			
Angle	N	N	N
Color	O	O	O
Counter	N	N	O
Frequency	N	N	N
(inherit)	P	O	O
Length	O	O	O
Number	O	O	O
Percentage	P	O	P

Spécification CSS 2.1	MSIE 6	Firefox 1.0	Opera 8
String	N	P	O
Time	N	N	O
URI	O	O	O
Importance			
!important	P	O	O
Règles-at[a]			
@import	P	O	O
@media	O	O	O
@page	N	N	O
Sélecteurs			
*	P	O	O
E	O	O	O
E F	O	O	O
E > F	N	O	O
E + F	N	O	O
[attr]	N	O	O
[attr="valeur"]	N	O	O
[attr~="valeur"]	N	O	O
[attr|="valeur"]	N	O	O
.class	O	O	O
#id	O	O	O
Pseudo-classes			
:active	P	O	P
:first-child	N	O	O
:focus	N	O	O
:hover	P	O	P
:lang(c)	N	O	O
:link	O	O	O
:visited	O	O	O
Pseudo-éléments			
:after	N	O	O
:before	N	O	O
:first-letter	O	O	O
:first-line	O	O	O
Propriétés de base			
background	P	O	O

Spécification CSS 2.1	MSIE 6	Firefox 1.0	Opera 8
background-attachment	P	O	O
background-color	O	O	O
background-image	O	O	O
background-position	O	O	O
background-repeat	O	O	O
border	P	O	O
border-bottom	P	O	O
border-bottom-color	O	O	O
border-bottom-style	P	O	O
border-bottom-width	O	O	O
border-collapse	P	P	O
border-color	O	O	O
border-left	P	O	O
border-left-color	O	O	O
border-left-style	P	O	O
border-left-width	O	O	O
border-right	P	O	O
border-right-color	O	O	O
border-right-style	P	O	O
border-right-width	O	O	O
border-spacing	N	O	O
border-style	P	O	O
border-top	P	O	O
border-top-color	O	O	O
border-top-style	P	O	O
border-top-width	O	O	O
border-width	O	O	O
bottom	P	O	O
caption-side	N	O	O
clear	O	O	O
clip	N	O	O
color	O	O	O
content	N	P	O
counter-increment	N	N	O
counter-reset	N	N	O
cursor	O	O	P

Spécification CSS 2.1	MSIE 6	Firefox 1.0	Opera 8
direction	O	O	O
display	P	P	P
display: block	O	O	O
display: inline	O	O	O
display: inline-block	P	N	O
display: inline-table	N	N	O
display: list-item	O	O	O
display: none	O	O	O
display: run-in	N	N	O
display: table	N	O	O
display: table-caption	N	O	O
display: table-cell	N	O	O
display: table-column	N	O	N
display: table-column-group	N	O	N
display: table-footer-group	N	O	O
display: table-header-group	N	O	O
display: table-row	N	O	O
display: table-row-group	N	O	O
empty-cells	N	P	P
float	P	O	O
font	O	O	O
font-family	O	O	O
font-size	O	O	O
font-style	O	O	O
font-variant	O	O	O
font-weight	O	O	O
height	P	O	O
left	P	O	O
letter-spacing	O	O	O
line-height	O	O	O
list-style	P	O	P
list-style-image	O	O	O
list-style-position	O	O	O
list-style-type	P	O	O
margin	P	O	O
margin-bottom	P	O	O

Spécification CSS 2.1	MSIE 6	Firefox 1.0	Opera 8
margin-left	P	O	O
margin-right	P	O	O
margin-top	P	O	O
max-height	P	O	O
max-width	N	O	O
min-height	P	O	O
min-width	N	O	O
outline	N	N	O
outline-color	N	N	O
outline-style	N	N	O
outline-width	N	N	O
overflow	O	O	O
padding	P	O	O
padding-bottom	P	O	O
padding-left	P	O	O
padding-right	P	O	O
padding-top	P	O	O
position	P	O	O
position: absolute	O	O	O
position: fixed	N	O	O
position: relative	O	O	O
position: static	O	O	O
quotes	N	O	O
right	P	O	O
table-layout	O	O	O
text-align	O	O	O
text-decoration	P	O	O
text-indent	O	O	O
text-transform	O	O	O
top	P	O	O
unicode-bidi	O	O	O
vertical-align	O	O	O
visibility	P	P	P
visibility: collapse	N	P	P
visibility: hidden	O	O	O
visibility: visible	O	O	O

Spécification CSS 2.1	MSIE 6	Firefox 1.0	Opera 8
white-space	P	O	P
width	P	O	O
word-spacing	P	O	O
z-index	P	O	P
Impression			
orphans	N	N	O
page-break-after	P	O	O
page-break-before	P	O	O
page-break-inside	P	N	O
widows	N	N	O
Propriétés vocales			
azimuth	N	N	N
cue	N	N	P
cue-after	N	N	P
cue-before	N	N	P
elevation	N	N	N
pause	N	N	P
pause-after	N	N	P
pause-before	N	N	P
pitch	N	N	N
pitch-range	N	N	N
play-during	N	N	N
richness	N	N	N
speak	N	N	P
speak-header	N	N	N
speak-numeral	N	N	N
speak-punctuation	N	N	N
speech-rate	N	N	N
stress	N	N	N
voice-family	N	N	P
volume	N	N	N

a. Voir http://www.yoyodesign.org/doc/w3c/css2/syndata.html#at-rules (version française de CSS 2).

Légende

	N	P	O
Prise en charge de cette spécification	Non	Partiel	Oui

DOM

C'est un modèle permettant aux langages de scripts de gérer les données en entrée et en sortie des navigateurs et de manipuler les informations des pages web. Il est essentiel à toute application web évoluée. (Ce tableau est ici donné dans sa forme résumée).

Spécification DOM	MSIE 6	Firefox 1.0	Opera 8
DOM Level 3 Core			
Interface DOMStringList	0%	0%	100%
Interface NameList	0%	0%	0%
Interface DOMImplementationList	0%	0%	0%
Interface DOMImplementationSource	0%	0%	0%
Interface DOMImplementation	40%	80%	70%
Interface DocumentFragment	100%	100%	100%
Interface Document	36%	76% – 23/28	52% – 26/28
Interface Node	53%	90% – 31/35	69% – 34/35
Interface NodeList	100%	100%	100%
Interface NamedNodeMap	61%	100% – 6/9	100%
Interface CharacterData	100%	100%	100%
Interface Attr	43%	64%	64%
Interface Element	33%	71% – 17/21	74% – 17/21
Interface Text	40%	40%	40%
Interface Comment	100%	100%	100%
Interface TypeInfo	0%	0%	0%
Interface UserDataHandler	0%	0%	0%
Interface DOMError	0%	0%	0%
Interface DOMErrorHandler	0%	0%	0%
Interface DOMLocator	0%	0%	0%
Interface DOMConfiguration	0%	0%	70%
Interface CDATASection	0%	100%	100%
Interface DocumentType	0%	86%	86%
Interface Notation	0%	0%	0%
Interface Entity	0%	0%	0%
Interface EntityReference	0%	0%	0%
Interface ProcessingInstruction	0%	0%	0%
DOM Level 2 Events			
Interface EventTarget	0%	88%	100%
Interface EventListener	50%	50%	50%

Spécification DOM	MSIE 6	Firefox 1.0	Opera 8
Interface Event	18%	100%	100%
Interface DocumentEvent	0%	100%	100%
Interface UIEvent	0%	88%	88%
Interface MouseEvent	81%	100%	100%
Interface MutationEvent	0%	100%	100%
HTML event types	83%	96%	92%
DOM Level 2 HTML			
Interface HTMLCollection	100%	100%	100%
Interface HTMLOptionsCollection	75%	100%	50%
Interface HTMLDocument	85%	100%	97%
Interface HTMLElement	100%	100%	100%
Interface HTMLHtmlElement	100%	100%	100%
Interface HTMLHeadElement	75%	100%	100%
Interface HTMLLinkElement	95%	95%	100%
Interface HTMLTitleElement	100%	100%	100%
Interface HTMLMetaElement	100%	100%	100%
Interface HTMLBaseElement	83%	100%	100%
Interface HTMLIsIndexElement	0%	100%	100%
Interface HTMLStyleElement	100%	88%	88%
Interface HTMLBodyElement	93%	100%	100%
Interface HTMLFormElement	95%	95%	100%
Interface HTMLSelectElement	97%	100%	100%
Interface HTMLOptGroupElement	100%	100%	100%
Interface HTMLOptionElement	100%	100%	100%
Interface HTMLInputElement	93%	96%	100%
Interface HTMLTextAreaElement	100%	100%	100%
Interface HTMLButtonElement	100%	100%	100%
Interface HTMLLabelElement	100%	100%	100%
Interface HTMLFieldSetElement	100%	100%	100%
Interface HTMLLegendElement	75%	100%	100%
Interface HTMLUListElement	100%	100%	83%
Interface HTMLOListElement	100%	100%	100%
Interface HTMLDListElement	100%	100%	100%
Interface HTMLDirectoryElement	100%	100%	100%
Interface HTMLMenuElement	100%	100%	100%
Interface HTMLLIElement	100%	100%	100%

Spécification DOM	MSIE 6	Firefox 1.0	Opera 8
Interface HTMLDivElement	100%	100%	100%
Interface HTMLParagraphElement	100%	100%	100%
Interface HTMLHeadingElement	100%	100%	100%
Interface HTMLQuoteElement	75%	100%	100%
Interface HTMLPreElement	100%	100%	100%
Interface HTMLBRElement	100%	100%	100%
Interface HTMLBaseFontElement	100%	100%	100%
Interface HTMLFontElement	100%	100%	100%
Interface HTMLHRElement	100%	100%	100%
Interface HTMLModElement	83%	83%	100%
Interface HTMLAnchorElement	97%	97%	100%
Interface HTMLImageElement	92%	96%	100%
Interface HTMLObjectElement	88%	98%	98%
Interface HTMLParamElement	80%	100%	100%
Interface HTMLAppletElement	92%	100%	100%
Interface HTMLMapElement	100%	100%	100%
Interface HTMLAreaElement	94%	100%	100%
Interface HTMLScriptElement	94%	100%	94%
Interface HTMLTableElement	100%	100%	100%
Interface HTMLTableCaptionElement	100%	100%	100%
Interface HTMLTableColElement	86%	100%	100%
Interface HTMLTableSectionElement	88%	100%	100%
Interface HTMLTableRowElement	91%	100%	100%
Interface HTMLTableCellElement	91%	100%	100%
Interface HTMLFrameSetElement	100%	100%	100%
Interface HTMLFrameElement	80%	100%	100%
Interface HTMLIFrameElement	83%	96%	96%
DOM Level 3 Load and Save			
Interface DOMImplementationLS	0%	0%	100%
Interface LSParser	0%	0%	88% – 4/9
Interface LSInput	0%	0%	100% – 1/9
Interface LSResourceResolver	0%	0%	?
Interface LSParserFilter	0%	0%	?
Interface LSProgressEvent	0%	0%	?
Interface LSLoadEvent	0%	0%	?
Interface LSSerializer	0%	0%	100% – 1/7

Spécification DOM	MSIE 6	Firefox 1.0	Opera 8
Interface LSOutput	0%	0%	100% – 1/4
Interface LSSerializerFilter	0%	0%	?
DOM Level 2 Style			
Interface StyleSheet	75%	100%	0%
Interface StyleSheetList	100%	100%	0%
Interface MediaList	0%	100%	0%
Interface LinkStyle	0%	100%	0%
Interface DocumentStyle	100%	100%	0%
Interface CSSStyleSheet	0%	90%	0%
Interface CSSRuleList	0%	100%	0%
Interface CSSRule	0%	100%	0%
Interface CSSStyleRule	0%	100%	0%
Interface CSSMediaRule	0%	100%	0%
Interface CSSFontFaceRule	0%	0%	0%
Interface CSSPageRule	0%	0%	0%
Interface CSSImportRule	0%	88%	0%
Interface CSSCharsetRule	0%	100%	0%
Interface CSSUnknownRule	0%	0%	0%
Interface CSSStyleDeclaration	20%	95%	60%
Interface CSSValue	0%	0%	0%
Interface CSSPrimitiveValue	0%	0%	0%
Interface CSSValueList	0%	0%	0%
Interface RGBColor	0%	0%	0%
Interface Rect	0%	0%	0%
Interface Counter	0%	0%	0%
Interface ViewCSS	0%	75%	75%
Interface DocumentCSS	0%	0%	0%
Interface DOMImplementationCSS	0%	0%	0%
Interface ElementCSSInlineStyle	100%	100%	100%
Interface CSS2Properties	64%	100%	90%
DOM Level 2 Traversal and Range			
Interface NodeIterator	0%	0%	88%
Interface NodeFilter	0%	100% – 1/2	100% – 1/2
Interface TreeWalker	0%	69%	73%
Interface DocumentTraversal	0%	67%	100%
Interface Range	0%	100% – 7/25	100% – 7/25

Spécification DOM	MSIE 6	Firefox 1.0	Opera 8
Interface DocumentRange	0%	100%	100%
DOM Level 3 Validation			
Interface DocumentEditVAL	0%	0%	0%
Interface NodeEditVAL	0%	0%	0%
Interface ElementEditVAL	0%	0%	0%
Interface CharacterDataEditVAL	0%	0%	0%
DOM Level 2 Views			
Interface AbstractView	100%	100%	100%
Interface DocumentView	0%	100%	100%

Légende

0%	1% - 25%	26% - 50%	51% - 75%	76% - 89%

Divers

Suivent diverses normes, officiellement recommandées par le World Wide Web Consortium ou standards de fait.

Fonctionnalités	MSIE 6	Firefox 1.0	Opera 8
Protocoles de communication			
E-mail	N	N	O
FTP	O	P	P
Gopher	N	O	P
HTTP 1.0	P	O	O
HTTP 1.1	P	O	O
IDN	N	O	O
IRC	N	P	O
NNTP (Usenet)	N	N	O
SOCKS	O	O	N
SSL	O	O	O
Formats graphiques			
GIF	O	O	O
JPEG JFIF	P	O	O
PNG	P	O	O
MNG	N	N	N

Fonctionnalités	MSIE 6	Firefox 1.0	Opera 8
SVG	N	N	P
Technologies XML			
Atom 0.3	N	P	O
MathML 2.0	N	P	N
P3P 1.0	P	P	N
RSS 1.0	N	P	O
RSS 2.0	N	P	O
SOAP 1.2	O	O	N
SVG 1.1	N	P	P
VoiceXML 2.0	N	N	O
XForms 1.0	N	N	N
XInclude 1.0	N	P	N
XLink 1.0	N	P	N
XPath 1.0	N	O	N
XPointer 1.0	N	O	N
XSL 1.0	O	O	N
XSLT 1.0	O	O	N
Autres			
Cookies	O	O	O
ECMAScript/JavaScript	P	O	O
Java	P	P	P
Link type navigation	N	N	P
Style sheet selection	N	O	O
Tabbed pages	N	O	O
User style sheets	O	O	O
Windowed pages	O	O	O

Légende

	N	P	O
Prise en charge de cette fonctionnalité	Non	Partiel	Oui

Bilan

Voici un bilan rapide de tous ces standards. Toutes les fonctionnalités des tableaux complets ont la même importance dans le calcul. Signalons que ce bilan ne reflète pas l'inégale importance en pratique des diverses spécifications.

Spécifications	MSIE 6	Firefox 1.0	Opera 8
HTML			
HTML 4.01	88% – 495/506	93% – 495/506	90% – 495/506
XHTML 1.0	50%	92%	100%
XHTML 1.1	50%	46%	23%
CSS			
CSS 2.1	47%	77%	85%
DOM			
Level 3 Core	32%	54% – 171/187	53% – 180/187
Level 2 Events	46%	96%	96%
Level 2 HTML	93%	99%	99%
Level 3 Load and Save	0%	0%	96% – 12/49
Level 2 Style	42%	82%	54%
Level 2 Traversal and Range	0%	62% – 34/53	87% – 34/53
Level 3 Validation	0%	0%	0%
Level 2 Views	50%	100%	100%
Divers			
Fonctionalités diverses	36%	67%	61%
Total			
HTML	86%	91%	88%
CSS	47%	77%	85%
DOM	54%	77%	75%
Divers	36%	67%	61%
Total	63%	81%	80%

Légende

0%	1% - 25%	26% - 50%	51% - 75%	76% - 89%

Webographie

Pour les tableaux « CSS » et « Divers », nous nous sommes en partie inspirés des sources suivantes. À terme, nous aurons mené tous les tests nous-mêmes.

- *Comparison of web browsers - Wikipedia, the free encyclopedia*
  http://en.wikipedia.org/wiki/Comparison_of_web_browsers

> RÉFÉRENCE **Wikipédia, l'encyclopédie libre universelle**
>
> Wikipédia est une encyclopédie collaborative libre très riche et en évolution permanente, créée en janvier 2001 et dont la croissance semble s'emballer sans cesse depuis. En mai 2005, elle compte environ 600 000 articles en anglais, 110 000 en français, et deux millions d'articles dans ses 200 langues. C'est devenu une source d'information de référence souvent citée, alimentée par les contributions individuelles de nombreux passionnés ou spécialistes qui prennent un peu de leur temps pour enrichir ce fonds commun. Leurs petits ruisseaux ont désormais dépassé le stade des grandes rivières...
>
> ▸ http://www.wikipedia.org

- *CSS browser support*
  http://www.westciv.com/style_master/academy/browser_support/
- *CSS contents and browser compatibility*
  http://www.quirksmode.org/css/contents.html
- *Full CSS property compatibility chart*
  http://www.corecss.com/properties/full-chart.php
- *Opera Changelogs* : http://www.opera.com/docs/changelogs/
- opera.vox.material : http://csant.info/vox/opera
- *Web specifications supported in Opera 7* : http://www.opera.com/docs/specs/
- *XML in Mozilla* : http://www.mozilla.org/newlayout/xml/

Autres navigateurs

À l'avenir, nous pouvons envisager d'inclure d'autres navigateurs dans cette étude (par exemple Safari).

Mentions légales

Nous n'avons pas vérifié toutes ces informations et des erreurs ont pu se glisser dans cette étude. Si vous souhaitez corriger ou compléter ce document, contrôlez-en la dernière version en ligne à l'adresse http://nanobox.chipx86.com/browser_support.php, puis contactez David Hammond par courrier électronique à l'adresse nanobot@gmail.com.

Vous pouvez aussi vous rendre sur les forums de discussion de son site, à l'adresse : http://nanobox.chipx86.com/forums/viewforum.php?f=8.

Index

C

D

E

Dans le cadre de sa politique développement durable, Jouve initie en 2007
une démarche visant à la certification ISO 14001.
Cet ouvrage est imprimé sur papiers Amber Graphic des papeteries Arctic Paper pour l'intérieur
et Ensocoat des papeteries Stora Enso pour la couverture.
Ces papiers sont fabriqués sur des sites papetiers certifiés ISO 14001
et enregistrés EMAS à partir de fibres d'origine de forêts gérées de manière durable.

Mise en page : TyPAO

JOUVE, 11, bd de Sébastopol, 75001 PARIS
N° 473093N. - Dépôt légal : janvier 2009
N° d'éditeur : 7995
Imprimé en France